# 국가

행복한 삶에 대한 근원적인 성찰

# 국가

## 훌륭한 삶에 대한 근원적인 성찰

| 김영균 | 플라톤 |

살림

# *e*시대의 절대사상을 펴내며

고전을 읽고, 고전을 이해한다는 것은 비로소 교양인이 되었다는 뜻일 것입니다. 또한 수십 세기를 거쳐 형성되어 온 인류의 지적유산을 제대로 이해하고, 그 바탕 위에서 새로운 자기만의 일을 개척할 때, 그 사람은 그 방면의 전문가가 될 수 있을 것입니다. 프랑스의 대입제도 바칼로레아에서 고전을 중요하게 취급하는 까닭도 그와 같은 이유 때문이겠지요.

그러나 예전에도, 현재에도 고전은 유령처럼 우리 주위를 떠돌기만 했습니다. 막상 고전이라는 텍스트를 펼치면 방대한 분량과 난해한 용어들로 인해 그 내용을 향유하지 못하고 항상 마음의 부담만 갖게 됩니다. 게다가 지금 우리는 고전을 읽기에 더 악화된 시대를 살고 있습니다. 변하지 않고 있는 교육제도와 새 미디어의 홍수가 우리를 그렇게 만들고 있는 것입니다.

고전을 읽어야 하지만, 읽기 힘든 것이 현실이라면, 고전에 친근하게 다가갈 수 있는 새로운 방법을 응당 고민해야 하지 않을까요? 살림출판사의 *e*시대의 절대사상은 이러한 문제의식을 가지고 기획되었습니다. 고전에 대한 지나친 경외심을 버리고, '아무도 읽지 않는 게 고전'이라는 자조를 함께 버리면서 지금 이 시대에 맞는 현대적 감각의 고전을 만들고자 했습니다.

고전의 내용이 지나치게 주관적으로 해석되어 전달되는 위험을 피할 수 있도록 그 분야에 대해 가장 정통하면서도 오랜 연구 업적을 쌓은 학자들이 자신의 경험을 응축시켜 새로운 고전에의 길을 열고자 했습니다. 마치 한 편의 잘 짜여진 다큐멘터리 프로그램을 보듯 고전이 탄생할 수 있었던 시대적 배경과 작가의 주변 환경, 그리고 고전에 담긴 지혜를 재미있게 습득할 수 있도록 내용을 구성했고 난해한 전문용어나 개념어들은 최대한 알기 쉽게 설명했습니다.

이전에 경험하지 못했던 새로운 감각의 고전 *e*시대의 절대사상은 지적욕구로 가득 찬 대학생·대학원생들과 교사들, 학창시절 깊이 있고 폭넓은 교양을 착실하게 쌓고자 하는 청소년들, 그리고 이 시대의 리더를 꿈꾸는 모든 사람들에게 생생하게 살아 숨 쉬는 인류 최고의 지혜를 전달할 것이라고 확신합니다.

기획위원

서강대학교 철학과교수 강영안

이화여자대학교 중문과교수 정재서

# 들어가는 글

플라톤의 『국가』를 읽는 것은 머나먼 여정을 떠나는 것과 같다. 그 길을 가는 과정에는 무수히 많은 광경이 펼쳐져 있으며, 깊은 골짜기와 도저히 올라갈 수 없을 것처럼 보이는 산봉우리도 있다. 우리는 이 길을 가면서 아름다운 광경을 보고 즐거워하기도 하지만 길을 잃고 헤매는 고생도 한다. 더욱이 여정의 끝에 이르러서도, 이 책에 펼쳐져 있는 사상의 전모를 다 보았다고 누구도 쉽게 자신하지는 못할 것이다. 최근까지도 『국가』에 대한 연구서가 끊임없이 계속 나오는 것을 보면 이를 잘 알 수 있다. 『국가』가 서양의 고전 중 고전으로 일컬어지는 것은 빈말이 아니다. 이러한 책에 대해서 안내서를 쓴다는 것은 쉽지 않은 일이며, 만족스러울 수도 없다.

이 책의 구성은 『국가』의 대화 내용을 주제별로 요약하고, 이에 대해 해설하는 형식으로 되어 있다. 이 책이 목표로 하는 것은 『국가』에서 제시된 다양한 논변의 구조와 그 의미를 드러내려는 데 있다.

플라톤이 제시하는 논변들은 쉽게 이해되지 않는 부분도 많을 뿐 아니라 다양한 해석의 가능성도 열어 놓고 있다. 따라서 『국가』를 제대로 깊이 있게 읽기 위해서는 안내자가 필요하고 길동무도 있어야 한다. 안내자의 역할은 길을 가는 과정에서 헤매지 않고 목적지에 안전하게 도달할 수 있도록 하는 데 있다.

그러나 『국가』의 경우 이런 안내를 쉽게 허락하지 않는다. 이 때문에 약 3년 전 『국가』에 대한 안내서를 집필해 달라는 출판사의 요청을 받고 처음에는 많이 망설였다. 서양의 경우 『국가』에 대한 다양한 종류의 안내서가 나와 있지만, 국내에서는 아직 이런 종류의 책이 나오지 않았다. 그러나 우리나라의 고전 연구 수준도 상당히 높아졌고 많은 연구가 축적되어 있어, 이런 시도를 할 수 있었다.

필자는 이 책에서 『국가』에 대한 최근의 연구 성과들을 반영하여 가능하면 제기된 논점들을 쉽게 정리하고, 가장 적합하다고 생각되는 해석에 따라서 대화의 내용을 이해하고자 했다. 『국가』에서 소크라테스와 다른 대화자들이 나누는 대화는 논의가 진행되면서 점점 심화되는 특징을 지니고 있는데, 이런 점에 유의해서 논변의 전개 과정을 가능한 한 충실하게 보여 주고자 했다. 요약은 박종현 선생님의 『국가·정체』 역주서[1997(2007)]를 바탕으로 이루어졌다. 요약 부분은 논변의 구조를 이해하기 위한 범위 내에서 이루어진 것이어서 원전에 있는 풍부한 내용을 다 담고 있는 것이 아니다. 이 책이 독자들로 하여금 원전을 직접 완독하고자 하는 욕구를 불러일으켰으면 하는 것이 필자의 바람이다.

이 책이 나올 수 있었던 데에는 무엇보다 박종현 선생님의 『국가』 원전 역주서와 그분의 아낌없는 가르침이 있었기에 가능했다. 이 자리를 빌려 선생님에 대한 감사의 뜻을 전한다. 그리고 대학에서 오랫동안 『국가』 강의를 한 것은 이 책을 쓸 수 있었던 중요한 바탕이 되었다. 그동안 강의에 참석해서 적극적인 토론을 통해 많은 자극을 준 학생들이 없었다면 이 책은 나오기 힘들었을 것이다. 학생들에게도 고마움을 표한다. 또한 같은 대학에 있는 박승억 교수가 바쁜 와중에도 시간을 내어 초고를 읽고 여러 조언을 해 준 것에 대해서도 감사한다. 처음 생각한 것보다 책을 쓰는 데 오랜 시간이 걸렸다. 인내심을 갖고 기다려 준 살림출판사 사장님과 편집부에도 감사의 인사를 드린다. 마지막으로 가족들의 따

뜻한 사랑과 후원으로 책을 마무리할 수 있게 된 것을 감사
하게 생각한다.

2008년 5월

푸르른 5월 우암산 자락 연구실에서

김영균

훌륭한 삶에 대한 근원적인 성찰

# 국가

# 1부

시대 · 작가 · 저술

플라톤이 역사상 가장 위대한 철학자들 중의 한 사람이라는 것은 의심의 여지가 없다. 그의 대화편들은 도덕 철학, 인식론, 형이상학, 교육 사상, 예술론, 혼(마음)과 관련된 문제, 정치사상, 우주론 등 다방면의 문제들에 대한 풍부하고도 그 깊이를 가늠하기 어려운 심오한 내용들을 담고 있다. 그의 작품들은 오늘날에 이르기까지도 우리의 정신을 끊임없이 자극하고 풍요롭게 하는 사유의 원천이다.

# 플라톤의 생애와 시대적 상황

　플라톤은 역사상 가장 위대한 철학자들 중 한 사람이자 서양 철학에 큰 영향을 미친 사상가이지만, 그의 생애에 관해 알려진 것은 그리 많지 않다. 그의 대화편들에서 그는 자신의 삶에 대해 거의 이야기하지 않는다. 그의 동시대 사람들이 쓴 기록들에도 플라톤의 삶에 대해 언급한 것은 거의 없다. 일반적으로 플라톤의 생애와 관련해 이야기되는 내용들은 플라톤 자신이 실제로 쓴 것인지 여부가 논란이 되고 있는 『일곱째 서한』[1])과 기원후 3세기 초반에 산 것으로 추정되는 디오게네스 라에르티오스가 쓴 『철학자들의 생애와 사상』에 주로 근거한다.

　플라톤은 아테네에서 기원전 427년에 태어나서 기원전

347년에 80세로 생을 마감한 것으로 추정된다. 그는 당대의 명문 귀족 가문 출신으로, 그의 아버지 아리스톤은 그 가계가 아테네의 전설적인 왕들에게까지 이어진다. 어머니인 페릭티오네도 명문가 출신이었다. 그의 형들로는 아데이만토스와 글라우콘이 있다. 이들은 『국가』에서 소크라테스의 대화 상대자로 등장한다. 그리고 포토네라는 이름의 누이가 있었다. 아버지는 플라톤이 어렸을 때 돌아가셨고, 어머니는 페리클레스의 친구인 피릴람페스와 재혼하여 안티폰이라는 동생을 낳았다. 친척들 가운데 유명한 인물들로는 외당숙 크리티아스와 외삼촌 카르미데스가 있다. 이들은 당시 30인 과두 정권에서 핵심적 인물들이었다.

플라톤이 이처럼 당대에 정치적·사회적으로 큰 영향력을 행사하던 가문 출신이라는 것은 그의 삶에 중요한 영향을 미친 것으로 보인다. 그는 다른 명문가 출신들이 으레 그랬던 것처럼 정치에 관심을 가졌지만, 이를 포기하고 철학에 헌신하는 삶을 살았다. 그가 삶의 방향을 전환한 이유를 이해하기 위해서는 무엇보다 당시 시대적 상황을 고려할 필요가 있다. 그가 살았던 시대는 평화로운 시기가 아니었으며, 정치적·사회적인 격동기였다. 그가 태어나기 몇 해 전에 펠로폰네소스 전쟁(기원전 431~기원전 404)이 일어났다. 이 전쟁은 아테네의 제국주의적 팽창 정책의 결과로 촉발되었다. 아테네는 기원전 5세기에 페르시아와의 전쟁에서 승리한 뒤 페리클레스의 민주체제 아래에서 번영을 구가했다. 그러나 아테네는 점차 세력을 확대하면서 강대한 제국으로 탈바꿈해 갔고, 주변국들에 큰 위협이 되었다. 이에 위협을 느낀 스파르타가 동맹국들과 함께 반기를 듦으로써 펠로폰네소스 전쟁이 발발하였으며, 이 전쟁은 27년간이나 지속되었다. 결국 스파르타에 패배한 아테네는 정치적으로나 사회적으로 큰 혼란을 겪게 된다. 아테네에는 기원전 404년 봄에 펠로폰네소스 전쟁에서 승리한 스파르타의 세력을 등에 업은 과두 정권이 들어섰으며, 반대파인 민주 정파들과 많은 시민이 숙청을 당했다. 이 정권의 핵심 인물은 플라톤의 외당숙인 크리티아스와 외삼촌인 카르미데스였다. 그러나 이 과두 정권은 1년도 채 못가서 무너졌으며, 민주 정권이 복원되었다.

『일곱째 서한』의 내용에 따르면[2] 이런 상황에서 플라톤은 심경에 큰 변화를 겪게 된다. 그가 젊었을 적에 과두 정권이 들어섰으며, 이 정권의 핵심 인물들인 플라톤의 친척들은 그에게도 현실 정치에 참여할 것을 권유하였다. 당시만 해도 플라톤은 아직 젊은 나이였기에 이들이 올바르게 나라를 다스릴 것으로 기대하고 정치에 참여하고자 하는 열망을 지니고 있었다. 그러나 곧바로 정치에 참여하지는 않고 있던 그는 이들의 정치 형태를 지켜보다가 크게 실망하게 된다. 특히 그는 이들이 당대의 가장 훌륭한 사람인 소크라테스로 하여금 선량한 동료 시민을 강제로 연행해서 처형하는 일에 가담하게끔 강요한 사건을 목격하고 난 뒤 이들과 멀리하게 된다. 이들이 이런 부당한 일을 꾸민 것은 소크라테스를 자신들의 일에 가담토록 하기 위해서였다. 소크라테스는 이 같은 부당한 지시를 거부함으로써 처형될 위기에 몰렸지만, 이내 과두 정권 붕괴로 겨우 처형을 면할 수 있었다.[3] 그러나 과두 정권이 무너진 뒤 망명 생활에서 복귀한 민주파는 더 나쁜 행태를 보였다. 이들은 플라톤이 가장 존경하는 소크라테스를 불경죄로 기소하고 처형을 한다. 이때가 기원전 399년, 플라톤이 스물여덟 살 되는 해이다. 당대에 가장 올바른 사람으로 여기고 존경하는 스승 소크라테스가 그에게 가장 어울리지 않는 죄목으로 처형당한 사건은 플라톤에게 엄청난 충격을 주었다. 우리는 그의 참담한 심경을 『파이돈』편의 한 구절(59b)[4]에서 엿볼 수 있다. 여기에서 그는 소크라테스가 독약을 마시고 최후를 맞는 날에 자리를 함께한 여러 제자를 열거하면서 자신은 병이 나서 참석하지 못했다고 말하고 있다. 플라톤은 자신이 가장 존경하는 스승의 최후를 도저히 지켜볼 수 없었을 것이다.

플라톤이 현실 정치에 참여하지 않기로 한 것은 당시의 혼란스러운 정치 상황과 더불어 소크라테스의 죽음이 결정적

계기로 작용했다고 말할 수 있다. 소크라테스는 플라톤에게는 성자와도 같은 인물이었다. 디오게네스 라에르티오스가 전하는 바에 따르면 플라톤은 스무 살 때 소크라테스의 제자가 되었다. 이들의 만남에 대해서 디오게네스 라에르티오스(Ⅲ, 5)는 다음과 같은 이야기를 전한다. "소크라테스는 자신이 꿈에서 새끼 백조를 자신의 무릎 안에 갖고 있는 걸 보았는데, 이 백조는 곧바로 날개가 돋아서 날아오르더니 즐겁게 소리를 질러댔다. 그러고서 다음 날 플라톤이 그에게 소개되었다. 그러자 소크라테스는 이 사람이 그 백조라고 말했다고 한다."[5] 이것 말고는 이들의 만남에 대해서 알려진 바는 없지만, 그가 소크라테스에게서 정신적으로 큰 영향을 받았다는 것은 그의 대화편 곳곳에서 확인할 수 있다. 그는 소크라테스가 죽자 아테네를 떠나 메가라 · 이탈리아 · 키레네 · 이집트 등지를 여행한 것으로 전해지지만, 이 가운데 메가라와 이탈리아를 여행한 것 말고는 확실하지 않다.

플라톤의 생애에서 중요한 사건은 세 차례에 걸친 시켈리아(현 시칠리아 섬)의 시라쿠사이 방문이다. 그는 40세 무렵에 1차 방문을 한 것으로 알려져 있다. 그는 거기에서 참주 디오니소스 1세의 처남인 디온을 만나 교분을 쌓는다. 디온은 유능하고 올바르게 살고자 노력하는 청년이었다. 그와의 인연으로 해서 플라톤은 두 번이나 더 시라쿠사이를 방문하지 않을 수 없게 된다. 42세경에 1차 방문을 마치고 아테네로 돌아온 플라톤은 아카데미아 학원을 세운다. 아카데미아 학원의 설립은 그의 생애에 있어서 전환점이었을 뿐만 아니라 유럽의 학문 역사에서 하나의 이정표가 되는 사건이었다. 그는 학원 설립과 더불어 교육에 헌신하는 삶을 살게 된다. 플라톤보다 약간 연상인 이소크라테스가 이보다 앞서 학원을 설립한 바 있지만, 이소크라테스의 학원과 플라톤의 아카데미아는 근본적으로 성격이 달랐다. 이소크라테스의 학원도 공적인 일을 하려는 젊은이를 교육시키기 위해 설립되었지만 '변론술' 을 가르치는 것을 목표로 하였다. 이에 반해 아카데미아는 학문적 교육을 위해 설립되었다. 아카데미아 학원 입구 위에는 "기하학을 모르는 자, 이 문을 들어서지 말라!" 라는 글귀가 쓰여져 있었다고 전해진다. 이 학원에서는 수학을 포함한 순수한 지적 탐구가 주된 교과 과정이었으며, 이런 지적 훈련을 바탕으로 참된 지적 지도자를 양성하려는 목표를 세워 놓은 것으로 보인다. 『국가』에서 제시된 철학자들의 교육에 대한 프로그램은 플라톤이 아카데미아에서 실현하고자 한 이상을 반영한 것으로 볼 수 있다. 이 학원에는 설립 당시부터 당대의 유명한 수학자인 테아이테토스나 에우독소스 같은 인물들이 아카데미아의 일원으로 활동한 것으로 전해진다.

기원전 367년 플라톤이 예순 살 무렵에 디오니소스 1세가 죽자 디온은 그 후계자인 디오니소스 2세의 지도를 플라톤에게 부탁하면서 시라쿠사이에로의 두 번째 방문을 요청한다. 디온은 이 젊은 후계자에게 철인치자(哲人治者)의 사상을 제대로 교육시키면 나라를 행복하게 만들 수 있다고 간절하게 플라톤을 설득했으며, 플라톤도 이에 응하게 된다. 그러나 시라쿠사이의 정치적 상황이 복잡하게 전개되면서 급기야 디온이 국외로 추방당하고, 플라톤은 자신의 목표를 달성하지 못한 채 아테네로 돌아와야만 했다. 플라톤이 361년에 디오니소스 2세의 초청으로 어쩔 수 없이 또다시 시라쿠사이를 방문하지만, 디오니소스 2세와 디온의 불화 등으로 인해 소기의 성과를 거두지 못하고 1년 만에 아테네로 귀환한다. 그 뒤 플라톤의 행적에 관해서는 알려진 바가 없다. 생애 마지막까지 저술 활동에 몰두하다가 80세로 여생을 마친 것으로 추측 할 뿐이다.

# 서양의 대표적인 고전 『국가』

## 『국가』는 어떤 책인가?

우리가 일반적으로 『국가』라고 번역하는 이 대화편[6]의 원래 제목은 '폴리테이아(Politeia)' 이다. 이 말은 '공공의 것'을 뜻하는 라틴어 'Res publica'로 번역되었고, 다시 영어 'Republic'으로 옮겨지게 되었다. 그래서 우리가 일반적으로 이를 『국가』라고 번역하지만, 이 번역어는 원래 제목인 '폴리테이아'의 의미를 제대로 나타내고 있지는 않다. '폴리테이아'는 폴리스(polis)의 정치체제[政體]만이 아니라 특정한 관습과 전통, 가치와 규범, 교육 방식을 지니고 있는 폴리스 시민들의 삶의 방식까지 포괄하는 개념이다. 따라서 이를 하나의 표현으로 적절하게 번역하기는 힘들다. 원어 그대로 '폴리테이아'라고 말하는 것이 더 좋겠지만 '국가'란 표현이 통용되고 있기 때문에 일반적으로 이를 따르고 있을 뿐이다. 또한 『국가』는 전체가 열 권으로 이루어져 있는데, 제1권부터 제10권까지의 나눔은 반드시 내용의 차이에 따른 구분이라기보다 파피루스 두루마리의 수용 한계와도 연관성이 있는 것으로 보는 편이 옳을 것이다.[7] 이 책은 플라톤의 저술들 중에서 『법률』편을 제외하고 가장 긴 작품이다. 그러나 다루고 있는 주제의 측면에서 보면 오히려 『법률』편보다 더 많은 주제를 다루고 있다. 이 점은 『국가』가 왜 철학자뿐 아니라 정치학자·교육학자·문학자·심리학자 등 매우 다양한 독자들에게 관심거리로 되었는지를 설명해 준다.

한편 후대 사람들이 이 책에다 '정체 또는 올바름에 관하여'란 부제를 단 데에서 알 수 있듯이 이 책의 실질적 주제는 '올바름(dikaiosynē, 正義)'[8]과 '올바르지 못함[不義]'이다. 플라톤이 이를 문제로 삼는 이유는 "어떤 생활 방식으로 살아야만 하는가"(1권 352d)라는 물음에 근본적으로 대답하기 위해서이다. 이 물음은 우리가 "어떻게 삶으로써 가장 유익한 삶을 살 수 있을까"(1권 344e)에 관한 것으로, 그는 '올바름이 무엇인지'를 밝힘으로써 올바르게 사는 것과 올바르지 못하게 사는 것 중 어느 쪽이 우리가 추구해야 할 삶인지를 보여 주고자 한다. 그는 또한 '올바르게 사는 것'이 가장 행복한 삶이라고 밝히고 있다. 일반적으로 '행복'으로 번역되는 '에우다이모니아(eudaimonia)'는 고대 그리스인에게 있어서 단순히 '주관적인 만족감'을 의미하지 않았다. 그들이 '에우다이모니아'라고 말하는 것은 '잘 사는 것' 또는 '행위를 잘하는 것'을 뜻했는데,[9] 이런 상태는 객관적으로 가장 가치 있는 삶을 말한다. 그는 이를 밝히기 위해 윤리학, 교육철학, 정치철학, 혼(魂)에 관한 이론(심리학), 인식론, 형이상학 등에 관한 문제들을 망라해서 논의하면서, 이 모든 논의가 인간이 추구해야 할 훌륭한 삶의 방식이 무엇인지를 밝히기 위한 것임을 대화 곳곳에서 계속 환기시키고 있다.

그러면 『국가』가 어떤 종류의 책인지를 알기 위해서 대화의 전체적인 맥락을 간단히 살펴보자. 이 책은 소크라테스가 전날 축제에 참석하기 위해 피레우스(페이라이에우스) 항구로 갔다가 시내로 돌아와 케팔로스의 집에서 여러 사람과 대화를 나눈 내용을 이름이 밝혀지지 않은 사람들에게 자세하게 들려주는 형식을 취한다. 제1권에서 대화의 첫 상대자는 노령의 케팔로스이고, 그의 아들 폴레마르코스가 대화를 이어받는다. '올바름'에 대한 이들의 견해는 당시의 전통적인 규범에 충실한 사람들의 생각을 잘 보여 준다. 소크라테스는 이들의 견해를 비판적으로 검토함으로써 그 한계를 드러낸다. 세 번째 대화자인 트라시마코스는 당시에 이름난 소피스테스(소피스트)로서, 올바름은 '더 강한 자의 편익(이득)' 임을 주장하고 불의(不義)를 찬양하는 비도덕주의자로 등장한다. 소크라테스는 '올바르지 못함' 이 '올바름' 보다 더 좋은 것이라는 트라시마코스의 견해를 여러 측면에서 논박한다. 그러나 그는 1권 끝에서 트라시마코스에 대한 논박은 '올바름이 무엇인지' 를 먼저 구명(究明)하지 않은 상태에서 이루어진 것이므로 불만족스러운 것이라고 밝힌다.

2권에서부터는 글라우콘과 아데이만토스가 소크라테스의 대화 상대자로 등장하는데, 이들은 플라톤의 친형들이다. 이들은 소크라테스에게 올바름은 그 자체로 좋은 것일 뿐 아니라 결과로도 좋은 것임을 옹호하도록 요구한다. 그래서 소크라테스는 '올바름' 의 문제를 근본적으로 논의하기 위하여 먼저 나라에 있어 올바름이 어디에서 성립하는지를 고찰한다. 이를 밝히기 위해 2~4권에서는 '훌륭한 나라' 가 어떤 방식으로 성립할 수 있는지가 논의된다. 먼저 훌륭한 나라를 수립하기 위해서는 어떤 사람들이 수호자가 되어야 하는지, 이들의 교육은 어떤 식으로 이루어져야 하는지 하는 문제가 논의된다. 이 과정에서 그는 당시 젊은이들의 교육에 큰 영향을 미친 시인들의 작품에 대한 비판을 전개하면서 이른바 '시인 추방론' 을 설파한다. 이런 논의 과정을 거쳐 완벽하게 훌륭한 나라, 즉 '아름다운(또는 훌륭한) 나라(kallipolis)' 를 이론상으로 수립한 뒤 '올바름'은 이러한 나라를 구성하는 세 부류의 사람들이 저마다 자신에게 맞는 일을 하는 데 있음을 밝히고 있다. 그리고 나라에 있어서 확인하게 된 이것들이 개인에 있어서도 그대로 적용될 수 있음을 혼(魂)의 삼분설에 관한 논의를 통해서 보여 준다.

5권에서부터는 처자들의 공유와 여성 통치자 등에 관해 논의한 뒤 철인정치론을 제시한다. 그리고 이를 옹호하기 위해서 참된 철학자는 어떤 사람인지에 관한 논의가 펼쳐지는데, 이 과정에서 이데아설로 알려져 있는 플라톤의 형이상학적 입장이 개진된다. 이에 관한 논의는 5권 끝 부분부터 7권에까지 전개된다. 여기에서 참된 철학자가 추구하게 되는 궁극적인 앎은 '좋음의 이데아'에 대한 인식에서 성립한다는 사실을 설파한다. 그리고 이를 설명하기 위해 '태양의 비유' '선분의 비유' '동굴의 비유'가 언급되고, 철학자가 받아야 할 최고의 교육인 변증술에 대한 논의가 이어진다.

8~9권에서는 '아름다운 나라'가 점진적으로 쇠퇴되어 감에 따라 생기게 되는 네 가지 유형의 타락한 정체(政體)와 이러한 정체들을 닮은 사람들의 탄생 과정에 대해서도 함께 살펴보게 되는데, 이는 가장 올바른 사람과 가장 올바르지 못한 사람은 각각 어떤 사람인지를 알아보기 위함이다. 마지막으로 10권에서는 플라톤의 존재론과 혼에 관한 이론을 토대로

시에 대한 비판을 재개한 뒤, '에르' 신화를 통해서 사후에도 올바르지 못한 삶에 비해 올바른 삶에 대한 보상이 얼마나 큰 것인지에 대한 언급을 하고서 대화가 끝이 난다.

이처럼 하나의 물음은 다른 물음으로 이어지면서 결국 인간에게 있어서 훌륭한 삶의 방식에 대한 전체적인 조망을 제시하고 있는 것이 『국가』편이다. 플라톤의 『국가』편이 그의 최고 걸작으로 꼽히는 이유 중 하나는 인간에게 있어 훌륭한 삶의 방식이 어떤 것인지를 탐구하는 과정에서 다양한 분야의 문제들을 자연스럽게 연관시켜 논의해 가며 그에 대한 전체적인 이해를 제시하기 때문이다.

그러나 『국가』가 언제나 플라톤의 대표적인 작품으로 꼽힌 것은 아니다. 르네상스 시기 때까지만 하더라도 플라톤의 대표적인 작품은 우주의 생성에 관해 논의한 『티마이오스』였다. 고대에는 혼의 불멸에 대한 문제를 다루고 있는 『파이돈』이나 앎의 본성에 관해 탐구하는 『테아이테토스』편이 더 주목 받기도 했다. 『국가』가 플라톤의 대표적인 작품으로 평가 받기 시작한 것은 19세기 이후이다. 1871년에 영국의 조위트(B. Jowett)는 플라톤의 모든 저작을 대중이 쉽게 읽을 수 있는 방식으로 번역하여 출간했다. 이 전집 번역은 플라톤의 사상을 일반인에게 알리는 데 크게 기여했다. 그리고 그는 『국가』를 플라톤 저작 가운데 가장 대표적인 작품으로 보았으며, 이 같은 평가는 현재까지도 유지되고 있다. 그는 『국가』에서 정치철학적 문제를 중심적인 것으로 보았으며, 이 책에서 제시되는 이른바 '이상 국가론'에 주목했다. 이 같은 접근 방식은 그 이후 지금까지도 『국가』를 읽는 주된 방식으로 자리를 잡아 왔으며, 그 결과 정치학자들이 많은 관심을 보여 왔다. 그리고 이 책에서 제시된 정치철학적 관점에 대해서는 긍정적 평가와 부정적 평가로 극단적으로 엇갈리고 있다. 예를 들어 20세기에 포퍼(K. Popper)는 『열린 사회와 그 적들』이란 책에서 플라톤의 정치철학을 전체주의 사상의 원조로 보기도 하였다. 그러나 최근까지도 『국가』가 정치철학적인 저작인지, '어떻게 살아야만 하는가'라는 윤리학적 물음이 주를 이루는 저작인지에 대해서는 연구자들 간에 이견이 있다.[10] 이처럼 『국가』가 다양한 관점에서 해석되고 이해될 수 있다는 점은 이 작품의 풍부함과 깊이를 보여 주는 것이라 할 수 있다.

## 『국가』, 어떻게 읽어야 할까?

플라톤은 그의 다른 저술들과 마찬가지로 『국가』를 대화체로 썼다. 이 책이 대화 형식으로 쓰였다는 사실은 독자들에게 일반적인 철학책과는 다른 방식의 책 읽기를 요구한다. 그의 대화편들은 특정한 시간과 장소에서 구체적인 인물들이 특정한 주제에 관하여 주고받은 이야기의 내용을 전달하는 형식을 취한다. 따라서 플라톤의 저술을 제대로 읽기 위해서는 대화의 배경 및 주인공들이 어떤 인물인지를 파악하는 것이 일차적으로 중요하다. 대화의 경우, 대화자들이 어떤 성격과 사회적 지위를 갖고 있으며 어느 정도의 교육을 받았는지, 그리고 어떤 상황에서 대화가 이루어지고 있는지에 따라 대화의 내용과 수준이 결정되기 때문이다.

한편 대화편들에서 소크라테스가 주로 대화를 주도하고 각 대화편의 논의 주제에 따라 그에 적합한 대화자들이 등장하지만, 정작 플라톤 자신은 모습을 보이지 않는다. 일반적으로 이러한 글쓰기 형식은 저자 자신이 대화편에서 제시된 논증들로부터 일정한 거리를 두고 있음을 의미한다. 따라서 플라톤은 왜 이런 방식으로 글을 썼으며, 이런 저술 형식은 어떤 철학적 정신을 반영하고 있는지가 문제된다. 우선 플라톤이 단순히 자신의 견해를 좀더 생생하고 명확하게 하기 위한 문학적 수단으로 대화체의 글을 쓴 것은 아니다.[11] 그는 다른 철학자들과 달리, 자신의 이론을 논리적으로 논증하고 그 견해를 채택하도록 설득하는 형식을 거부했다. 이런 특징은 이른바 '소크라테스적 대화편들'로 불리는 초기 대화편들에서 가장 생생하게 나타난다. 초기 대화편들에서 소크라테스는 대화자들이 처음에 자신들이 가진 생각과 모순되는 견해를 인정해야 함을 보여 줌으로써 이들로 하여금 난관(아포리아)에 부닥치게 한다. 『국가』 1권은 이 같은 특징을 잘 보여 주고 있다. 『국가』 2권부터는 초기 대화편들과 달리 더욱 적극적인 결론을 추구하지만, 이 경우에도 소크라테스의 대화자들은 그의 주장에 대해 비판적 태도를 유지한다.

플라톤이 이런 방식으로 글을 쓴 이유는 무엇보다 앎 또는 인식에 대한 그의 견해에서 실마리를 찾을 수 있다. 그는 기본적으로 삶의 중요한 문제들에 대한 앎은 주입되는 것이 아니라 스스로의 힘에 의해서 도달해야 한다고 생각하고 있었다. 이런 태도는 소크라테스에게서 물려받았다. 『테아이테토스』편에 제시된 내용에 따르면(149a~151d), 소크라테스는 자신의 어머니가 여성의 출산을 돕는 산파 일을 한 것에 비유해서 자신의 행각을 젊은이들의 정신적 출산을 돕는 것으로 말한다. 이른바 '소크라테스의 산파술'은 사람들이 어떤 문제에 대하여 품고 있는 어떤 생각을 아이 잉태에 비유하여 아기의 출산을 돕듯이 어떤 생각이 잘 배출될 수 있도록 돕는 기술을 말한다. 이러한 산파술은 다음과 같은 특징을 지닌다. 첫째 산파와 마찬가지로 소크라테스는 자신의 생각을 다른 사람들에게 주입하는 것이 아니라 사람들(젊은이들)이 품고 있는 생각을 꺼내어 이런 생각들이 진실인지, 거짓인지를 캐

묻는(시험하는) 활동이다. 둘째 이런 캐묻는 활동 덕분에 이들이 진실한 생각을 품고 있지는 못하더라도, 자신이 알지 못하는 것을 안다고 생각하는 일은 없게 한다. 셋째 이런 과정을 통해 이들은 스스로 훌륭한 것을 많이 찾아내고 출산할 수 있다. 이런 산파술적 정신에 따라 플라톤은 대화 형식으로 저술한 것으로 볼 수 있다.[12]

철학적 탐구 활동에 있어서 대화가 갖는 가치는 매우 중요하다. 우리는 대화를 통해서 자신이 믿고 생각하는 견해가 합리적인지를 검증 받을 수 있다. 우리가 개인적인 편견 때문에 갖고 있는 잘못된 생각을 버리게 하는 과정이 바로 소크라테스의 논박이다. 플라톤은『소피스테스』편에서 논박이 혼을 정화시키는 가장 중요한 방법이라고 말한다(230d). 그런데『국가』는 대화가 대화자들의 특성에 따라 얼마나 다른 방식으로 전개될 수 있는지를 잘 보여 준다. 1권에서는 노령의 케팔로스가 '올바름'에 대한 자신의 견해가 소크라테스에 의해 논박당하자 대화를 곧바로 포기한다. 또한 그의 아들 폴레마르코스는 소크라테스가 조목조목 자신의 견해를 논박하자 더 이상 어떻게 해야 할지를 몰라 당황한다. 트라시마코스는 소크라테스적 대화 방식을 비판하고 자신의 주장을 강력히 설파하다가 소크라테스한테서 논박을 받자 냉소적 태도로 돌변한다. 이런 인물들은 이상적인 대화 상대자가 아니다. 반면에 2권에서부터 소크라테스의 대화 상대자로 등장하는 글라우콘과 아데이만토스는 소크라테스에게 비판적인 태도를 보이면서도 공동의 탐구 정신을 보여 준다. 이들은 소크라테스의 논증에 이의를 제기하고 문제를 더 철저히 구명할 것을 계속적으로 요구하면서도 진리 인식을 위해 함께 노력하는 모습을 보여 주고 있다. 이런 대화는 소피스테스들의 논쟁술(쟁론술)과 근본적으로 다르다. 논쟁술이 상대방을 이기는 데 목적이 있다면, 플라톤의 '대화'는 진리를 인식하는 데 그 목적이 있다. 그런데 우리는 플라톤이 『국가』에서 이런 대화를 익명의 사람들에게 들려주는 형식으로 기술하고 있음에 주목할 필요가 있다. 그는 소크라테스와 다른 대화자들이 주고받은 대화의 내용을 그 다음날 익명의 청중에게 이야기하는 형식으로 기술함으로써 독자들로 하여금 이런 대화에 자연스럽게 참여하도록 유도하고 있기 때문이다.[13] 따라서 독자들은 스스로 대화자 입장에서 이 책에 제시된 여러 논변을 인정할 수 있는지를 따져 보는 태도가 필요하다. 이런 글 읽기를 통해서 삶의 문제에 대한 근원적인 사색으로 이끌어 가는 게 바로 플라톤의 『국가』이다.

## 『국가』 논의 지형도

　『국가』는 10권으로 되어 있지만, 이 구분은 반드시 주제의 내용에 따른 것이 아니다. 책의 전체 내용을 파악할 수 있도록 대화의 내용과 논의 구조를 고려하여 다음과 같은 논의 지형도를 만들어 보았다.

1. '올바름' 이란 무엇인가?(1권 327a~354c)

   1) 소크라테스와 케팔로스의 대화(327a~331d)
      ① 노령이 아니라 생활 방식이 불행의 탓이다.
      ② 부의 가치
      ③ 올바름은 무조건적으로 '진실을 말함과 받은 것을 갚아 주는 것' 인가?

   2) 소크라테스와 폴레마르코스의 대화(331d~336a)
      ① '각자에게 갚을 것을 갚는 것'이 올바름이다
      ② '친구들과 적들에 대해 각각 이득을 주고 손해를 입히는 기술' 이 올바름인가?
      ③ 기능과 훌륭함(aretē)의 개념에 의거해 '올바름' 에 의해 사람을 나쁜 사람으로 만들 수 없음을 논증

3) 소크라테스와 트라시마코스의 대화(336b~354c)

① '올바름'은 '더 강한 자의 편익'이다

② 엄밀한 의미에 따른 통치자 개념에 의거해 치술(治術)이 피지배자를 위한 것임을 밝힘

③ 올바름은 '남에게 좋은 것'이며, "불의가 더 이득이 되는 것"이라는 주장에 대한 반론

→ 올바르지 못한 사람은 올바른 사람보다 더 지혜롭지도, 강하지도, 행복하지도 않다.

④ 1권의 논의 방식에 대한 반성


2. 글라우콘과 아데이만토스의 문제 제기 : '올바름 자체'에 대한 옹호의 필요성(2권 357a~367e)


1) '좋은 것'의 세 가지 종류

2) 사회계약설적 관점에서 제시된 올바름의 기원과 본질

3) 기게스의 반지 이야기를 통해 올바름은 부득이하게 행하는 것이라는 견해가 제시됨

4) 올바름은 그것으로 해서 생기는 명성과 이득 때문에 좋은 것일 뿐이라는 견해

5) 올바름에 대해 결과는 배제하고 그 자체로 옹호해 줄 것을 요구

3. 나라(polis)의 기원과 발달 및 수호자의 교육(2권 368c~3
   권 412b)


   1) 나라의 기원과 발달 및 수호자의 성향(2권 368c~376c)
      ① 나라와 개인의 유비
      ② 나라는 구성원 상호간의 '필요' 때문에 성립함
      ③ 성향에 따른 분업의 원칙
      ④ 돼지들의 나라와 호사스러운 나라의 성립 과정
      ⑤ 수호자의 성향


   2) 수호자의 교육(2권 376c~3권 412b)
      ① 시가의 내용(376c~392c)
         시가 교육의 목표
         허용되지 않는 시가의 내용
      ② 시가의 형식과 음악적 요소(392c~403c)
         단순한 이야기 진행과 모방의 구분
         수호자는 모방에 능한 사람이 되어서는 안 된다
         바람직한 선법과 리듬
      ③ 체육 교육(403c~412b)
         체육 교육은 혼의 격정적인 면을 양육하기 위한
         것이다

① 좋음의 이데아는 태양에 비유됨

2) 선분의 비유(509d~513e)

① 혼의 네 가지 지적 상태의 구분 : 상상, 믿음, 추론

적 사고, 지성적 인식

3) 동굴의 비유(7권 514a~521b)

① 동굴 안의 죄수에 대한 묘사와 진리 인식의 과정

② 철학자가 동굴 안으로 다시 내려와야 하는 이유

10. 변증술의 예비 교과목과 변증술(7권 521c~541b)

1) 변증술을 위한 예비교과목의 특징 : 수론 · 평면기

하 · 입체기하 · 천문학 · 화성학은 혼을 실재에로 전

환시키기 위한 것

2) 변증술의 특성

11. 나쁜 정체의 네 유형과 이것들을 닮은 혼의 유형(8권

543a~9권 576c)

1) 명예지상 정체, 과두 정체, 민주 정체, 참주 정체의

① 인간이 사후에 겪게 되는 이야기

② 망각의 강

2부

국가의 대화 분석

『국가』의 대화를 이끌어 가는 근본적인 물음은 "어떤 방식으로 살아야만 하는가?"이다. 철학에 관심을 갖고 있는 사람이든 그렇지 않은 사람이든 간에 우리는 살아가면서 이런 물음에 부딪히지 않을 수 없다. 플라톤이 말하듯, 인간은 본성상 '좋음'을 추구하기 마련이고, 누구나 자신의 삶을 가능하면 훌륭하게 만들고자 하는 욕구를 갖고 있기 때문이다. 『국가』가 인류의 역사에서 끊임없이 관심을 끌었던 이유는 이 책이 훌륭한 삶의 방식에 대한 근원적인 성찰을 제공하고 있기 때문이다.

# '올바름' 이란 무엇인가?

(1권 327a~354c)

## 소크라테스와 케팔로스의 대화(327a~331d)

[소크라테스는 글라우콘과 함께 피레우스로 내려가서 벤디스 여신[14] 축제 행사 구경을 하고 시내로 돌아오다가 폴레마르코스의 요청에 따라 그의 집으로 가게 된다. 그는 거기에서 여러 사람을 만난다. 폴레마르코스의 아버지 케팔로스는 소크라테스를 반갑게 맞이하면서 자신의 경우 나이가 들어 "육신과 관련된 다른 즐거움이 시들해짐에 따라, 그만큼 대화에 대한 욕망과 즐거움이 증대된다"며 소크라테스와 대화를 나누게 된 것에 기뻐한다. 소크라테스 또한 인생의 여정을 앞서 간 연로하신 분과 대화를 나누게 되어 기쁘다면서, 삶이 얼마 남지 않은 나이의 그에게 먼저 노년기를 어떻게 받

아들이고 있는지를 묻는다(327a~328e).

케팔로스는 엇비슷한 연배의 친구들이 젊은 시절에 누리던 성적인 쾌락이나 술잔치 및 경축 행사 등과 관련된 즐거움을 누리지 못함을 아쉬워하면서 나이 많음으로 인해 이런 불행을 겪게 되었다고 한탄하지만, 자신은 이와 다른 생각을 가지고 있다고 말한다. 그는 늙는다는 사실에 모든 사람이 불행을 느끼는 것은 아니라고 지적하면서, 자신은 오히려 시인 소포클레스의 말처럼 노년에 이르러서야 비로소 성적 쾌락이나 다른 욕망들에서 벗어남으로써 큰 평화와 자유를 느낄 수 있게 되었다고 피력한다. 사람들이 노년에 겪게 되는 여러 불행은 나이 탓(aitia)이 아니라 생활 방식 때문이며, 절도(節度)가 없으며 쉬 만족을 하지 못하는 사람은 노령도 젊음도 다 견디기 힘들다는 논리를 편다(329a~329d).

이에 대해 소크라테스는 그가 노년기를 어렵지 않게 견디어 내는 것은 생활 방식이 아니라 많은 재산 때문이라고 세상 사람들이 생각할 것이라고 이의를 제기한다. 그러자 케팔로스는 "훌륭한 사람일지라도 가난하고서는 노령을 썩 수월하게 견디어 내지 못하겠지만, 훌륭하지 못한 사람이 부유하다고 해서 결코 쉬 자족하게는 되지 못할 것"이라며 자신의 견해를 옹호한다(329e~330a).

그러자 소크라테스는 많은 재산으로 인해 덕을 본 것 중에서 가장 좋은 것이 무엇인지를 그에게 묻는다. 그는 죽을 때가 되면 올바르지 못한 짓을 저지른 자의 경우, 저승에서 겪게 될 일들에 대해 전해 오는 이야기가 사실이 아닐까 싶어 이런 것들에 두려워하고 근심하게 된다면서, 재산의 소유는 "마지못하여 남을 속이거나 거짓말을 하지 않아도 되게 해 준다든가, 신께 제물(祭物)을 빚지거나 남한테 재물(財物)을 빚진 채로 저승으로 가게 되지나 않을까 하고 두려워하는 일이 없도록 한다"는 점에서 큰 기여를 한다고 대답한다. 이를 계기로 소크라테스는 '올바름(디카이오시네 dikaiosynē)'에 관한 문제를 제기하게 되는데, 단순히 "올바름을 정직함과 받은[맡은] 것을 갚는 것"으로 말할 수는 없다는 것이다. 예를 들어 어떤 사람이 제정신 상태에서 무기를 맡겼다가 나중에 미친 상태에서 돌려주기를 요구한다면, 그에게 무기를 돌려 주거나 진실을 말함은 올바른 것이 아니라고 누구나 말하리라는 것이다. 이런 방식으로 소크라테스가 "진실을 말함과 받은 것을 갚는 것"은 '올바름'의 의미 규정이 될 수 없다고 논박하자, 케팔로스는 이를 받아들이면서 제물을 보살펴야 할 시간이 되었음을 핑계로 논의를 장남인 폴레마르코스에게 인계한다(330b~331d).]

　　"어저께 나는 아리스톤의 아들 글라우콘과 함께 피레우스

로 내려갔었네" 란 말로 시작되는 『국가』의 이야기 배경은
아테네의 외항 피레우스이다. 고전 연구자들은 플라톤이 이
와 같은 구절로 이야기를 시작한 것은 매우 중요한 상징적
의미가 있다고 주목해 왔다. 소크라테스가 피레우스 항구로
내려감은 『국가』 7권에서 언급되는 '동굴의 비유' 에서 동굴
밖의 진리 세계를 본 철학자가 동굴 안의 죄수들을 동굴 밖
의 세상으로 인도하기 위해 동굴 안으로 다시 들어감을 상징
한다고 보고 있다.[15] 『국가』편에서는 진리의 탐구 과정을 종
종 길을 가는 것에 비유하는데(435d, 504b 등), 『국가』의 첫
구절은 독자들을 진리 세계로 이끄는 긴 여정을 상징적으로
시사해 준다.

　케팔로스는 시라쿠사이에서 아테네로 이주해 살던 거류
민으로, 무역과 제조업으로 돈을 많이 번 재산가이다. 당시
피레우스에는 많은 외국인 거류민이 살고 있었다. 이들은 아
테네 시민권은 갖지 못한 채 거류민으로서 의무적으로 세금
을 내며 상공업에 종사했다.[16] 돈을 버는 데 일생을 바친 케
팔로스는 부가 삶에 안정감을 준다고 믿고 살았지만, 그의 가
문은 그가 죽고 나서 얼마 가지 않아 완전히 몰락하고 만다.
펠로폰네소스 전쟁(기원전 431~기원전 404)에서 스파르타에
참패한 뒤 아테네에는 404년에 30인 과두 정권이 들어서는
데, 이 정권에 의해 케팔로스의 큰아들인 폴레마르코스가 재

산을 몰수당하고 처형당했을 뿐만 아니라, 그의 아우인 리시아스도 추방당했다. 우리가 이런 사실을 고려할 때 케팔로스가 보여 주는 삶에 대한 만족감과 평화로운 모습은 곧 닥칠 무서운 전쟁과 묘한 대비를 보여 준다. 플라톤은『국가』를 그것이 배경으로 하는 시대보다 훨씬 뒤에 썼다. 그는 당시 독자들이 케팔로스 가문의 몰락을 알고 있을 것이라는 사실을 염두에 두고 글을 썼을 것이다.[17] 케팔로스와 소크라테스의 대화 내용이 시사하는 바를 이해하기 위해서는 이 같은 점을 고려할 필요가 있다.

앞의 대화에서 우리가 우선 주목할 수 있는 것은 노령의 케팔로스가 삶을 바라보는 태도이다. 그는 온갖 욕망을 추구하기보다 절도 있는 생활 방식을 추구할 때 마음의 평화와 자유를 누릴 수 있다고 밝힌다. 이런 삶의 방식을 택하지 않으면, 사람들은 젊었을 때 추구한 온갖 쾌락을 노년에 이르러 즐기지 못하게 되면서 스스로 불행하다고 느끼고 신세한탄이나 하게 된다고 주장한다. 케팔로스가 제시하는 생활 태도는 일반적으로 훌륭한 삶의 방식의 본보기로 간주될 수도 있다. 그러나 소크라테스는 그가 실상 많은 재산을 갖고 있기 때문에 평화로운 마음의 상태를 유지하는 것은 아니냐고 이의를 제기한다. 이것은 중요한 의미를 함축한다. 소크라테스는 이런 물음을 통해 노년에 도달했다고 하는 케팔로스의 평화로운 마음 상태가 진정한 내면적인 덕에 의한 것이 아닐 수 있음을 암시해 주고 있기 때문이다.

이런 방식으로 앞의 대화를 이해할 수 있음은 이어지는 대화를 통해 더욱 분명히 드러난다. 소크라테스의 이의 제기에 대해 케팔로스가 많은 재산보다 생활 방식이 더욱 중요함을 재차 강조하자, 재산의 가치에 대한 문제가 대화의 주제가 된다. 이에 대해 케팔로스는 올바른 삶에 대한 그의 생각을 더욱 구체적으로 보여 준다. 즉 그가 올바르게 살고자 하는 까닭은 올바르지 못한 일을 저질렀을 때 죽음 뒤에 받게 된다고 사람들이 말하는 처벌에 대한 두려움 때문인 것으로 드러난다. 그리고 재산의 소유는 돈이 없어 부득이하게 올바르지 못한 짓을 하거나 불경스러운 일을 하지 않도록 해 준다는 점에서 큰 가치가 있다는 것이다. 그가 절도 있는 생활 방식을 강조하긴 하지만, 실상 그의 생활 태도는 내면적인 덕에 근거하고 있지 않다. 그는 단지 물질적으로 풍요로운 상태에서 사회가 요구하는 도덕적 규범을 충실히 지키고 종교적 의무를 다함으로써 마음 편히 사는 노인의 모습을 보여 주고 있을 뿐이다. 이런 성향의 인물이 그의 가문에 훗날 닥친 불행처럼, 재산을 몰수당하고 자식을 잃는 등, 외적 조건이 매우 나쁜 상황에서도 평화로운 마음의 상태를 유지할 수 있을까? 우리는 그렇지 못할 것이라고 추정할 수 있지만, 케팔로스는 이런 문제로 심각하게 고민하지 않는 인물로 상정되고 있다.

케팔로스는 올바른 삶은 사회가 요구하는 도덕규범을 충실히 지키는 것으로 충분하다고 생각하기 때문에, 소크라테스는 이 점에 초점을 맞추어서 그의 견해를 논박한다. 일반적으로 사람들은 "진실을 말함과 받은 것을 갚아 주는 것"이 올바른 행위라는 것을 알지만 또한 '미친 사람의 예'에서 볼 수 있는 것처럼 그렇지 못한 경우가 있다는 사실도 잘 알고 있다. 따라서 '올바름'을 단순히 "진실을 말함과 받은 것을 갚아 주는 것"으로 규정할 수는 없다는 것이 드러난다.[18] 소크라테스의 이러한 논박에서 주목할 수 있는 것은 '올바름'에 대한 규정에서 '좋음'의 문제가 중요하게 부각되고 있다는 점이다. "진실을 말함과 받은 것을 갚아 주는 것"이 '올바름'에 대한 규정으로서 적절하지 못한 이유는 그 규정을 무조건적으로 따를 경우 상대방에게 좋지 못한 경우가 생길 수 있기 때문이다. 『국가』에서 '올바름'에 관한 문제는 '좋음'의 문제와 밀접하게 연관해서 논의된다는 사실에 유의할 필요가 있다.

그러나 케팔로스는 소크라테스의 문제 제기에 대해 더 이상 대화를 지속하고자 하지 않는다. 그에게는 올바른 삶의 방식이 무엇인지를 검토하는 것보다 제물을 바치는 일이 더 중요하다. 그는 올바르게 사는 데 있어서 전통적인 도덕적 규범을 충실히 따르는 것으로 충분하다고 생각하는 사람이기 때문이다. 그는 신들이 이런 규범들을 따르도록 지시했다고 생각하기 때문에, 제물을 바치는 것이 더 중요할 수밖에 없다. 그는 어떻게 사는 것이 올바르고 훌륭하게 사는 것인지 하는 문제에 대한 반성적 고찰의 필요성을 느끼지 못하는 인물이다. 그는 소크라테스와 처음 만났을 때 대화하기를 좋아한다고 말했지만, 그에게 있어서 대화는 노년에 이르러 젊었을 때의 육체적 욕망이 시들어졌을 때나 즐길 수 있는 것이다. 이에 반해 소크라테스에게 있어서의 대화는 단순한 소일거리가 아니다. 그가 『소크라테스의 변론』에서 "캐묻지 않은 삶은 사람에게는 살 가치가 없는 것"(38a)이라고 말하고 있듯이, 그에게 대화는 어떻게 사는 것이 훌륭한 것인지에 대한 진지한 캐물음이다. 케팔로스는 이런 대화 상대자로 적합하지 않은 것으로 드러났기 때문에 그와의 대화는 간단히 끝날 수밖에 없었다.

## 소크라테스와 폴레마르코스의 대화(331d~336a)

[폴레마르코스는 대화를 이어받으면서 시인 시모니데스[19]의 "각자에게 갚을 것을 갚는 것이 올바르다"는 말에 근거해 케팔로스에 대한 소크라테스의 논박을 피하고자 한다. 그에 따르면 시모니데스의 말은 "친구끼리는 서로에 대해 무언가

좋은 일을 하되, 나쁜 일은 하지 않음이 마땅하다는 게 그 취지"이다. 올바름을 이런 방식으로 규정할 때, 제정신이 아닌 상태의 친구에게 무기를 되돌려 주는 것은 그에게 해를 끼칠 수 있으므로 합당한 것을 갚는 게 아님이 된다. 그러자 소크라테스는 시모니데스의 말에서 '갚을 것(to opheilomenon)'을 '합당한 것(to prosēkon)'으로 이해하고, 그가 "각자에게 합당한 것을 갚는 것"을 올바름으로 생각하고 있는 것으로 파악한다. 이에 폴레마르코스가 동의하자, 소크라테스는 이 주장에 대해 반론을 전개한다(331e~332c).

소크라테스는 먼저 누군가 시모니데스에게 다음과 같은 질문을 한다고 가정하자고 말한다. "시모니데스여. 그러면 무엇에 대하여 무엇을 마땅한 것(갚을 것)으로서 그리고 합당한 것으로서 주는 기술(technē)이 의술로 불립니까?' 이에 대해 폴레마르코스는 그가 의술은 "몸에 대해서 약과 음식을 주는 기술"이고 요리술에 대해서도 같은 방식으로 대답할 것임이 분명하다고 말한 뒤, 시모니데스가 이야기하는 올바름을 이런 방식으로 규정하면 이는 "친구들과 적들에 대해 각각 이득을 주고 손해를 입히는 기술"이 된다고 대답한다. 그런데 질병 및 건강과 관련해 병든 친구들과 적들한테 잘되게 해 주거나 잘못되게 해 줌에 있어서 가장 유능한 이는 의사이고, 바다의 위험과 관련해서 항해 중에 있는 사람들에게 그렇게 할 수 있는 이는 키잡이(선장)이다. 그렇다면 올바른 이는 어떤 행위나 일과 관련하여 친구들에겐 이롭도록 해 주되 적들에게는 해롭도록 해 줌에 있어서 가장 유능할 수 있는가? 폴레마르코스는 적들에 대해 항전하거나 연합해서 싸울 때 그렇다고 대답한다. 그러나 이런 식으로 말하게 되면 아프지 않은 사람에게는 의사가 쓸모없고 항해 중에 있지 않는 사람에게는 키잡이가 쓸모없듯이, 전쟁을 하지 않고 있는 사람에게는 올바른 이가 쓸모없게 된다. 이런 반박이 제기되자 폴레마르코스는 금전과 관련된 계약에 있어서는 평화 시에도 올바름이 쓸모 있다고 주장한다. 그러나 소크라테스는 금전을 사용할 경우에는 그렇지 않다고 이의를 제기한다. 돈이 오가며 말을 사거나 팔아야 할 경우에는 올바른 이보다 말 전문가, 선박의 경우에는 조선 기술자나 키잡이가 쓸모 있는 사람이기 때문이다. 그러자 폴레마르코스는 올바른 이는 돈을 안전하게 보관할 경우에는 쓸모가 있다고 주장한다. 그러나 이는 모든 것과 관련해서 돈을 사용할 때는 각각의 기술이 소용되는 반면에 올바름은 돈을 보관할 때에만 소용이 있다는 주장이기 때문에, 올바름은 그다지 요긴한 것이 못 된다는 결론에 이르게 된다(332c~333e).

그다음으로 소크라테스는 싸움에서 치는 데 능한 사람은 방어하는 데 있어서도 그러하며, 질병을 치료하는 데 능한 의

사는 병을 생기게 하는 데 있어서도 아주 능할 수 있기 때문에 유능한 수호자는 유능한 도둑일 수도 있다는 것을 지적하고 동의를 받는다. 따라서 올바른 이가 돈을 간수하는 데 있어서 능하다면 훔치는 데에도 능하다고 볼 수 있기 때문에, 올바름은 일종의 도둑질 기술로 드러나게 된다(333e~334b).

폴레마르코스는 소크라테스의 반박에 당황하면서도 여전히 자신의 생각을 버리지 않는다. 그러자 소크라테스는 그가 '친구들'이라고 말함은 '선량한 사람들로 생각되는 이들'을 가리키는 것인지, '실제로 그런 이들'을 가리키는지를 묻는다. 폴레마르코스는 "누구나 자기가 선량하다고 생각하는 이들이면 좋아하지만, 못된 이들로 생각하는 사람들이면 미워하는 것" 같다고 대답한다. 하지만 소크라테스는 사람들이 실제로는 선량한 사람을 적으로, 나쁜 사람을 친구로 각각 잘못 판단할 수 있다는 사실을 지적한다. 그래서 폴레마르코스는 자신의 생각을 고쳐서 "선량하다고 생각될 뿐만 아니라 실제로도 선량한 사람을 친구로 규정"한다. 결국 시모니데스가 생각하는 올바름은 "실제로 좋은 친구는 잘되게 해 주되 실제로 나쁜 적은 해롭도록 해 주는 것"으로 규정된다(334c~335a).

소크라테스는 이제 이 규정이 지니고 있는 문제점을 지적하기 위해 다음과 같이 묻는다. "그러면 어떤 사람에게건 해롭도록 해 주는 것이 올바른 사람이 할 짓일까요?" 이에 대해 폴레마르코스는 그렇다고 대답하지만, 소크라테스는 다음과 같은 방식으로 반박을 시도한다. 말이나 개가 해를 입게 되면, 그것들의 '훌륭함(훌륭한 상태 : aretē)'[20]과 관련해서 나빠지는 것은 분명하다. 사람의 경우에도 해를 입으면, '인간적인 훌륭함(덕 : anthrōpeia aretē)'과 관련해서 더 나빠지게 될 것이다. 그런데 올바름은 인간적 훌륭함이고, 해를 입은 사람들 역시 한층 더 올바르지 못한 사람으로 될 것이다. 시가 (詩歌)에 밝은 사람이 시가 기법에 의해서 사람들을 비시가적 (非詩歌的)으로 만들 수 없고 승마에 능한 사람이 승마술에 의해서 사람들을 승마에 서투르게 만들 수 없듯이, 올바른 사람이 올바름에 의해서 사람들을 올바르지 못한 사람으로 만들 수는 없다. 열의 기능이 차게 하는 것이 아니고 건성의 기능이 습하게 하는 것이 아니듯이, 해를 입히는 것도 훌륭한 사람의 기능이 아니라 그와 반대되는 자의 기능이다. 결국 "해를 입히는 것은 상대가 친구이든 또는 다른 누구이든 간에 올바른 이의 기능이 아니라 그와 반대되는 인간, 즉 올바르지 못한 자의 기능"이다. 따라서 "각자에게 갚을 것을 갚는 것이 올바르다고 누군가가 주장하면서 이 말로 올바른 사람에 게서 적들로서는 해를 입되 친구들로서는 이로움을 입어야 된다는 걸 뜻한다면, 이런 말을 하는 사람은 결코 현명한 이가 아닐 것"이다. 이런 논변을 근거로 소크라테스는 폴레마르코스가 이야기한 것은 현자가 아니라 참주(僭主)나 스스로 굉장한 능력을 가졌다고 생각하는 부자의 주장에 불과하다고 결론짓는다(335b~336a).]

폴레마르코스는 올바름에 대한 케팔로스의 주장을 옹호하기 위해 시인 시모니데스의 권위에 의존한다. 그는 "각자에게 갚을 것을 갚는 것이 올바르다"는 시모니데스의 말을 친구끼리는 좋은 일을 하되 나쁜 일은 하지 않는 것이 마땅하다는 의미로 이해함으로써 소크라테스의 반박을 피할 수 있다. 케팔로스의 견해가 논박당한 이유는 '진실을 말함과 받은 것을 갚아 주는 것'이란 규정을 무조건적으로 따를 경우 상대방에게 좋지 못한 경우가 있기 때문이다. 폴레마르코스는 이런 반례를 피하기 위해서 '올바름'을 맡긴 것은 어떤 경우라도 되돌려 주어야 한다는 방식으로 규정하지 않고, 친구에게 좋지 않은 경우에는 되돌려 주지 않는 것이 올바른 것이라는 방식으로 규정한다. 그러나 그는 이런 방식으로 반례를 피할 수 있지만, 이 규정이 받아들일 만한 것인지는 더 검토해야 한다.

폴레마르코스가 제시하는 '친구들은 이롭게 하고 적들은 해롭게 하는 것'이 올바른 것이라는 주장은 '올바름'을 사람들 사이의 이해관계에서 성립하는 것으로 보는 견해이다. 소크라테스는 이에 대한 비판적 논의를 통해서 이런 견해가 함축하고 있는 위험성을 경고한다. 폴레마르코스는 올바른 행동의 기준을 사람들의 사회적 관계를 통해 결정되는 것으로 보고 있다. 이런 견해에 따르면 '올바름'의 기준은 당파적 이해관계에 따라 달라질 수 있다. 그러나 이렇게 되면 '올바름'은 무조건적으로 '좋은 것'이 될 수 없다. 소크라테스는 이런 문제점을 올바름과 기술을 유비시켜 보여 준다. 그의 논박은 크게 두 부분으로 나누어서 이해할 수 있다. 첫 부분(332c~334b)이 '올바름'에 대한 폴레마르코스의 규정에서 부정적인 귀결을 이끌어내는 반면에, 두 번째 부분(334b~336a)은 '올바름'의 기능이 어떤 것인지에 대한 좀더 적극적인 이해를 유도한다.

논박의 첫 번째 부분은 다시 두 부분으로 나누어진다. 먼저 소크라테스는 332c~333e에서 폴레마르코스의 규정에 따를 때 '올바름'은 중요하지 않은 것으로 드러남을 보여 준다. 이 논증에서 우선 처음 보기에 이해하기 힘든 것은, 소크라테스가 '올바름'을 일종의 기술로 보고 의술과 조리술 등 다른 기술들과 비교한다는 점이다. 이런 논증을 이해하기 위해서는 먼저 '올바름'에 대한 폴레마르코스 견해의 어떤 측면이 다른 기술들과의 유비를 가능하게 하는지를 분명히 해둘 필요가 있다. 플라톤은 『고르기아스』편(464b~465a)에서 그가 생각하는 기술의 두 가지 중요한 특징을 언급한다. 첫째 각각의 기술은 앎을 통해 각각이 목표로 하는 최선의 것을 산출한다. 둘째 기술을 갖고 있는 사람은 자신의 일에 대해 설명할 수 있다. 기술의 이런 특징들을 고려할 때, 소크라테스가 '올바름'을 일종의 기술로 간주한다는 것은 기술의 이런 측면들이 폴레마르코스의 '올바름'에 대한 규정 속에 포함되어 있는 것으로 보고 있음을 의미한다. 이와 관련해 우리가 주목해야 할 것은 소크라테스가 시모니데스의 언급에서 '갚을 것'을 '합당한 것'으로 파악한다는 점이다. 이런 방식으로 이해하면, 누군가 무기든 황금이든 어떤 것을 맡겼을 때 중요한 것은 맡겼다는 사실이 아니다. 중요한 것은 그것을 되돌려 주는 게 '합당한 것'인지 아닌지 여부이다. 어떤 친구가 황금을 맡겼을 경우, 그것을 되돌려 주는 것이 그에게 해가 될 때는 '합당한 것'으로서 '갚을 것'을 갚는 것이 아니다. 따라서 폴레마르코스가 생각하는 '올바름'에 대한 규정은 어떤 행위가 다른 사람에게 끼치는 이득과 손해에 대한 정확한 앎을 통해서 자신이 생각하는 '좋음'에 도달하게 해 주는 것이라는 의미로 파악된다. 이런 견해에는 앞에서 제시한 기술의 본질적 측면인 '앎'과 '좋음'의 측면이 모두 포함되어 있다. 그래서 올바름은 "친구들과 적들에 대해 각각 이득을 주고 손해를 입히는 기술"로 간주된다.

한편 각각의 기술은 고유한 적용 영역과 목적을 지니고 있다. 이를테면 의술의 영역은 '육체'이고 '건강'을 목적으로 하며, 조타술의 영역은 '항해'이고 '안전'을 목표로 한다. 따라서 '올바름'이 일종의 기술이라면, '올바름'은 그 고유의 영역과 목적이 있어야만 한다. 소크라테스 논박의 첫 번째 부분은 폴레마르코스가 규정하는 '올바름'이 기술의 이런 특성을 지니고 있는지를 검토한다. 폴레마르코스는 "친구들과 적들에 대해 각각 이득을 주고 손해를 입히는 것"을 '올바름'의 고유한 목적으로 보고 있지만, 소크라테스는 올바른 사람만이 이런 일을 해낼 수 있는 것이 아니라는 사실을 332c~333e의 대화를 통해서 잘 보여 주고 있다. 폴레마르코스의 주장이 이런 방식으로 논박될 수 있는 이유는 그가 기술의 중요한 특성을 파악하지 못하고 있기 때문이다. 각각의 기술자는 그 고유한 영역에서 자신이 목표로 하는 '좋음'을 각 기술의 능력을 발휘해서 도달한다. 그런데 그는 '올바름'의 가치를 다른 기술들의 경우처럼 그것의 내재적 능력에서 찾지 않고 단순히 사회적인 상호 이해관계에서 생기는 결과의 측면에서만 생각한다.[21] 이럴 경우, 올바른 사람이 추구하는 것을 다른 사람들이 더 잘 산출할 수 있다는 반론이 가능하게 된다. 또한 우리는 일반적으로 어떤 경우에는 친구를 이롭게 하는 것을 오히려 올바르지 못한 것으로 평가하기도

하는데, 폴레마르코스처럼 외적 결과의 측면에서 올바름을 규정하면 이런 사실을 설명할 수 없다. 이처럼 기술과의 유비는 폴레마르코스의 '올바름'에 대한 견해가 지니고 있는 문제점을 잘 드러내 준다. 폴레마르코스는 친구를 이롭게 하고 적을 해치는 것이 어떤 '좋음'에 도달할 것이라고 생각하지만, 그는 올바른 사람이 어떤 능력을 통해서 이러한 '좋음'에 도달할 수 있는지를 보여 주지 못하고 있다.

다음으로 소크라테스는 333e~334b에서 '올바름'에 대한 폴레마르코스의 규정이 그 이상의 문제를 야기함을 보여 주고 있다. 싸움에 있어서 방어하는 것과 공격하는 것, 질병을 고치거나 생기게 하는 것, 돈을 간수하거나 훔치는 것 등은 모두 친구를 이롭게 하고 적을 해치는 능력이 될 수 있다. 따라서 폴레마르코스처럼 올바름을 "친구들과 적들에 대해 각각 이득을 주고 손해를 입히는 것"으로 생각한다면 우리는 이런 능력들 가운데 어떤 것도 불의의 이름으로 거부할 수 없게 된다.[22] '올바름'은 "일종의 도둑질 기술"로 드러났다는 소크라테스의 언급은 이런 귀결을 함축적으로 잘 보여 주고 있다.

논박의 두 번째 단계의 첫 부분(334c~335a)에서 소크라테스는 친구와 적의 개념을 명확히 할 필요성을 제기하고, '그런 것으로 생각되는 사람들'과 '실제로 그런 사람들'의 구분을 도입한다.[23] 이 대화 부분에서 우리는 두 가지 점에 주목할 필요가 있다. 첫째 플라톤은 좋음을 추구함에 있어서 앎(epistēmē)의 중요성을 강조한다. 그에게 있어서 올바른 사람은 단순히 천성적으로 선한 사람이 아니라, '좋음'에 대한 객관적 인식을 토대로 좋음을 실현할 수 있는 사람이다. 좋음과 앎의 연관성은 『국가』편에서 매우 중요한 문제로 다루어지고 있다. 둘째 소크라테스와 폴레마르코스는 실제로 좋은 사람을 나쁘게 취급하는 것은 올바른 행위가 아니라는 것에 쉽게 동의하는데, 이는 '올바름'이 사람의 좋음과 나쁨에 관련된다는 점을 사람들이 직관적으로 파악하고 있음을 잘 보여 준다.

다음으로 소크라테스는 335b~336a에서 아레테(aretē : 훌륭함, 탁월함) 개념을 이용해서 올바른 사람은 '올바름'에 의해 사람들을 나쁜 사람으로 만들 수 없음을 논증함으로써 '올바름'의 고유한 기능(ergon)에 관해 생각하도록 유도한다. 이 논증이 얼마나 성공적이냐에 대해서는 논란의 여지가 있지만,[24] 이 논증에서 유의해야 할 점은 소크라테스가 '올바름'을 기능 측면에서 이해한다는 사실이다. 그가 '열(熱)의 기능'과 '건성의 기능'을 예로 들고 있는 데서 잘 알 수 있듯이 그는 여기서 기능 개념에서 내적인 능력이나 힘의 측면을 강조한다. 즉 폴레마르코스가 '올바름'을 단순히 사회적 관계를 통하여 성립하는 것으로 보는 데 반해서 소크라테스는 올바름을 내면적 덕으로 간주한다. 그가 기술의 비유를 통해 '올바름'의 문제를 접근한 것도 기본적으로 이런 측면을 드러내고자 한 것이다. 그는 각각의 기술자가 자신의 능력을 활용해서 좋음을 산출하듯이, 올바른 사람도 자신의 내면적 덕으로서 좋음을 산출한다고 본다. 『국가』 4권에서 '올바름'을 '혼(魂)의 질서'와 연관해서 분석하는 것은 이런 관점을 잘 보여 준다.

그런데 소크라테스는 이런 방식으로 폴레마르코스의 주장을 논박한 뒤 '올바름'은 "친구에게는 잘해 주고 적에게는 손해를 끼치는 것"이란 주장은 현명하지 못한 참주나 부자의 주장이라고 결론을 내린다. 왜 그는 이런 식으로 말하고 있을까? 이 점은 다음과 같은 방식으로 이해해 볼 수 있다. 폴레마르코스는 친구에게는 잘해 주고 적에게는 해를 끼침으로써 사람들은 최대한 이익을 확보할 수 있다고 생각하는 것으로 볼 수 있기 때문에 그의 '올바름'에 대한 견해에는 이기심이 밑바탕에 놓여 있다. 그런데 참주는 나라의 권력을 잡고 자신의 이득을 최대한 추구하는 사람이기 때문에 폴레마르코스의 견해는 참주의 것과 다름이 없다.

## 소크라테스와 트라시마코스의 대화(336b~354c)

[소크라테스와 폴레마르코스가 주고받는 긴 논의를 듣고 있던 트라시마코스는 도저히 참을 수가 없다고 화를 내면서 야수처럼 사나운 태도로 대화에 끼어든다. 그는 소크라테스에게 질문만 하지 말고 올바름이 무엇인지 직접 말할 것을 요구한다. 그러나 무지자(無知者)임을 자처하는 소크라테스는 이를 거부하고 올바름이 무엇인지에 대한 훌륭한 해답을 갖고 있다고 자부하는 트라시마코스에게 말할 것을 요구한다(336b~338b).

트라시마코스는 자신의 생각을 뽐내고 싶어 하는 마음을 감추지 않으면서, 올바름은 '더 강한 자의 편익(이득)' 이외에 다른 것이 아니라고 단언한다. 그가 뜻하는 바는, 어느 정치 체제에서든지 정권을 장악한 지배자는 강자인 자신에게 편익이 되는 것을 법으로 정하고 이것을 올바른 것으로 공표하여 약자인 피지배자들에게 이행하도록 요구하기 때문에 올바른 것은 더 강한 자의 편익으로 귀결된다는 것이다(338c~339a).

소크라테스는 이 주장이 참된 것인지를 검토하기 위해서 우선 통치자들이 실수할 수 있다는 점을 지적한 뒤, 이런 경우 강한 자에게 편익이 되지 못하는 것을 상대적으로 약한 자들로서는 이행하는 것이 올바른 것으로 될 수 있다는 문제를 제기한다. 즉 강자는 자신의 이득을 위해 법을 제정하고 법에 복종하는 것이 올바른 것이라고 공표하지만, 강자가 실수할 경우 두 주장은 상충할 수 있다. 이때 클레이토폰이 대화에 끼어들면서 트라시마코스가 주장하는 '올바름'은 강자에게 실제로 편익이 되건 안 되건 간에 법이 지시하는 것을 따르는 것이라고 해석한다. 그러나 트라시마코스는 이런 해석에 반대하면서 엄밀한 뜻에 따른 강자 개념을 도입한다. 우리는 보통 의사나 계산 전문가가 실수했다고 말하지만 이건 엄밀한 의미에 따라 말하는 것이 아니다. 엄밀한 의미에 따라 말한다면 그 어떤 전문가도 실수를 하지 않는다. 실수하는 사람은 그의 지식이 부족할 때 실수하기 때문에 이 실수와 관련한다면 그는 전문가가 아니다. 이런 관점에서 트라시마코스는 그의 주장을 "통치자는, 그가 통치자인 한에 있어서는, 실수하지 않으며 실수하지 않는 자로서 자신을 위해서 최선의 것을 제정하게 되나, 다스림을 받는 쪽으로서는 이를 이행해야만 된다는 것"으로 명확히 한다(339b~341b).

이에 소크라테스는 엄밀한 의미에서 전문가가 어떤 사람인지를 고찰함으로써 트라시마코스의 주장을 반박하고자 한다. 그는 우선 엄밀한 뜻에 따른 의사는 돈벌이를 하는 사람이 아니라 환자를 돌보는 사람임을 지적하고 동의를 받는다. 그다음에 그는 각각의 기술에는 그것이 최대한으로 완벽하게 되는 것 이외에 어떤 편익도 없음을 주장하면서, 이를 설명하기 위해 의술을 예로 든다. 의술은 몸이 그 자체로는 존속하기에 부족하기 때문에 발명된 것이고 몸에 편익이 되는 것을 제공하려는 목적을 갖고 있지만, 의술 자체에는 결함이 없다고 주장한다. 의술과 같은 기술 자체에도 어떤 결함이 있다면 이것의 편익을 위한 또 다른 기술이 필요하게 된다. 이런 예를 통해 알 수 있듯이 엄밀한 뜻에 따라 볼 때 "실은 그 어떤 기술에도 결함이나 과오란 아무것도 없어서, 기술로서는 그 기술이 관여하는 대상 이외의 다른 것에 편익이 되는 것을 찾는 것이 합당하지 않다"는 것이다. 이와 마찬가지로 선원들의 통솔자인 키잡이는 자신의 편익이 아니라 선원이며, 통솔을 받는 자에게 편익이 되는 걸 생각하고 지시할 것이다. 결국 의술이나 조타술의 예를 통해 알 수 있듯이 치술(治術)도 약자인 피지배자들을 위한 것임이 밝혀진다(341c~342e).

그러나 트라시마코스는 소크라테스의 이런 반박에 대해 통치자를 양치기[牧者]에 비유하면서 자신의 입장을 고수한다. 양을 치는 이들이 자신들에게 이득이 되는 것을 염두에 두고 양들을 돌보듯이, 통치자가 나스림을 받는 사람들에 대해 마음 쓰는 것은 자신의 이득을 위함이다. 그는 이런 주장을 하면서 "올바름 및 올바른 것이란 실은 '남에게 좋은 것'"(343c)이라고 다시 규정한다. 그리고 그는 현실적으로 "올바른 이는 올바르지 못한 자보다 어떤 경우에나 '덜 가진다'"

는 사실을 지적하면서 자신의 주장을 옹호한다. 즉 올바르지 못한 자는 올바른 이보다 상호간의 계약관계나 세금을 낼 일이 있을 때나 관직을 맡고 있을 때에도 더 많은 이득을 차지하려고 한다. 이런 사실은 참주정치 아래의 통치자처럼 전면적인 불의를 저지를 수 있는 완벽한 상태의 올바르지 못한 사람을 생각해 보면 더욱 분명하게 드러난다. 또한 불의를 비난하는 사람들이 막상 이를 비난함은 스스로 올바르지 못한 짓을 행하는 것이 두려워서가 아니라 그 피해를 당하는 것이 두렵기 때문이다. 결국 그는 "올바르지 못한 짓이 큰 규모로 저질러지는 경우에는, 그것은 올바름보다 더 강하고, 자유로우며, 전횡적"이기 때문에 "올바른 것은 더 강한 자의 편익이지만, 올바르지 못한 것은 자신을 위한 이득이며 편익"이 된다고 주장한다(343d~344c).

이런 말들을 쏟아 붓고 트라시마코스가 떠나려고 하자 소크라테스는 지금 논의되고 있는 것은 "각자가 어떻게 삶으로써 가장 유익한 삶을 살 수 있게 될지" 하는 매우 중요한 문제이기 때문에 충분한 논의가 필요하다고 하면서 그가 떠나지 못하도록 한 뒤, 그의 주장을 더 검토한다. 소크라테스는 우선 아무런 방해도 받지 않고 올바르지 못한 짓을 멋대로 저지를 수 있다 하더라도 그것이 올바름보다 이득이 된다고 생각하지 않는다는 점을 분명히 하면서 트라시마코스의 주장을 반박하고자 한다. 이를 위해 그는 먼저 '엄밀한 의미에 따라서' 목자를 규정한다. 이에 따르면 목자가 양을 살찌우는 것은, 그가 목자인 한, 양의 최선의 상태를 염두에 두고서 하는 것이지 돈벌이 따위를 염두에 둔 것이 아니다. 그리고 소크라테스는 양을 치는 기술을 포함한 모든 다스림은 돌봄을 받는 쪽의 최선의 것을 위한 것임을 재차 강조한다. 이런 까닭에 그는 통치자들은 자진해서 통치하려 하지 않고 보수를 요구하게 된다는 점을 지적한 뒤, 전문가들이 돈을 버는 것은 각각의 기술 이외에 '보수 획득술'을 추가적으로 이용함으로써 그렇게 하는 것임을 언급한다. 예를 들어 의사가 치료를 해 주고 획득하는 보수는 의술이 아니라 '보수 획득술'로 인한 것으로 보아야 한다는 입장이다. 그는 또 훌륭한 사람들의 통치는 돈이나 명예 때문이 아니라 "자기보다 못한 사람한테 통치를 당하는 것"을 두려워해서, 그리고 "자신들보다 더 훌륭하거나 또는 자기들과 같은 수준의 사람들에게 그걸(통치권을) 떠맡길 수가 없게 되어서" 부득이한 일로서 하는 것임을 추가적으로 밝힌다(344d~347d).

그다음으로 소크라테스는 트라시마코스의 견해에서 가장 문제가 되는, 올바르지 못한 사람의 삶이 올바른 사람의 삶보다 더 낫다는 주장에 대해 반론을 전개한다. 그는 우선 트라시마코스가 올바름을 '고상한 순진성'으로 부르는 반면에,

올바르지 못함을 '훌륭한 판단'으로 부르면서 올바르지 못함을 사람의 훌륭함과 지혜로 간주하고 있음을 확인한 뒤, 이에 대한 논박을 시도한다(347e~349a).

논박은 세 부분으로 이루어진다. 첫째로 올바르지 못함이 올바름보다 더 지혜로운지가 검토된다.[25] 우선 소크라테스와 트라시마코스는 "올바른 사람은 저와 같은 사람에 대해서는 능가하려 하지 않으면서도 같지 않은 사람에 대해서는 그러려 하지만, 올바르지 못한 사람은 [저와] 같은 사람에 대해서도 같지 않은 사람에 대해서도 능가하려 한다"는 점에 동의한다. 이런 동의를 이끌어낸 뒤 소크라테스는 다음과 같이 그의 주장을 반박한다. 시가(음악)에 능한 이는 분별력이 있는 사람인데, 그는 리라를 조율하는 기술에 있어서 시가에 능한 사람에 대해서는 능가할 수 없다고 생각하지만 시가에 능하지 못한 이에 대해서는 능가할 수 있다고 여긴다. 또한 의술에 능한 사람은 의술에 능한 다른 사람이나 그 처방에 대해서는 능가하고자 하지 않지만 의술에 능하지 않은 사람에 대해서는 능가하려고 한다. 이런 예를 통해 알 수 있듯이, 전문적 지식이 있는 사람은 다른 어떤 전문가가 행하거나 말하는 것을 능가하려 하지 않지만, 전문 지식이 없는 자는 전문가에 대해서건 전문 지식이 없는 사람에 대해서건 똑같이 이들을 능가하려고 한다. 전문 지식이 있는 사람은 지혜롭고 훌륭한 이로서 자기와 같은 사람에 대해서는 능가하고자 하지 않지만 자기와는 같지 않고 반대되는 사람에 대해서는 능가하고자 한다. 반대로 못되고 무지한 자는 자기와 같은 자에 대해서도, 반대되는 자에 대해서도 능가하고자 한다. 이런 사실에 근거하여 소크라테스는 올바른 이는 훌륭하고 지혜로운 사람이며, 올바르지 못한 이는 무지하고 못된 사람임을 논증한다. 트라시마코스는 이런 대화 과정에서 모든 것에 쉽게 동의하지 않고 질질 끌려가다가 얼굴을 붉히기도 하면서 가까스로 동의한다. 그러면서 그는 소크라테스의 문답 방식에 대하여 불만을 강하게 토로한다(349b~350d).

두 번째로 소크라테스는 올바르지 못함이 올바름보다 더 강하다는 주장을 검토한다. 그는 먼저 "올바르지 못함이 서로 간에 대립과 증오 및 다툼을 가져다주나, 올바름은 합심과 우애를 가져다주기 때문"에 사람들이 서로 올바르지 못한 짓을 저지른다면 나라나 군대, 강도단이나 도둑의 무리까지도 공동으로 뭔가를 제대로 해낼 수 없음을 지적한다. 나아가 그는 올바르지 못함이 한 개인 안에 깃들게 되었을 때에도 자신 안에 갈등이 생김으로써 자기 자신뿐만 아니라 올바른 사람이나 신에 대해서도 적이 되게끔 만들 것이라고 한다. 결국 철저하게 올바르지 못한 자는 아무 일도 제대로 해낼 수 없음이 판명된다(351a~352c).

마지막으로 소크라테스는 올바르지 못한 이가 올바른 이보다 더 행복한지를 검토한다. 그는 먼저 이 문제는 우리가 "어떤 생활 방식으로 살아가야만 하는지"에 대한 것이기에 매우 중요한 것임을 강조한다. 그는 이 문제를 '기능'과 '아레테' 개념을 사용하여 다음과 같이 검토한다. 눈의 기능은 '봄'이고, 귀의 기능은 '들음'이며, 전정용 낫의 기능은 나무의 잔가지를 '잘라냄'이다. 그리고 어떤 기능이 있는 각각의 것에는 또한 훌륭한 상태(aretē)와 나쁜 상태(kakia)가 있고, 훌륭한 상태에 의해서만 각각의 기능을 훌륭하게 수행할 수 있다. 이런 이치는 그 밖의 모든 것에도 적용할 수 있는데, 혼(psychē) 특유의 기능은 "보살피거나 다스리는 것, 심사숙고 하는 것, 이런 유의 모든 일"이며 '사는 것'도 이것의 기능이다. 그런데 앞에서 올바름은 혼의 훌륭한 상태이지만 올바르지 못함은 그것의 나쁜 상태라는 것에 동의한 바 있다. 그렇다면 올바른 사람은 훌륭하게(잘) 살게 되고 행복할 것이지만 그렇지 못한 이는 그 반대가 된다. 결국 올바르지 못함은 올바름보다 결코 이득이 되지 않는다(352d~354a).

　소크라테스는 이처럼 트라시마코스의 주장을 논박하지만, 그 스스로는 이 논박을 만족스럽게 생각하지 않는다. 그 까닭은 '올바른 것이 도대체 무엇인지'를 알아내기도 전에 그것이 나쁨 혹은 무지인지, 지혜 혹은 훌륭함인지 하는 문제를 검토했으며 나중에는 올바르지 못함이 올바름보다 더 이득이 되는지 하는 문제로 옮겨갔기 때문이다. 결국 올바른 것이 무엇인지를 알지 못하고서는 그것이 일종의 훌륭함인지 아닌지, 그것을 지닌 이가 불행한지 행복한지도 알 수 없다며 1권은 끝을 맺는다(354b~c).]

트라시마코스는 실존한 역사적 인물로서 당대에 유명한 소피스테스였다. 올바름에 대한 트라시마코스의 주장과 이에 대한 소크라테스의 비판은 『국가』에서 논의의 중심축을 형성한다. 소크라테스는 트라시마코스의 주장을 1권에서 반박하지만 이 비판은 만족스럽지 못한 것으로 평가되고, 『국가』의 나머지 부분에서 '올바름'의 본질에 대한 구명과 이와 연관된 다양한 논의를 거쳐 비판은 완성된다.

지금까지의 대화를 이해하기 위해서는 우선 트라시마코스의 주장이 정확히 어떤 것인지를 분명히 해 둘 필요가 있다. 그는 처음에는 지배자와 피지배자의 정치적 관계의 관점에서 올바름을 규정한다. 현실적으로 볼 때 어떤 통치 체제에서든지 지배 권력을 갖고 있는 강자들은 자신의 이익을 위해 법을 제정하고, 피지배자들은 이렇게 제정된 법에 복종하는 것이 '올바름'이라고 선포하고 있다는 논리를 편다. 그러나 그는 나중에는 올바름을 '남에게 좋은 것'으로 규정하고,

올바르지 못함[不義]을 찬양하는 비도덕주의적 견해를 표명한다. 즉 처벌이나 강제적인 제제가 없을 경우 일반적인 도덕규범을 그 자체로 따를 이유는 없으며, 올바르지 못함은 올바름보다 더 이득이 된다고 주장한다. 처음 보기에 트라시마코스의 처음과 나중의 두 주장은 서로 상충하는 것처럼 보이지만,[26] 두 주장이 제기된 맥락을 고려해 보면 그의 주장을 일관되게 이해할 수 있다. 처음에 그는 현실 정치적 상황을 염두에 두고 "올바름은 강자의 편익이다"라고 주장했는데, 이 경우 올바름을 피지배자에게만 적용되는 방식으로 언급한 것이다. 즉 피지배자들은 강자가 제정한 법에 따라 올바르게 행동함으로써 자신들이 아닌 남, 즉 지배자인 강자의 이익에 봉사하게 된다는 것이 그의 주장이다. 그는 또 이 주장이 반론에 부닥치자 지배자나 피지배자 모두에게 공통적으로 적용되는 방식으로 "올바름은 남에게 좋은 것"이라고 규정한다. 이들 두 주장에서 공통적인 것은 '올바름'은 결국 남에게 이득이 된다는 점이다. 따라서 그의 주장의 핵심은 현실적으로 볼 때 '올바름'보다 '올바르지 못함'이 더 이득이 되기 때문에 불의(不義)가 더 좋은 것이라는 비도덕주의적 입장을 띠고 있다.[27] '올바름'에 대한 이런 견해는 전통적인 도덕규범에 정면으로 배치되지만, 분명히 현실을 반영하고 있기도 하다. 우리는 사실상 올바르게 행하는 것보다 그렇지 않은 경우에 세속적 의미에서 더 많은 이득을 챙길 수 있다는 사실을 잘 알고 있으며, 때론 돈이나 권력을 많이 차지할수록 더 행복해질 수 있다고 생각한다. 트라시마코스는 이런 견해를 극단적으로 표현하고 있을 뿐이다. 플라톤은 이러한 비도덕주의를 매우 심각한 문제로 보았으며, 이를 근본적으로 비판하는 것이 바로 『국가』의 중심 문제이다.

소크라테스는 트라시마코스의 주장을 반박하기 위해서 우선 "올바름은 강자의 편익이다"와 "법에 복종하는 것이 올바름이다"라는 주장이 상충할 수 있음을 지적한다. 즉 지배자도 인간이어서 자신의 이익을 추구하는 데 있어 실수할 수도 있는데, 실수를 하게 되면 실제로는 강자에게 이익이 되지 않는 것을 따르도록 명령하게 되어 결국 올바름은 강자의 이익이 아닌 것이 된다. 이러한 논박은 대화의 상대방이 인정하는 전제들만을 사용해서 이것들로부터 모순되는 귀결을 이끌어 내는 소크라테스의 전형적인 방법이다.[28] 클레이토폰이 대화에 끼어든 것은 이러한 모순을 피하기 위함이다. 그의 제안대로 '올바름'에 대한 트라시마코스의 견해를 '강자가 그에게 이익이 된다고 생각하고서 제정한 법을 단순히 따르는 것'이라고 해석하면 이와 같은 모순은 생기지 않는다. 그러나 트라시마코스는 이런 해석을 거부하고, 엄밀한 의미의 강자 개념을 도입함으로써 이런 반박을 피하고자 한다.

그는 소크라테스가 현실 속에서 실제적인 통치자는 실수할 수 있다는 점을 근거로 논박하자 실수하지 않는 완전한 이상적 통치자를 내세워서 이런 반박을 물리치고 있다.

이런 트라시마코스의 방향 전환에 대해 소크라테스는 '현실적으로 실수하지 않는 사람이 어디 있느냐'라는 방식으로 문제를 다시 제기하지 않는다. 사실상 이런 방식으로 문제를 제기하는 것은 아무런 의미가 없다. 일반적으로 우리는 '이상적인 상태'를 가정하여 이것을 기준으로 현실적인 것들을 설명하고 이해하는 방식을 취할 수 있기 때문이다. 사실상 플라톤이 『국가』 2권 이후부터 가장 '훌륭한 나라'를 논의를 통해 만들어 보고, 이에 근거해서 '올바름'의 성격을 구명해 가는 과정은 이런 접근 방식을 잘 보여 준다.[29] 어떤 '이상적인 상태'가 실제로 가능하지 않다고 해서 이것이 가치 기준으로서의 의미를 잃는 것은 아니다. 문제는 이러한 이상적인 상태를 상정하더라도 트라시마코스가 제시하는 '통치자' 개념을 받아들일 수 있느냐이다. 소크라테스의 이후 비판은 이런 관점에서 제기된다. 한편 트라시마코스가 엄밀한 의미에 따라 이상적 차원에서 제시하는 통치자의 모습은 실수하지 않고 자신이 원하는 좋은 것을 완전하게 얻을 수 있는 사람을 말한다. 이러한 견해에서 그가 '통치하는 것'을 자기 이익을 확보하는 하나의 기술로 간주하고 있으며, 일정한 유형의 앎을 필요로 한다는 것을 당연한 것으로 받아들이고 있다는 점에 주목할 필요가 있다. 그에게 있어서 앎은 자기 이익을 추구함에 있어 실수를 하지 않게 해 주는 힘이다. 소크라테스는 이러한 통치자 개념을 기술의 본성과 그 성립 근거를 고찰함으로써 반박한다.

341c~342e에서 소크라테스가 트라시마코스를 비판하는 논점은, 엄밀한 의미에 따라 기술의 성격을 고찰해 볼 때 트라시마코스의 생각과는 달리 '통치술'은, 그것이 기술인 한에 있어서, 통치자 자신이 아니라 다스림을 받는 사람을 위한 것이라는 사실이다. 그는 이를 논증하기 위해 기술이 어떻게 해서 성립됐는지를 밝히고 있다. 예를 들어 의술이 불완전하고 결함이 있는 육체가 필요로 하는 것을 제공하기 위한 목적으로 발명되었듯이, 기술은 그것이 관여하는 대상의 편익을 위한 것이다. 이런 관점에서 그는 의술 등의 기술은 결함이나 부족함이 없는 완벽한 것으로 보아야 한다고 주장한다. 이런 언급은 육체의 결함을 다루는 의술이 무한히 발전할 수 있음을 그가 부정한다는 의미로 이해해서는 안 된다. 그가 이렇게 말하는 까닭은 기술의 성립 근거를 그것이 관여하는 대상의 부족함이나 결함에서 찾고 있기 때문이다. 다시 말해서 육체가 그 결함으로 인해 의술을 필요로 한다고 해서 그런 결함을 기술이 갖고 있는 것으로는 볼 수 없다. 기술 자체에

도 이런 결함이 있게 되면 그 기술의 부족분을 다룰 새로운 기술이 계속 필요할 것이기 때문에, 그 자체로 결함이 있는 것을 기술이라고 부를 수는 없다.[30] 소크라테스는 이런 방식으로 기술의 본성을 파악한 뒤, 통치술도 기술인 이상, 이것은 기술을 행사하는 자의 이익이 아니라 그 대상의 이익을 추구한다고 논증한다.

소크라테스의 이런 논증과 관련해서 다음과 같은 문제가 제기될 수 있다. 즉 소크라테스는 의술이나 조타술 등의 예들에 의존해서 기술이 일반적으로 그것이 관여하는 대상을 위한 것이라고 논증하는데 이것이 정당하느냐 하는 문제이다. 예를 들어 '싸우는 기술(권투나 레슬링 기술, 전쟁술 등)'은 분명 그것이 관여하는 대상을 위한 것이 아님이 분명하다. 트라시마코스가 343b에서 양치기 기술을 들고 나온 것은 이런 문제의식을 반영한다고 볼 수 있다. 그의 생각에 따르면 양치기 기술의 목적이 양이 아니라 양 치는 사람을 위한 것이듯이, 통치술도 마찬가지다. 이런 문제 제기에 대해 소크라테스의 입장을 옹호한다면, 그가 모든 기술을 대상의 보존을 위한 것이라고 논증하는 것은 아니다. 의술이나 조타술과 같은 기술들이 그 대상을 위한 것이듯이, 통치술 또한 이런 종류의 기술에 속하는 것으로 이해한다면 이런 문제점을 피할 수 있을 것이다.[31] 또 소크라테스가 345c~d에서 지적하듯이,

양치기 기술은 엄밀한 의미에서의 기술 개념에 따를 때 양의 최선의 상태를 위한 것으로 볼 수 있기 때문에, 이런 기술을 예로 들어 소크라테스의 반박을 피하기는 힘들다.

그런데 기술의 본성을 고찰하는 과정에서 소크라테스는 '보수 획득술'이란 낯선 개념을 도입한다. 그가 이런 낯선 개념을 도입한 이유는 기술 자체의 고유한 기능과 기술의 행사로 얻는 이득을 구분하기 위한 것으로 볼 수 있다. 그는 먼저 통치술은 다른 기술과 마찬가지로 그 대상의 이익을 위한 것이기 때문에 통치 대가로 보수를 요구한다는 점을 밝히고 있다. 또 각각의 기술은 그것이 우리에게 제공하는 고유의 이득이 있음을 지적하고 있다. 예를 들어 의술은 건강, 조타술은 안전을 각각 제공한다. 그런데 전문가가 기술을 행사하는 대가로 보수를 요구한다면, 이는 보수 획득이 기술의 본래적 기능과 다른 것임을 함축한다. 사실상 기술이 그것이 관여하는 대상의 이득을 위한 것이라면, 기술의 본성에 대한 소크라테스의 이런 견해는 설득력이 있다. 우리는 기술의 고유한 목적과 이런 기술을 행사하는 사람의 의도 및 동기를 구분할 수 있다. 예를 들어 의사는 돈을 벌기 위해서라든가 종교적 의무감에서 의술을 행사할 수도 있지만, 의술은 무엇보다도 환자의 건강을 위한 것이다. 이러한 좋음은 기술을 행사하는 사람의 의도나 동기와 관계없이 기술이 객관적으로 실현해야 할 좋음이다. 그러나 우리는 기술과 그것을 행사하고 얻는 이득을 구분하는 것에 대해서는 동의할 수 있지만 소크라테스가 '보수의 획득'을 '하나의 기술'로 규정하는 이유는 쉽게 납득할 수 없다. '보수 획득술'이 자신의 이득을 목표로 한다는 점에서 소크라테스가 규정한 기술 개념과 일치하지 않기 때문이다.

앞의 대화에서 나타나고 있듯이, 어떤 삶이 가장 유익한지에 대한 소크라테스와 트라시마코스의 견해에는 심각한 차이가 있다. 트라시마코스는 이른바 올바른 사람을 순진한 사람으로 평가하는 반면에, 자신의 이득을 최대한 챙기는 올바르지 못한 자의 삶을 찬양한다. 이런 견해에 대한 소크라테스의 비판은 세 부분으로 나누어 볼 수 있다.[32] 첫 번째 (349b~350d)로 그는 올바르지 못한 사람은 올바른 사람보다 지혜로운 사람이 아니라고 논증한다. 올바르지 못한 사람이 실제로는 더 지혜로운 사람이라고 하는 트라시마코스의 주장은 그의 견해에서 가장 중요한 측면이다. 그는 물질적 측면만이 아니라 다른 사회적 측면에서도 '남보다 더 많이 갖거나 능가하는 것(플레온엑시아 pleonexia)'을 인간의 탁월함에 대한 증거라 보고, 이를 위해서는 지혜가 필요하다고 보기 때문이다. 그는 올바른 사람이 이렇게 하지 못하는 까닭은 그만한 능력이 없기 때문이라고 본다. 이에 반해 소크라테스는 '플레온엑시아'를 추구하는 사람은 지혜로운 사람이라고 할 수 없음을 보여 주려고 한다. 이를 위해 그는 올바른 사람을 시가(음악)에 능한 사람이나 의술에 능한 사람과 유비시키고 있다. 이 논증을 이해하기 위해서는 우선 소크라테스가 왜 전문가는 자기와 같은 전문가들을 능가하려 하지 않을 것이라고 하는지에 대해서 알 필요가 있다. 이는 우리가 시가에 능한 사람이 리라의 조율과 관련해서 다른 전문가들보다 더 탁월한 능력을 갖기 위해, 즉 능가하기 위해 노력한다고 생각할 수 있기 때문이다. 그러나 그의 주장은 다음과 같이 이해할 수 있다. 우선 시가에 능한 사람은 리라를 조율할 때 정확한 척도에 따라 현을 죄거나 늦춤으로써 음정을 맞출 줄 아는 사람이다. 그는 이러한 척도가 임의적인 것이 아니라 음악과 관련한 어떤 전문가도 따라야만 하는 객관적인 것이고, 이를 근거로 자신의 기술을 행사할 수밖에 없음을 알고 있다. 이에 반해서 시가에 능하지 못한 사람은 이런 객관적인 척도가 있다는 사실을 모른 채 무조건 능가하려고 하는 사람이다. 이런 관점에서 우리가 소크라테스의 주장을 이해하면, 전문가는 자기 기술의 특성과 한계에 대해 알고 있어서 자기와 같은 전문가들을 능가하려 하지 않는다는 주장이 성립할 수 있다. 그런데 올바른 사람은 자기와 같은 올바른 사람을 능가하려고 하지 않지만 올바르지 못한 사람은 능가하려고 한다는 점에서 형식적으로 볼 때 이것은 전문가와 같은 특성을 지니고 있다. 그러나 소크라테스의 논증이 성공하기 위해서는 올바른 사람이 올바른 사람을 능가하려고 하지 않는 이유를 기술자의 경우와 같은 방식으로 이해할 수 있어야만 한다. 즉 기술의 경우처럼, 삶의 방식에 있어서도 훌륭함을 산출할 수 있는 객관적 척도가 있어야만 하고, 올바른 사람은 이에 대한 앎을 근거로 자기와 같은 사람을 능가하려 하지 않는다는 사실이 전제되어야 한다.[33] 그러나 이 점에 있어서 텍스트는 분명히 언급하고 있지 않다. 소크라테스는 "올바른 이는 올바른 이를 능가할 자격이 있다고 여기지도 않거니와 그러고 싶어 하지도 않는다"(349b~c)라고 언급하지만 그가 왜 이런 태도를 취하는지는 설명되지 않고 있다. 그렇지만 삶의 영역에도 훌륭함에 도달할 수 있는 객관적 척도가 있다면, 적절하게 필요한 것보다 더 많이 가지려는 욕망인 '플레온엑시아'를 추구하는 올바르지 못한 사람은 지혜로운 사람이 아니라는 것으로 귀결될 수 있다.[34]

소크라테스의 두 번째 비판(351a~352c)은 '올바르지 못함이 올바름보다 더 강하다'(344c5)는 트라시마코스의 주장에 대한 것이다. 앞서의 비판대로 올바른 사람이 올바르지 못한 사람보다 더 지혜롭다 하더라도 이 사실이 올바름이 올바르지 못함보다 더 힘이 있는지, 어떤 방식으로 그럴 수 있는지를 말해 주지는 않는다. 이 문제에 대한 소크라테스의 논점은 분명하다. 즉 올바르지 못함은 어떤 공동체에서든 대립과 증오 및 다툼을 야기하고 공동으로 어떤 일을 도모할 수 없게 하는 반면에, 올바름은 공동체에 합심과 우애를 가져다줌으로써 공동체가 추구하는 일을 제대로 해낼 수 있게 해 주기 때문에 올바름이 올바르지 못함보다 더 강한 것이 된다는 것이다. 소크라테스가 예를 들고 있듯이, 강도단이나 도둑 무리도 구성원 상호간에 서로 더 많은 몫을 챙기려고 하는 등의 불의를 저지르면, 무리의 힘은 약화되고 그들의 목적도 달성할 수 없게 된다. 소크라테스는 이런 논점을 개인에게도 적용한다. 논리적으로 볼 때 이런 주장이 성립하기 위해서는 집단의 경우와 마찬가지로 개인의 경우도 부분들로 구성되어 있음을 전제해야만 한다. 이런 이유로 연구자들은 플라톤이 여기에서 『국가』 4권에서 제시되고 있는 '혼의 삼분설'을 염두에 두었을 것이라고 일반적으로 생각한다. 그러나 개인이 내면적으로 겪는 자기 분열이나 갈등은 우리가 사람의 행동에 대해 일반적으로 이야기할 때 쓰는 표현이다. '혼의 삼분설'은 이런 현상을 설명해 줄 수 있는 것이지 이런 언급을 위해 반드시 전제해야 하는 것은 아니다.[35]

마지막 비판(352d~354b)은 올바른 삶이 올바르지 못한 삶보다 더 행복하다는 것을 보여 주기 위한 논증이다. 기능과 아레테 개념에 의거한 이 논증은 간략하지만 '올바름'의 문제에 접근하는 플라톤의 방식을 잘 보여 준다. 우선 논증의 구조는 다음과 같이 정리할 수 있다. ①어떤 것의 기능은 그것으로써만 할 수 있는, 또는 가장 잘할 수 있는 것이다. ②기능을 갖고 있는 것에는 '훌륭한 상태(아레테)'가 있고, 아레테는 그 기능을 잘 수행할 수 있게 해 준다. ③혼(魂)의 기능은 사는 것, 보살피거나 다스리는 것, 심사숙고하는 것 등이다. ④올바름은 혼의 아레테이다. ⑤올바른 혼과 올바른 사람은 잘살게 되겠지만, 올바르지 못한 사람은 잘 못살게 된다. ⑥올바른 사람은 행복하되, 올바르지 못한 사람은 불행하다. 이 논증과 관련해서는 다음과 같은 문제점이 제기되어 왔다. 첫째 소크라테스는 올바름은 혼의 '훌륭한 상태'이지만 올바르지 못함은 그것의 '나쁜 상태'라는 것이 둘 사이에 합의됐음을 전제로 논증하고 있는데, 앞의 대화에서 이런 동의가 명시적으로 이루어진 곳은 찾을 수 없다. 오히려 트라시마코스는 348c에서 소크라테스가 "올바름은 훌륭함으로, 올바르지 못함은 나쁨"으로 규정하려고 하자 이를 경멸적으로 부정한 바 있다. 따라서 트라시마코스가 여기에서 그런 동의를 했다고 쉽게 인정한 것은, 올바름이 '훌륭한 상태'라는 것을 사실로 받아들여서라기보다 소크라테스와의 대화를 더 이상 지속하고 싶지 않은 심정에서 비롯된 것으로 보아야 한다. 사실상 트라시마코스는 이런 감정을 숨기지 않고 있는데, '올바름'이 '훌륭한 상태'라는 주장은 아직까지 입증되지 않은 전제이다. 둘째 소크라테스는 '올바름'을 단지 혼의 훌륭함들 가운데 하나로 간주하는 것이 아니라 그것의 훌륭함을 특징짓는 것으로 제시하는데, 이것도 아직 입증되지 않은 주장이다. 어떤 것이 하나 이상의 기능을 갖고 있다면, 이런 기능들에 상응하는 여러 아레테를 가정해야 한다. 아레테가 어떤 것으로 하여금 그것의 기능을 잘 발휘하게끔 해 주는 것이라면, 각각의 아레테는 다른 기능들을 잘 발휘하게끔 해 줄 것이다. 플라톤은 분명히 혼의 여러 기능이 있음을 인정한다. 그러나 이러한 간략한 논증만으로는 '올바름'과 다른 아레테들이 어떻게 다르며, 그 기능이 무엇인지를 알 수가 없다. 즉 혼의 기능이 '사는 것'이고 '올바름'이 혼의 여러 아레테 가운데 하나라고 가정한다 하더라도, '잘사는 것'이 이러한 아레테에 근거한다는 귀결이 나오지는 않는다.[36] 셋째 소크라테스는 '잘사는 것'과 '행복'을 동일시함으로써 결론을 내리고 있는데, 여기에서 이런 표현들은 정확하게 규정되어 있지 않다. 트라시마코스는 올바르지 못한 삶을 살더라도 더 많은 이득을 취함으로써 이른바 '행복'할 수 있다고 생각하는데, 기능에 의거한 논증만으로는 이런 입장을 논박하기 힘들다. 이처럼 이 논증은 불만족스럽지만, 여기에서 제시되고 있는 '기능'과 '아레테' 개념에 의거한 논증 방식은 『국가』에서 나머지 논의를 이끄는 중요한 논증 방식이다.

　『국가』 1권 마지막에서 소크라테스는 트라시마코스에 대한 논박이 만족스럽지 못함을 밝히고 있다. '올바른 것이 도대체 무엇인지'를 알아내기도 전에 그것이 훌륭한 것인지 아닌지, 그것을 지닌 이가 불행한지 행복한지를 검토했기 때문이다. 이런 언급은 플라톤의 다른 대화편들에서도 공통적으로 제시되는 사고방식의 특징을 잘 보여 준다. "그것은 도대체 무엇인가"란 물음은 어떤 것의 속성이 아니라 본질에 대한 것이다. 플라톤은 어떤 것의 본질에 대한 앎이 없이는 그것이 어떤 성질을 갖고 있는지를 알 수 없다는 점을 여기에서 강조한다. 1권에서 소크라테스는 올바름에 대한 트라시마코스의 주장을 그의 견해에 근거해서 논박하고 있지만, 올바름의 본질에 대한 앎을 토대로 한 것이 아니기 때문에 만족스럽지 못하다. 이제 플라톤은 『국가』 나머지 부분에서 올바름의 본질을 적극적으로 규정한 뒤 트라시마코스의 견해를 근본적으로 논박한다.

# 글라우콘과 아데이만토스의 문제 제기
## : '올바름 자체'에 대한 옹호의 필요성(2권 357a~368c)

[『국가』 2권에서 글라우콘은 트라시마코스가 너무나 쉽게 그의 주장을 포기했다고 보고, 올바름에 관해 더 깊이 있게 논의할 필요가 있다고 주장한다. 그는 먼저 소크라테스에게 좋은 것(agathon)으로서 다음의 세 가지를 지적한다. 첫째 "우리가 그 결과를 바라서가 아니라 오직 그 자체 때문에 반기며 갖고자 하는 그런 것", 이를테면 기쁨이라든가 해롭지 않은 즐거움 같은 것. 둘째 "우리가 그 자체 때문에 좋아할 뿐만 아니라 그것에서 생기는 결과들 때문에도 좋아하는 그런 것", 이를테면 "슬기로운 것(to phronein)이나 보는 것(to horan) 또는 건강한 것(to hygiainein) 따위와 같은 것". 셋째 "신체 단련이나 환자의 치료 받음, 의료 행위나 기타 돈벌이"

와 같은 것들로서, 이런 것들은 "그것들 자체 때문이 아니라 보수라든가 그 밖에 그것들에서 생기는 결과 때문"에 우리가 수용하는 것들이다(357a~d).

글라우콘이 이것들 가운데 올바름은 어떤 종류의 것에 속하는지를 묻자, 소크라테스는 가장 훌륭한 종류의 것인 '그 자체 때문만이 아니라 그것에서 생기는 결과 때문에도 좋은 것'에 속한다고 대답한다. 그러나 글라우콘은 많은 사람이 그렇게 생각하지 않고 올바름을 셋째 종류의 것, 즉 수고로운 종류에 속하는 것으로서 "보수 때문에, 평판(doxa)을 통한 명성 때문에 실천해야 하는 것이지, 그 자체 때문이라면 까다로운 것으로서 기피해야만 할 종류의 것"으로 여기고 있음을 지적한다. 그는 트라시마코스가 마치 뱀에게 홀리듯 소크라테스에게 홀려서 너무 쉽게 논박당했다고 보고 올바름에 관한 문제를 더 깊이 따져 보려고 한다. 그는 소크라테스에게서 올바름과 올바르지 못함에 대해 "그 각각이 무엇인지, 그 각각이 혼 안에 깃들임으로써 그 자체로서는 어떤 힘을 갖는지를 듣고 싶을 뿐", 보수라든가 그것에서 생기는 결과들에 관해서는 개의치 않기 때문에, 트라시마코스의 주장을 되살려 세 가지를 언급하겠다고 한다. 첫째는 사람들이 생각하는 올바름의 본질과 기원, 둘째는 사람들이 올바른 것을 실천하는 것은 불가피한 것으로서 마지못해 한다는 점, 셋째는 올바르지 못한 자의 삶이 올바른 자의 삶보다 훨씬 낫다고 여기는 사람들의 생각이다. 그는 이렇게 하는 이유는 사람들의 생각에 동의해서가 아니라, 아무도 여태껏 제대로 해내지 못한 '올바름이 올바르지 못함보다 더 나은 것이라는 사실을 그 자체로서 옹호하는 주장'을 듣고 싶기 때문이라고 밝히고 있다(357d~358d).

글라우콘은 먼저 올바름의 기원과 본질을 다음과 같이 밝힌다.

"사람들은 분명히 이렇게들 말하고 있으니까요. 본디는 올바르지 못한 짓을 저지르는 것이 좋은 것이요 올바르지 못한 짓을 당하는 것은 나쁜 것이지만 그걸 당함으로써 입는 나쁨이 그걸 저지름으로써 얻는 좋음보다 월등하게 커서, 결국 사람들이 서로들 올바르지 못한 짓을 저지르기도 하고 당하기도 하며 그 양쪽 다를 겪어 보게 되었을 때, 한쪽은 피하되 다른 한쪽을 취하기가 불가능한 사람들로서는 서로 간에 올바르지 못한 짓을 저지르거나 당하지 않도록 약정을 하는 것이 이익이 되겠다는 생각을 하게 된다고 말씀입니다. 또한 바로 이것이 연유가 되어 사람들은 자신들의 법률과 약정을 제정하기 시작했으며, 이 법에 의한 지시를 합법적이며 올바르다고 한다는 겁니다." (358e~359a)

그다음으로 그는 사람들이 올바른 행위를 하는 것은 올바르지 못한 짓을 저지를 수 없는 무능 때문에 마지못해 하는 것이라고 주장한다. 이 점을 명확히 하기 위해서 그는 올바른 사람이든 올바르지 못한 사람이든 각자가 하고 싶은 것은 무엇이나 할 수 있는 자유를 부여하는 상황을 상정한다. 이럴 경우 사람들은 모두 탐욕(pleonexia) 때문에 자신들의 이기적 욕망을 충족시키는 방향으로 나아가게 마련이지만 "법에 의해서 강제로 평등에 대한 존중 쪽으로 천성이 유도"될 뿐이라고 언급한다. 그는 이러한 '멋대로 할 수 있는 자유'를 설명하기 위해서 '기게스의 반지' 이야기를 소개한다. 옛날에 목자인 기게스가 살고 있었다. 어느 날 그가 살던 곳에 심한 뇌우와 지진이 일어나고 땅이 갈라지게 되었다. 그는 땅이 갈라진 틈을 통해 지하로 내려간다. 지하 세계에서 금반지를 얻은 기게스는 이 반지가 사람을 투명하게 만들어 주는 요술 반지임을 알게 된다. 이를 확인하게 된 그는 왕비와 간통을 한 뒤에 왕비와 더불어 왕을 살해하고 왕국을 장악한다. 글라우콘은 이 반지 이야기를 소개하면서 이런 반지가 두 개 생겨서 하나는 이른바 올바른 사람, 다른 하나는 올바르지 못한 사람이 끼게 되더라도 결과는 같을 것이라고 주장한다. 즉 사람들은 모두 자신의 이기적 욕구를 충족시키는 방식으로 반지의 힘을 사용한다는 논리를 전개한다. 그는 이 같은 사실을 "올바름이 개인적으로는 좋은 것이 못 되기에, 아무도 자발적으로 올바르게 되려고 하지는 않고 부득이해서 그렇게 되는 것이라는 데 대한 강력한 증거"로 본다(359b~360d).

결국 글라우콘은 올바름에 대한 이런 견해를 토대로 올바르지 못한 자의 삶이 올바른 자의 삶보다 더 행복하다는 주장을 펼친다. 그는 이런 두 가지 방식의 삶 가운데 어느 것이 더 바람직한지를 판정하기 위해서 가장 올바르지 못한 자와 가장 올바른 자를 대비시킨다. 최상급의 올바르지 못한 자는 최대로 올바르지 못한 짓을 저지르고도 올바름에 있어서 최고의 평판을 얻는 사람이다. 반면에 이와 대비되는 올바른 사람은 "올바르지 못한 짓이라곤 전혀 저지르지 않았지만, 올바르지 못함의 최대 악명을 얻는" 사람이다. 글라우콘은 이런 식으로 두 삶을 대비할 경우 어떤 것이 더 행복한 삶인지는 두 말할 필요가 없다고 주장한다. 즉 올바른 자는 온갖 나쁜 일을 겪은 끝에 불행한 삶을 사는 반면에, 올바르지 못한 자는 온갖 세속적인 행복을 누리면서 살게 된다(360e~362c).

글라우콘의 이런 견해는 그의 형인 아데이만토스에 의해 보완된다. 그의 주장에 따르면 아버지들이 자식들에게 올바르지 않으면 안 된다고 충고하는 것은 올바름 그 자체가 좋은 것이어서가 아니라 올바름으로 해서 생기게 되는 명성과 이득 때문이다. 즉 올바름은 그 자체로 좋은 것이 아니라 단지 결과적으로만 좋을 수 있는 어떤 것이다. 따라서 실제로는 올바르면서도 그런 사람으로 보이지 않는다면 아무런 이득이 없고 고역과 빤한 손해만 있게 된다. 반면에 실제로는 올바르지 않으면서도 올바름의 평판을 얻는다면 온갖 이득이 생긴다. 그는 더 나아가 시인들이 이런 취지로 많이 언급하는 것을 젊은이들이 듣게 되었을 때, 그들은 실제로는 올바르지 않다 하더라도 올바름의 평판을 얻는 것이 인생의 성공을 보장한다고 생각할 것이라고 한다. 그는 또 나쁜 일을 하고서도 남의 눈을 피하기 위해서라면 정치적 결사나 당파를 결성하거나, 대중 연설과 법정 변론의 지혜를 배우거나, 때로는 폭력을 행사하는 등 처벌을 피할 수 있는 길은 얼마든지 있다고 본다. 나아가 그는 신들도 개의할 필요가 없다고 주장한다. 신이 존재하지 않거나 존재하더라도 인간에 관한 일이 신에게 전혀 관심 대상이 되지 않는다면 인간 또한 신에게 마음 쓸 필요가 없다. 설령 신이 존재하여 인간의 일에 관심을 갖는다 하더라도 "제물과 공손한 서원에 의해서, 봉납물에 의해서" 신의 마음을 돌려 벌을 면할 수도 있다. 그렇다면 우리가 올바르지 못함보다 올바름을 택해야만 하는 이유는 무엇인가. 그는 여태까지 아무도 이 문제에 대해 제대로 말한 사람이 없다면서, 올바름과 올바르지 못함이 "그걸 지니고 있는 자의 혼 안에 있으면서, 그 자체의 힘으로 무엇을 하는지에 대해

신도 인간도 주목하지 않았다"라고 언급한다(362d~366e).

이제 아데이만토스는 소크라테스에게 올바름을 평판이나 그것에서 생기는 결과를 배제하고 찬양해 줄 것을, 즉 올바름과 올바르지 못함 "그 각각이 그것을 지니고 있는 당사자에게 그 자체로서, 즉 신들이나 남들에게 발각되건 또한 그렇게 되지 않건 간에, 무슨 작용을 하기에 한쪽은 좋은 것이지만 다른 한쪽은 나쁜 것인지"를 밝혀 달라고 요청하게 된다(367a~e).]

『국가』 2권부터 소크라테스의 대화 상대자로 플라톤의 두 형제인 글라우콘과 아데이만토스가 등장한다. 이 책에서 이들은 매우 뛰어난 자질을 지니고 있고, 소크라테스 논변의 문제점을 파악할 정도로 지적인 인물로 묘사되고 있다(367e~368a). '올바름이 그 자체로 좋은 것'임을 옹호해 달라는 이들의 요구는 이 책 나머지 부분을 관통하는 중심 주제이며, 이로 해서 '올바름'의 문제는 정치철학적 문제 영역으로 확대된다. 이에 앞서 1권에서 소크라테스의 대화 상대자인 케팔로스·폴레마르코스·트라시마코스는 아테네 시민이 아니었다. 따라서 이들은 '올바름'의 문제를 정치철학적 차원으로까지 확대해서 논의하려는 플라톤의 의도에 비추어 볼 때 소크라테스의 대화 상대자로 적합하지 않은 인물들이다. 플라톤은 '올바름'에 대한 좀더 심도 있는 논의를 위해 아테네 시민이면서 뛰어난 자질을 지니고 있는 자신의 두 형제를 소크라테스의 대화 상대자로 선정한 것으로 보인다.

앞의 대화에서 제기된 논점을 간략히 정리하면 다음과 같다. 글라우콘은 트라시마코스에 대한 소크라테스의 비판에 만족하지 못하고, 원하는 대답을 얻기 위해서 '좋은 것'을 세 가지로 분류한다. 소크라테스가 올바름을 '그 자체 때문만이 아니라 그것에서 생기는 결과 때문에도 좋은 것'으로 생각한다고 주장하자, 글라우콘은 사람들이 그것을 단지 '그 결과 때문에 좋은 것'으로 본다고 이의를 제기한다. 이 생각이 옳을 뿐만 아니라 올바르지 못한 일을 해서 받게 되는 처벌을 피할 수 있다면, 올바르지 못함이 올바름보다 더 이득이 된다는 트라시마코스의 주장은 옳을 수 있다. 따라서 트라시마코스의 주장을 근본적으로 논박하기 위해서는 올바름이 그 자체로 좋은 것임을 논증해야 한다.

소크라테스는 올바름이 '그 자체 때문만이 아니라 그것에서 생기는 결과 때문에도 좋은 것'임을 앞으로 보여 주고자 하는데, 이것은 『국가』 4권과 8~9권에서 본격적으로 논의된다. 이에 관한 논의를 이해하기 위해서 우선 글라우콘이 제시하는 '좋은 것'의 세 가지 구분의 의미를 정확히 파악해야 한다. 우리는 먼저 그가 첫 번째 종류의 '좋은 것'인 '그 결과와 상관없이 그 자체로 좋은 것'의 예로서 '기쁨'이나 해가 없는 '즐거움(쾌락)'을 예로 들고 있다는 것에 주목할 필요가 있다. 이런 예가 보여 주고 있듯이 결과와 상관없이 그 자체로 좋은 것은 칸트와 같은 의무론자들이 말하는 '그 자체로 좋은 것'의 의미로 이해해서는 안 된다. 의무론자들은 도덕적 행위란 이익을 포함한 일체의 결과를 배제하고 '의무'에 대한 '존경'에서 하는 행위라고 규정했으며, 이것을 그 자체로 좋은 것이라고 말한다. 그러나 플라톤의 도덕철학적 논의에서 이런 개념은 나오지 않는다. 그의 생각에 따르면 우리가 원하거나 바라는 것이 아닌데도 그것을 그 자체로 좋은 것이라 부르는 것은 합리적이지 않다.[37] 이런 관점에서 그는 올바름을 그 자체로 옹호할 때 '즐거움'이나 '행복'이란 표현을 배제하지 않고 있다.[38] 글라우콘은 두 번째 종류의 '좋은 것'의 예로서 '슬기로운 것' '보는 것' '건강한 것'을 제시하는데, 이런 예들은 플라톤이 의도하는 바를 잘 보여 준다. 예를 들어 '건강한 것'은 그 자체로 좋은 상태일 뿐 아니라 그로 인해 바람직한 것을 해낼 수 있게끔 해 준다. 이 점은 두 번째 종류의 것이 첫 번째 종류의 것과 세 번째 종류의 것의 단순한 결합이 아님을 잘 보여 준다.[39] 세 번째 종류의 '좋은 것'의 예들인 '신체 단련' '환자의 치료 받음' '의료 행위' 등이 그 자체로는 힘들고 고통스러운 것들이고, 그 보상은 힘든 노력의 결과인 데 반해서, 두 번째 종류에 속하는 것들의 결과는 이런 종류의 것이 아니기 때문이다. 우리가 이런 방식으로 '좋은 것' 세 가지의 의미를 파악할 때 '올바름'이 '그 자체 때문만이 아니라 그것에서 생기는 결과 때문에도 좋은 것'이라는 주장은 다음과 같이 이해해 볼 수 있다. 우선 '그 자체로 좋은 것'으로서의 '올바름'의 개념은 '올바름으로 인해서' 그 자체로 생기는 즐거움이나 행복을 포함한다. 또한 '그 결과 때문에' 좋은 것이란 의미는 그런 올바른 상태로 인해 산출되는 결과이지, 세상 사람들이 말하는 평판이나 보상으로 인해 생기는 이른바 좋은 것들을 뜻하지 않는다.

다음으로 '올바름'에 대한 글라우콘의 견해가 지니는 의미를 생각해 보자. 그가 대변하고 있는 견해는 사회계약설적 관점에서 도덕을 이해하는 이론이다. 이런 견해에 따르면 올바름 또는 도덕은 공동체의 구성원들이 그들 상호간의 이익을 도모하기 위한 필요성에서 기원한다. 즉 도덕은 사회적 협동을 증진시키기 위해서 이기적 욕구를 억제하는 사회적 규범의 체계이다. 이런 견해는 근대의 홉스나 흄의 이론과 유사한데, 모든 사람이 자신의 이기적 욕구를 충족시키고자 할 때 인간은 '만인의 만인에 대한 투쟁 상태'에 빠질 수밖에 없으며, 결국 이를 극복하기 위해 약정을 통해서 도덕적 체계를 확립하게 되었다는 것이다. 그러나 도덕의 기원과 본질에 대한 이런 설명은 한계를 가질 수밖에 없다. 이런 이론은 공동체 유지를 위한 도덕의 필요성을 설명할 수 있을지라도, 각 개인이 반드시 도덕적 행위를 해야 할 이유를 제공하지는 못한다. 이 이론에 따르면 도덕적 규범의 궁극적 토대는 '사회적 보상과 처벌'일 수밖에 없는데, 어떤 개인이 남에게 들키지 않고서 비도덕적 행위를 통해 자신의 이기적 욕구를 충족시킬 기회가 있을 경우 이 사람에게 무엇을 근거로 도덕적 행위를 강제할 수 있을지는 의문이기 때문이다. 바로 기게스의 반지 이야기는 도덕에 대한 이러한 이론이 지닐 수밖에 없는 한계를 잘 보여 준다. 기게스의 경우처럼 인간 사회에서 신과도 같은 존재로서 행세할 수 있는 힘이 주어진다면, 그 사람은 나약한 인간들이 정해 놓은 '도덕적 규범'을 지킬 이유가 없게 된다.[40]

한편 글라우콘은 최상급의 올바르지 못한 자와 최상급의 올바른 자를 대비시키고 있다. 이런 극단적인 대비는 트라시마코스의 사고방식을 따른 것이다. 1권에서 트라시마코스는 불의를 찬양하면서도 올바르지 못한 사람이 '불의'에 있어서 충분하지 못할 경우 처벌을 받을 수 있다고 인정했다 (344b). 이런 처벌을 피하기 위해서는 자신의 나쁜 짓을 감출수 있는 완벽한 불의가 요구된다. 이렇게 완벽하게 올바르지 못한 사람은 사회에서 어떤 나쁜 결과도 갖지 않게 될 것이다. 따라서 완벽하게 올바르지 못한 사람은 최대의 이득을 확보하게 된다. 반면에 최상급의 올바른 사람에게는 올바름의 평판으로 얻게 되는 이득이 배제되고 나아가 올바르지 못함의 최대 악명을 얻어 온갖 나쁜 결과가 초래될 수 있다고 가정할 수 있는데, 이렇게 상정함으로써 올바름 자체가 사회적 보상이나 현실적인 조건과 관계없이 어떤 가치를 지닐 수 있는지 하는 문제가 뚜렷이 부각된다. 글라우콘은 온갖 욕망을 최대로 충족하는 것이 가장 훌륭한 삶의 방식임을 전제하고, 현실적으로 욕망의 최대 충족을 위해서는 올바르지 못하게 사는 것이 더 이득이 된다는 입장을 대변한다. 반면에 소크라테스는 그 자체로 좋기 때문에 인간이 추구하는 올바른 삶의 방식이 존재하며, 이런 삶의 방식이 결과적으로도 이익이 되는 삶임을 옹호한다.

아데이만토스는 글라우콘의 견해를 보완하고 있다. 그가 초점을 맞추고 있는 것은 '평판'의 문제이다. 그의 견해에 따르면 '올바름'이 가져다주는 이득이나 '올바르지 못함'이 가져다주는 불이익은 단지 사람들의 '평판'에서 기인한다. 따라서 어떤 사람이 실제로는 올바르지 못한 사람이라 하더라도 올바른 사람이라는 '평판'을 얻게 되면 인생이 훨씬 더 행복하게 된다. 여기에서 나아가 현실적으로 올바르지 못한 행위를 하고서도 정치적 결사나 당파를 결성하고 변론술을 이용해 사회적 비난을 잠재움으로써 처벌을 피할 수 있으며, 제물 등을 바침으로써 신들의 처벌까지도 피할 수 있다는 그의 주장은 요즈음의 현실 속에서도 많은 사람에게 통용되고 있는 생각임에는 부인하기 힘들다. 이런 관점에서 볼 때 '올바름'의 가치를 그것이 가져다주는 '평판' 측면에서 옹호하는 데에는 한계가 있을 수밖에 없다. 이처럼 플라톤이 아데이만토스의 입을 빌려 '평판'에 관한 문제를 자세히 언급하는 이면에는 '평판'에 대한 그의 부정적 시각이 담겨 있다고 볼 수 있다. '독사(doxa)'는 '평판'을 의미할 뿐 아니라 일반적으로 사람들이 지니고 있는 '의견'이나 '믿음'을 뜻한다. 그는 이 표현을 전형적으로 '앎(지식 : epistēmē)'과 대비해서 사용한다. 그는 '독사'가 어떤 사태를 판단하는 믿을 만한 기준이 된다고 보지 않는다. 그래서 그는 사람들의 평판 문제를 근본적으로 배제하고 '올바름'과 '올바르지 못함' 가운데 어느 것이 좋은 것인지를 구명하고자 한다.

이제 소크라테스가 당면하게 된 문제는 분명하다. 글라우콘이 기게스의 반지 이야기를 통해서 근본적으로 문제를 제기하고 있듯이 '올바름'이 단순히 계약에 의해 관습적으로 형성된 것이라면 도덕적 행위를 반드시 해야 할 이유도, 그 행위를 통해서 이익이 확보될 필연성도 없다고 생각할 수 있다. 이러한 문제 제기는 고대 그리스에서 기원전 5세기에 매우 중요한 문제로 대두된 '노모스(nomos)' 와 '피시스(physis)' 에 관한 논쟁과 연관된다. '노모스' 는 일반적으로 '법' 이나 '관습' 으로 번역되는데, 사람들의 행위나 활동을 규제하는 '규범' 을 뜻한다. 반면에 '피시스' 는 기본적으로 '자연' 또는 '본성' 이란 뜻을 지닌다. 기원전 5세기에 법률 및 도덕과 같은 인위적인 규범 체계(노모스)는 공동체를 유지하기 위한 필요에 의해 생겨났다는 견해가 프로타고라스와 같은 소피스테스 등장과 더불어 처음으로 분명히 제시되었다. 한편 칼리클레스와 같은 급진적인 다른 소피스테스들은 '강자의 자연권' 을 주장했다. 이들은 인간의 자연적인 본성(피시스)을 이기적 관점에서 이해했다. 인간이 인위적으로 확립한 규범 체계와 자기 이익을 추구하는 인간의 자연적 본성은 일치하지 않기 때문에, 인위적인 규범을 따르기보다 자연적 본성에 따라 이기적 욕구를 최대한 추구함이 옳다는 견해는 바로 이런 소피스테스들의 주장과 일치한다. 이처럼 도덕성에 대한 요구가 인간의 자연적 본성과 상충된다는 견해에 맞서서 플라톤은 도덕이 궁극적으로 인간의 자연적 본성에 근거하는 것이기 때문에 도덕적 행위는 그 자체로 추구할 만한 가치가 있으며 또한 인간이 실현해야 할 훌륭한 삶에 기여하는 것임을 보여 주고자 한다. 올바름이 사회적 평판이 아니라 올바른 사람의 혼(psychē) 안에서 어떤 작용을 하는지 하는 관점에서 논의해 달라는 글라우콘과 아데이만토스의 요구는 플라톤이 어떤 방식으로 이 문제에 접근하는지를 잘 보여 준다. 그는 도덕이 궁극적으로 인간의 내적 마음의 상태에 근거하는 것임을 밝히고자 하면서 여태까지 아무도 이런 관점에서 도덕 문제에 접근하지 못했음을 강조한다. 플라톤이 도덕은 궁극적으로 인간이 본성적으로 추구할 수밖에 없는 혼의 훌륭한 상태에서 기인하고 있음을 보여 준다면 글라우콘이 제기하는 근본적인 도전을 물리칠 수 있을 것이다.[41]

# 나라의 기원과 발달 및 수호자의 교육

(2권 368c~3권 412b)

## 나라의 기원과 발달 및 수호자의 성향(2권 368c~376c)

[소크라테스는 글라우콘과 아데이만토스의 요청에 따라 올바름을 적극적으로 옹호하기 위해서 먼저 올바름이 도대체 무엇인지를 밝히고자 한다. 그는 이 문제를 다음과 같은 방식으로 탐구하는 것이 좋겠다고 말한다. "이를테면 누군가가 그다지 시력이 좋지 못한 사람들더러 작은 글씨들을 먼 거리에서 읽도록 지시했을 경우에, 어떤 사람이 이런 생각을, 즉 똑같은 글씨들이 어딘가 더 큰 곳에 더 큰 글씨로 적혀 있다는 생각을 하게 되어서, 먼저 이것들을 읽고 난 다음에 한결 작은 글씨들이 이것들과 혹시 같은 것인지를 살피게 된다면 이는 천행으로 여겨질 거라고 나는 생각하네." 이와 같은

방식으로 그는 올바름에는 개인의 것도 있지만 나라 전체의 것도 있다고 보고, 개인보다는 큰 규모의 것인 나라에서 이를 찾는 게 더 쉬울 것이므로 거기에서 이를 먼저 찾아보기로 하고 나라를 이론상으로 수립하고자 한다. 그는 나라의 성립 과정을 살펴보면 나라의 올바름과 올바르지 못함이 생겨나는 것도 알 수 있을 것이라고 언급한다(368c~369a).

그는 우선 나라를 수립시키는 기원을 "우리 각자가 자족하지 못하고 여러 가지 것이 필요"하다는 점에서 찾는다. 그는 의식주 등 기본적인 것들을 제공하는 사람들로 구성된 나라를 '최소한도의 나라'로 언급한다. 이 나라는 넷 또는 다섯 사람으로 이루어진다. 그리고 그는 사람들이 '성향에 있어서 (kata physin)' 다르게 태어난다는 점을 지적하면서 다음과 같이 언급한다. "각각의 것이 더 많이, 더 훌륭하게, 그리고 더 쉽게 이루어지는 것은 한 사람이 한 가지 일을 '성향에 따라' 적기(適期)에 하되, 다른 일들에 대해서는 한가로이 대할 때"이다. 이러한 분업의 효용성 때문에 나라에는 훨씬 많은 농부나 장인, 나아가 무역상이나 소매상도 필요하게 되어 나라가 확대된다. 소크라테스는 이렇게 나라를 확대한 뒤, 글라우콘에게 이 나라 안 어디에 올바름과 올바르지 못함이 있는지를 묻는다. 이에 대해 글라우콘은 "사람들 상호간의 필요"(372a) 측면에서 찾아볼 수 있을 것이라고 대답하고, 이렇게 구성된 나라의 시민들은 기본적으로 필요한 욕구들을 충족하면서 건강과 평화로움 속에 일생을 보내게 될 것이라고 묘사한다. 그러나 글라우콘은 이런 나라를 '돼지들의 나라'라고 평가하면서, 사람들은 필요 불가결한 것 말고도 온갖 사치품에 대한 욕구를 갖고 있음을 지적한다. 이로 인해 '호사스러운 나라'의 성립 과정도 살펴보게 된다. 소크라테스는 이 나라에 대한 고찰을 통해 나라에서 올바름과 올바르지 못함이 어떻게 생기는지를 알아낼 수 있을 것이라고 언급한다. 이런 나라는 앞에서 언급한 '참된 나라', 즉 '건강한 나라'와 대비해 '염증 상태의 나라'라 일컬어진다. 이런 나라에는 '필수적인 것들' 말고도 온갖 사치스러운 것이 추가적으로 필요하게 된다. 이 결과로 모든 부류의 사냥꾼과 모방가(예술가 : mimētēs)·봉사자·의사가 훨씬 더 많이 필요하게 되고 또한 이런 나라의 사람들이 "필요 불가결한 것들의 한도를 벗어나 재화의 끝없는 소유에 자신들을 내맡겨 버리게 될 때" 영토 확장의 필요성이 대두되어 나라들끼리 전쟁을 하게 된다. 이리하여 나라의 수호자들 또한 필요하게 된다. 이들의 일은 다른 어떤 일보다도 더 중대하고 전문성을 필요로 하는 것이기 때문에 어떤 사람, 어떤 성향이 이에 적합한지를 가려내는 일이 중대한 문제로 대두된다(369b~374e).

이와 관련해 소크라테스는 우선 수호자가 될 젊은이는 육체적으로 강하고 날렵해야 하며 정신적으로 용맹하기 위해서 격정적이어야 함을 지적한다. 그리고 이런 대립되는 성향들을 함께 지니고 있는 것은 혈통 좋은 개에서 찾아볼 수 있기 때문에 이러한 수호자를 찾는 것은 '자연의 이치에 어긋나는' 것이 아니라고 이야기한다. 그런데 개는 친근한 사람과 낯선 사람을 자기가 아는지 모르는지에 의해 구별하기 때문에, 이런 점에서 개는 '지혜를 사랑하는 면'을 지니고 있다고 지적한다. 사람의 경우에도 친근한 사람에 대해 온순하려면 이런 면을 지니고 있어야 하기 때문에, 훌륭한 수호자는 천성적으로 격정적이면서도 지혜를 사랑하는 사람이어야 한다고 소크라테스는 주장하고 글라우콘의 동의를 얻는다 (375a~376c).]

　소크라테스는 '올바름이 무엇인지'를 구명하기 위하여 먼저 나라(polis)에서 그것이 어떤 것인지를 탐구한 뒤에 개인의 '올바름'을 탐구하고자 하는데, 이렇게 하는 이유를 큰 글씨와 작은 글씨를 알아보는 과정에 비유하고 있다. 우리는 이런 언급에서 다음과 같은 몇 가지 특징에 주목할 필요가 있다. 첫째 개인의 윤리적 문제('올바름'의 문제)를 고찰하기 위해서, 나라의 기원과 그 발달에 대해 논의하고 있다. 둘째 나라는 개인보다 큰 것이기에 나라를 큰 글씨에 비유하고 개인을 작은 글씨에 비유하는 것은 처음 보기에 별로 문제가 되지 않을 것 같지만, 이런 비유는 나라와 개인의 중요한 차이점을 숨기고 있다. 즉 나라의 특징들은 직접적으로 관찰될 수 있지만, 혼의 특성들은 볼 수 있는 것이 아니다. 이것들은 단지 행위를 통해 추론될 수 있을 뿐이다. 셋째 나라와 개인의 유사성은 단지 '올바름'의 특성과 관련해서만 가정되고 있다. 넷째 나라와 개인이 유사하다는 점은 검증되어야 할 가정으로서 제시되어 있다. 그렇지 않다면 문자의 비유는 의미가 없다. 큰 글씨들을 읽은 다음 작은 글씨가 큰 글씨와 같음을 확신한다면, 그는 작은 글씨들을 읽는 수고를 할 필요가 없기 때문이다.[42] 나중에 소크라테스는 4권에서 '혼의 삼분설'에 관한 논의를 통하여 나라와 개인이 구조적으로 유사하다는 점을 밝히고, 이런 전제 아래에서 '올바름'의 특성을 밝힌다.

나라의 기원과 발달에 대한 이런 대화는 짧지만, 이후의 논의에서 중요한 의미를 지니는 플라톤의 생각이 잘 나타나 있다. 그는 나라가 성립하는 이유를 무엇보다 개인들이 스스로 자족할 수 없기 때문이라고 밝히고 있는데, 상호간의 '필요'가 나라 성립의 기원이라는 견해는 나라 성립이 인위적인 것이 아니라 자연적인 것임을 함축한다. 앞에서 글라우콘은 '올바름'의 기원을 설명하면서 사람들을 서로 간에 이기적 욕구를 추구하는 경쟁자로 보았고, '올바름'을 사람들이 상호간의 이익을 도모하기 위해 약정한 사회 계약의 산물로 간주하였다. 그러나 소크라테스는 나라 구성원들이 본성상 경쟁보다 협력을 필요로 한다는 사실을 강조함으로써 '올바름'이 단순히 사회 계약의 산물이 아니라 인간의 자연적 본성에 근거하고 있음을 암시한다. 그가 나라를 구성하면서 '성향에 있어서(kata physin)'란 표현을 자주 사용하는 것도 이 점을 강조하기 위한 것으로 볼 수 있다.

나라를 구성함에 있어서 무엇보다 강조되는 것은 분업의 원칙이다. 이런 원칙을 제시하는 근거는 각각의 사람이 저마다 다른 능력을 타고날 뿐 아니라 한 사람이 한 가지 이상의 일을 잘 해낼 수 없다는 점이다. 여기에서의 강조점은 단순히 각각의 사람이 한 가지 일만을 해야 된다는 것이 아니라, 타고난 능력이 서로 다르다는 사실과 그에 적합한 교육이 제공될 경우 한 가지 이상의 일을 잘 해낼 수 없다는 사실이다. 이 같은 점에 주목할 때 우리는 여기에서 소크라테스가 앞의 1권에서 제시한 '기능(ergon)' 개념을 염두에 두고 있음을 알 수 있다. 1권에서 '기능'은 "어떤 것이 그것으로써만 할 수 있는, 또는 가장 잘할 수 있는 그런 것"으로 규정된 바 있는데, 이에 따르면 '기능'은 두 가지 측면으로 구분할 수 있다. 첫째 '기능'은 눈이나 귀의 경우처럼 어떤 것이 그것으로써만 해낼 수 있는 것이다. 둘째 '기능'은 다른 것도 어느 정도 해낼 수 있지만 어떤 것이 가장 잘할 수 있는 경우와 관련된다. 이를테면 나무의 잔가지를 잘라내는 일은 단검이나 칼로서도 할 수 있지만 이를 위해 만든 전정가위가 가장 잘할 수 있고, 이 일이 전정가위의 기능이 된다. 소크라테스가 나라의 일들을 배분하는 원칙은 바로 이러한 두 번째 기능 개념에 근거한다. 즉 나라의 구성원들이 각각 가장 잘 해낼 수 있는 일을 배분하는 것이 훌륭한 나라를 성립시키는 가장 중요한 원칙이 된다.[43] 여기에서 말하는 분업은 경제학에서 말하는 '노동분업의 원리'와 똑같은 것은 아니다. 여기에서 문제되는 것은 경제적 효율성을 위한 노동 방식의 세부적 구분이 아니라 각자에게 적합한 일 또는 기술들의 분배이기 때문이다.[44]

그런데 앞의 대화에서 '호사스러운 나라'가 도입되는 과정은 주목할 필요가 있다. 소크라테스는 '최소한도의 나라'에서 시작하여 사람들의 기본적 욕구를 충족시켜 줄 수 있는 나라를 먼저 구성하였다. 그러나 글라우콘은 뜻밖에도 이런 나라를 '돼지들의 나라'라고 경멸적으로 표현한다. 이는 명예를 추구하는 경향이 강한 인물로 묘사(548d)되는 글라우콘이 보기에 단순히 육체적으로 필요 불가결한 욕구에 만족하는 삶은 돼지와 다를 바 없다는 생각을 반영하고 있다. 어쨌든 글라우콘이 '돼지들의 나라'라고 부르는 이 나라에서 특징적인 것은 가난이나 전쟁에 대한 두려움 없이 건강하고 평화로운 삶을 살아간다는 점이다. 우리는 이런 사회를 말 그대로 이상적 사회로 생각할 수도 있다. 그러나 플라톤이 구상하는 가능한 한에 있어서 최선의 나라로서의 '이상 국가'는 이런 것이 아니다. 이른바 플라톤의 '이상 국가'는 '참된 나라' '건강한 나라'[45]라고도 불리는 '돼지들의 나라'가 아니라 병들고 사치스러운 나라를 정화시킴으로써 성립한다. 플라톤은 누구보다 인간은 육체적으로 필요 불가결한 욕구를 충족한다고 해서 만족할 수 있는 존재가 아니라는 점을 잘 알고 있었다. 그는 인간의 끝없는 이기심을 명백한 사실로 인정한다. 그의 이른바 '이상 국가'는 인간의 실제적인 욕구에 기초하기 때문에 '호사스러운 나라'에 대해 논의하는 것은 필수적일 수밖에 없다. 또한 올바름과 올바르지 못함이 어떻게 나라에서 생기는지를 알기 위해서는 '호사스러운 나라'의 특징에 대해 알아볼 필요가 있다. 인간사에 있어서 일정한 도덕규범이 요구되는 까닭은 인간이 다양하고 무한정한 욕망을 갖고 있고 이것들이 서로 충돌할 수 있기 때문이다. 그러나 '건강한 나라'는 이런 욕망을 배제함으로써 성립한다. 따라서 '건강한 나라' 차원에서는 올바름과 올바르지 못함이 무엇인지를 파악할 수 없다. 그리고 호사스러운 나라는 인간의 다양한 욕구를 반영한다는 점에서 이에 대한 논의가 나라와 개인의 유비를 가능하게 해 준다. 호사스러운 나라에서 특징적인 것은 수호자들이 나라에 필요하게 되고, 이들 가운데에서 통치자가 선발된다는 점이다. 이런 나라는 단순히 협동적인 개인들의 집합체가 아니라 그 안에서 어떤 사람들은 다스리고 다른 사람들은 다스림을 받는 위계적 구조를 갖게 된다.[46] '건강한 나라'가 단순히 서로간의 필요를 충족시키면서 살아가는 나라인데 반해서 호사스러운 나라를 정화해서 성립하는 '훌륭한 나라'는 일정한 위계질서를 갖추고 있는 나라이다. 플라톤이 생각하는 '올바름'의 성격을 정확히 이해하기 위해서는 이러한 구조적 측면에 주목하는 것이 중요하다.

## 수호자의 교육(2권 376c~3권 412b)

1) 시가의 내용(376c~392c)

[이제 소크라테스는 수호자의 교육 방식에 대해서 언급한다. 그는 이들이 받게 될 교육으로 몸을 위한 것으로는 체육, 혼을 위한 것으로는 시가(詩歌)를 각각 제시한다. 이들은 시가 교육부터 먼저 받게 되는데, 어릴 때에는 처음에 허구적 이야기를 이용해서 교육하게 된다. 그런데 그는 어린아이는 유연성이 많기 때문에 아무 이야기나 들려주어서는 안 된다고 강조하면서 설화 작가들이 짓는 것 중 훌륭한 것(아름다운

것 : kalon)만을 받아들일 수 있도록 감독해야 할 필요성을 제기한다. 그리고 설화로써 "아이들의 마음을 형성(plattein)"하는 것이 교육의 기본 목표이기 때문에 마음의 건전한 형성을 위해 바람직하지 않은 많은 이야기를 버려야 함을 지적한다. 버려야 할 것들로는 무엇보다 호메로스와 헤시오도스 같은 시인들이 지어낸 이야기들을 대표적인 것으로 말하면서, 이들은 신과 영웅들을 잘못 묘사하기 때문에 비난 받아야 한다고 언급한다. 이들은 사실과 다르게 신들을 극단적으로 올바르지 못한 짓을 저지르는 자들로 묘사[47]하거나, 신들끼리 전쟁을 일으키고 서로 음모를 꾸미며 싸움질하는 것으로 이야기하고 있다는 것이다. 그리고 어린아이들은 이런 이야기들의 숨은 뜻을 판별할 수 없는데다 어릴 적에 갖게 된 생각은 바꾸기가 매우 어렵기 때문에, 어린아이들이 처음 듣게 되는 이야기는 '훌륭함'을 조장할 수 있는 이야기여야 한다는 점을 강조한다. 그래서 신에 관한 묘사에 있어서 시인이 지켜야 할 첫 번째 규범으로서 신은 선하므로 '좋은 것'의 원인이며, '나쁜 것'의 원인은 신 아닌 다른 것에서 찾아야만 한다는 것을 제시한다(376c~380c).

그다음으로 "신은 단순하며 무엇보다 자신의 본모습에서 벗어나지 않은 것"임을 강조한다. 소크라테스는 이를 세 가지 측면에서 입증한다. 첫째 "훌륭한 상태에 있는 것은 일체가 다른 것에 의한 변화를 가장 적게 입게 된다"는 이치에 근거해서, 신은 가장 훌륭한 존재이기 때문에 다른 것에 의해 변화를 겪지 않고 "여러 가지 형상을 가질 가능성"이 가장 적다는 점을 지적한다. 둘째 "각각의 신은 저마다 가능한 한에 있어서 최대한으로 아름다우며 훌륭하여서, 언제나 단순하게 자신의 모습으로 남아 있을 것"이기 때문에 신들은 스스로 자신을 변화시키거나 바꾸지 않는다고 주장한다. 마지막으로 "신들은 스스로 변모할 수 없지만, 우리를 속이고 마술에 걸려들게 함으로써, 우리로 하여금 자기들이 온갖 모습을 하고서 나타나는 것으로 믿게끔 만드는지"가 검토된다. 이 과정에서 '거짓'에 관한 논의가 제기된다. 소크라테스는 먼저 신이나 인간은 모두 '진짜 거짓'을 미워한다면서, 이를 "그 누구도 자신의 가장 주된 부분에 있어서 가장 주된 문제들과 관련하여 자발적으로 속으려 하지는 않을 것이로되, 오히려 무엇보다 거기에 있어서 거짓을 지니고 있는 걸 가장 두려워한다는" 뜻이라고 말한다. 대화자가 아직도 이해를 못하겠다고 하자 '진짜 거짓'은 "사실들과 관련해서 혼(마음)에 있어서 속는 것을, 그리고 속고서도 미처 모르고 있는 것"이라고 고쳐 말한다. 다시 말해서 진짜 거짓은 "속은 자의 혼에 있어서 무지한 상태"를 의미한다. 이와 대비되는 '말을 통한 거짓'은 "혼에 있어서의 그런 상태의 일종의 모방물이요, 나중에 생긴 영상이어서 전혀 순전한 거짓이 못 되는 것"으로 언급된다. 이것은 진짜 거짓과 달리 유익한 경우가 있을 수 있으며, 적들에 대해서나 광기 또는 어리석은 상태에 있는 친구들을 돕기 위한 경우에 유익할 수 있음을 지적한다. "설화 이야기들의 경우에 있어서도, 옛날의 일들과 관련해 진실이 어떠한지를 알지 못하는 탓으로, 허구를 가능한 한 진실 같도록 만드는 그런 방식으로" 거짓이 유익할 수 있다는 점이 추가로 언급된다. 그러나 신은 어떤 경우에도 거짓말할 만한 이유가 없기 때문에 결국 소크라테스는 "신들은 자신들을 변모시키는 마법사도 아니며 언행에 있어서 거짓으로 우리를 오도하지도 않는다"는 점을 둘째 규범으로 제시하면서 2권의 이야기는 끝난다(380d~383c).

제2권에 이어 3권에서도 어린아이의 교육을 위한 시가 내용과 관련해 시인이 지켜야 할 규범들이 언급된다. 소크라테스는 호메로스 서사시의 구절들을 인용하면서 용감한 사람들로 키우기 위해서는 죽음을 두려워하게 하거나 저승의 일을 무섭게 묘사하는 이야기를 들려주어서는 안 되며, 죽은 자에 대한 지나친 비탄의 이야기도 지워야 한다고 강조한다. 그리고 훌륭한 사람은 스스로 가장 만족할 수 있어서 "어떤 불행한 사태가 그에게 닥친다 하더라도, 그는 그 누구보다도 덜 통곡하며, 가장 온유하게 견디어 낼 것"이라고 말한다. 젊은이들이 웃음을 좋아하는 사람이 되어서도 안 되는데 "어떤 사람이 심한 웃음에 자신을 내맡길 경우 이런 것은 강한 변화를 유발시킬 것이 십상이기 때문"이다. 그렇지만 정직(진실)의 덕목은 귀히 여겨야만 한다고 언급한다. 그는 사인(私人)은 결코 거짓말해서는 안 된다고 하면서도 의사나 통치자에게는 거짓말을 허용할 수 있다는 입장을 밝힌다(386a~389d).

소크라테스는 절제에 관해서도 언급한다. 시인들이 술 또는 먹는 것과 관련된 쾌락이나 성적 쾌락, 재물에 대한 욕심을 조장하는 이야기를 하도록 해서는 안 된다고 말한다. 나아가 신들의 자손인 영웅들이 나쁘고 불경한 짓을 행한다고 하는 이야기도 금지된다. 마지막으로 인간에 관한 것으로서 '올바름'에 관해 언급한다. 그는 올바르지 못한 자의 삶이 올바른 이의 삶보다 더 행복하다는 이야기를 들려주어서는 안 된다는 점을 강조하고, 이것은 올바름이 무엇인지가 밝혀진 다음에야 분명하게 될 것이라고 덧붙인다(386a~392c).]

플라톤은 『국가』 2권과 3권에서 수호자 교육에 관한 문제를 논의한다. 그는 건전한 양육과 교육을 나라를 훌륭하게 성립시키는 가장 중요한 요소로 보고 있다. 그는 어린아이들을 훌륭한 수호자로 키우기 위한 관점에서만 교육의 문제를 다루고 있지만, 그가 여기에서 제시하는 교육 철학은 교육의 본질에 대해 중요한 시사점을 주고 있다.

① 시가 교육의 목표

시가 교육의 기본 목표는 설화로써 '아이들의 마음을 형성(plattein)하는 것'이라는 표현에 잘 나타나 있듯이 품성의 도야가 핵심이다. 어린아이의 교육에서는 단순한 정보의 습득보다 건전한 마음의 형성이 가장 중요한 것으로 제시되고 있다. 수호자의 교육은 헬라스의 전통적인 교육방식인 체육과 시가(詩歌, 무시케 mousikē) 교육으로 이루어지는데, 그는 특히 시가 교육의 중요성과 개혁을 강조한다. '시가'로 번역되는 '무시케'는 무사(Mousa) 여신[48]들이 관장하는 모든 기예를 일컫는 말로, 시·음악·무용 등 온갖 기예를 포함한다. 이것들 가운데 플라톤은 특히 시의 중요성을 강조하는데, 여기에서 말하는 시는 모든 이야기를 포함하는 넓은 의미를 지닌다. 플라톤이 시인들의 작품 가운데 특히 호메로스의 서사시인 『일리아스』와 『오디세이아』를 비판하는 이유는, 이 작품들이 당시 젊은이들의 중요한 교육의 기본 자료였을 뿐만 아니라 인간사에 있어서도 큰 영향을 미치고 있었기 때문이다.

플라톤이 처음에 설화 작가들이 짓는 것들 가운데 '훌륭한(아름다운) 것(to kalon)'만을 나라에 받아들여야 한다고 강조하고(377c) 시가 교육은 '아름다운 것'에 대한 사랑으로 끝나야 한다(403c)고 결론짓는 데서 알 수 있듯이, 시가 교육에서 가장 중요한 의미를 지니는 것은 '토 칼론(to kalon)'이라는 개념이다. 이 말은 미적 차원에서는 '아름다움'으로 옮길 수 있지만 도덕적 의미로 사용될 땐 '고귀함' '훌륭함' 등을 의미한다. 그의 철학에서 미적인 것과 도덕적인 것은 엄밀히 구별되지 않고 밀접히 연관된다. 401d~402a의 언급을 통해 알 수 있듯이, 시가 교육의 목표는 '아름답고 훌륭한 것들'을 자연스럽게 좋아하도록 어린아이의 심성을 형성하는 데 있다. 이런 교육 방식은 아직 이성적 능력이 발달하지 않은 아이들의 교육을 위해 매우 적합한 방식이라 볼 수 있다. 도덕적 의무나 규범들이 지니는 의미에 대해 아직 충분히 이해를 못하는 아이들에게 무조건적으로 이런 것들을 지키고 따르도록 강요하는 것은 도덕에 대해 반감을 야기할 수 있지만, 아름답고 좋은 것에 이끌리도록 유도하는 도덕에 대한 미적 접근 방식은 도덕을 자연스럽고 편안한 것으로 받아들이게끔 할 수 있기 때문이다.[49] 이런 교육 방식은 아리스토텔레스가 도덕 교육과 관련해서 취하는 입장과 기본적으로 같다. 그에게 있어서도 도덕적으로 되기를 배우는 것은 도덕적 활동에서 즐거움을 느끼도록 배우는 것이다.[50] 플라톤은 이런 목표를 달성하기 위해서는 시가의 내용뿐 아니라 형식적 측면도 이에 적합한 방식으로 이루어져야만 한다고 본다.

② 허용되지 않는 시가의 내용

소크라테스는 앞의 대화에서 수호자가 될 어린이들은 처음에는 '허구적 이야기들'[51]을 통해서 교육 받아야 한다고 언급한 뒤, 이런 이야기들 가운데 어떤 것들을 배제해야 하는지를 길게 언급한다. 그가 이야기하고자 하는 핵심은 아이들의 심성에 나쁜 영향을 끼치는 시들의 배척이다. 그가 제시하는 배척의 기준은 시인들이 지어낸 이야기가 신이나 영웅을 나쁘게 또는 훌륭하게 묘사했는지 여부이다. 어떤 이야기가 허구적이면서도 신이나 영웅을 나쁘게 또는 훌륭하게 묘사할 수 있다 함은 무엇을 의미하는가? 소크라테스는 이에 대해 "마치 화가가 어떤 닮은 것을 그리려고 하나 그것과는 전혀 닮지 않은 것을 그리는 경우"(377e)와 같다고 말한다. 이런 언급은 이야기의 수용 여부를 판가름할 수 있는 어떤 기준이 있음을 함축하는데, 신과 관련하여 "언제나 신을 신인 그대로 묘사해야 한다"는 것이 기준으로 제시되고 있다. 이런 기준에 따를 때 신은 나쁜 것이 아니라 좋은 것의 원인으로 보아야 한다고 주장한다. 이는 기독교의 '전지전능하고 이 세계의 모든 것을 창조한 자'와는 다른 '신' 개념이다. 플라톤은 악(나쁨)은 신이 아니라 신과는 다른 독립적 원인에 기인한다는 점을 명확히 하지만(379c), 여기에서 악의 원인에 대한 구체적인 설명은 제시하지 않는다.[52] 그는 단지 호메로스나 헤시오도스의 신들에 관한 이야기 경우처럼 신을 나쁜 일의 원인으로 말하면, 이것은 아이들에게 신에 대한 경건한 태도를 심어 주지 못할 것이라는 사실만을 강조한다. 영웅들에 대해서도 이들을 인간 행위의 참된 본보기로서 묘사해야만 한다고 강조하는데, 결국 신과 영웅에 관한 시인들의 이야기 가운데 이것들의 수용 여부는 플라톤이 생각하는 이상적인 인간성 형성에 좋은 영향을 미치는지 아닌지에 달려 있다.

한편 플라톤이 2~3권에서 제기한 것처럼 어린아이에게 정서적으로 나쁜 영향을 끼치는 시를 배제하기 위하여 감독 또는 검열이 필요하다는 주장은 현대 독자들에게 많은 논란을 불러일으켰다. 이 주장이 단순히 청소년 교육에 좋지 않은 이야기를 들려주어서는 안 된다는 견해에 불과하다면 이것은 충분히 받아들일 수 있을 것이다. 지금도 청소년들의 인격 형성에 해로운 것은 금지해야 한다는 사실이 사회적으로 인정되고 있지 않은가. 텔레비전·비디오·영화 등 대중 매체에 대한 검열은 현재도 플라톤의 입장과 근본적으로 같은 관점에서 이루어지고 있다. 그렇지만 그의 검열에 대한 주장은 이보다 훨씬 심각한 것이었다. 검열은 단순히 어린아이뿐만 아니라 나라의 모든 시민에게 해당되었다. 이 점은 다음과 같은 소크라테스의 언급에서 분명히 드러난다. 신들에 관한 잘못된 이야기에 대해서 소크라테스는 "나라가 훌륭하게 다스려지려면 제 나라에서는 아무도 이런 걸 말하지 못하도록 해야만 하고, 또한 듣지도 못하도록 해야만 하네. 그가 젊건 나이를 먹었건 간에, 그 이야기를 운문으로 지었건 산문으로 지었건 간에 말일세"(380b~c)라고 말한다. 이처럼 플라톤이 검열을 어른에게까지 확장하는 것은 우리 생각과 상충하는 것으로 보인다. 우리는 성인이 되면 그들이 듣는 시가 해로운 영향을 끼칠지 아닐지에 대해 스스로 충분히 판단할 수 있으리라고 생각하기 때문이다. 그러나 그는 이와 달리 생각한다. 그는 여기에서 그 이유를 명확하게 이야기하고 있지 않지만, 10권(602c~608b)에서 시인들의 이야기가 성인에게도 해로운 영향을 끼칠 수 있는 이유를 구체적으로 밝히고 있다.[53]

앞의 대화 내용 가운데 생각해야 할 또 하나의 문제는 '거짓말'에 관해서이다. 소크라테스는 신은 거짓말하거나 속이지 않는다고 말하는 과정에서 '진짜 거짓'과 '말을 통한 거짓'을 구분하고, 후자는 다양한 경우에 유용할 수 있다는 견해를 피력한다. 우선 '진짜 거짓'에 대한 그의 언급에서 주목할 필요가 있는 것은, 이것이 '우리의 가장 주된 부분'으로 언급되고 있는 '혼' 이 '가장 주된 문제들' 에 대해서 속고 있는 상태로 규정되고 있다는 점이다. 여기에서 '가장 주된 문제들' 은 '좋은 것들이 무엇인지에 관한 문제들' 을 의미한다고 볼 수 있는데, 모든 혼은 좋은 것들을 추구하기 때문에 이와 관련해서 사실과 다르게 생각하고 있는 상태를 가장 싫어할 수밖에 없다.[54] 또 아무도 이런 문제들에 대해서 자발적으로 속으려 하지 않는다는 말은 '나쁨은 무지에 기인하는 것' 이라는 소크라테스의 잘 알려져 있는 주장을 함축하고 있다. 그리고 '말을 통한 거짓' 은 혼에 있어서의 '진짜 거짓' 의 일종의 모방물이요, 전혀 순전한 거짓이 못 된다는 언급은 다음과 같이 이해할 수 있다. 어떤 사람이 거짓말한다는 것은 그 사람 자신은 속지 않으면서 다른 사람을 속이는 것을 의미하기 때문에, 이것은 '전혀 순전한 거짓' 이 아니다. 이것을 '진짜 거짓' 의 일종의 모방물이라고 말하는 까닭은, 당신이 거짓된 어떤 것을 말하고 있다는 사실은 당신은 실제로 그렇지 않다고 할지라도 당신이 속고 있는 것처럼 보이게 하기 때문이다.[55] 그런데 '거짓말' 의 유용성에 대한 플라톤의 견해는 앞서 이미 1권의 케팔로스와의 대화에서 '진실을 말하지 않는 것' 이 유익한 경우가 있다는 언급을 통해 제시됐으며, 이 대화편 곳곳에서 명시적으로 언급되고 있다. 우리는 모든 거짓말은 잘못이라는 절대주의 입장에서 소크라테스를 비판할 수도 있겠지만,[56] 그가 예로 들고 있는 경우들에 대해서는 거 짓말을 허용할 수 있다는 것을 동의할 수 있을 것이다. 그러나 그는 더 나아가 거짓말이 나라에 이익이 된다고 판단될 경우에는 통치자의 거짓말까지도 허용할 수 있다는 태도를 보인다. 이 점은 다음과 같은 언급에서 가장 분명하게 드러난다. "그 밖에 거짓말을 하는 것이 허용될 사람들이 있다면, 그들은 바로 그 나라의 통치자들로서, 이들에게 있어서는 나라의 이익을 위해서 적이나 시민들 때문에 그러는 게 합당하겠지만, 그 밖의 사람들로서는 누구든 그런 것에 관여해서는 아니 된다. 그렇지만 사인(私人)이 통치자들을 상대로 거짓말을 한다는 것은 환자가 의사를 상대로, 신체 단련을 하는 자가 체육 담당자를 상대로, …… 선원이 선장을 상대로 …… 사실을 말하지 않는 것과 똑같은, 아니 이보다 더 큰 잘못이다."(389b~c) 이런 견해는 많은 논란을 불러일으켰다. 예를 들어 포퍼는 플라톤이 철학자를 '진리를 사랑하는 자들'로 규정하는 한편으로 통치자가 될 철학자('철인왕')에게는 국가의 이익을 위해 거짓말을 할 수도 있다고 허용한 것은 양립할 수 없다고 보았다. 그는 이 점이 플라톤의 전체주의적 입장을 잘 보여 준다고 비판했다.[57] 그는 또 3권에서 제시되는 '훌륭한 거짓말'을 '선전용 거짓을 옹호한 것'으로 해석하고 이를 강력하게 비난했다.[58] 분명히 플라톤이 사회적 · 정치적 질서를 유지하기 위해 거짓말을 사용할 수밖에 없다는 생각을 하고 있었음은 부인할 수 없다.[59] 그러나 그가 제시하고 있는 '훌륭한 거짓말'을 선전용 거짓말로 해석함은 오해에서 비롯된다. 이 점에 관해서는 3권의 관련된 대목에서 좀 더 살펴볼 것이다.

2) 시가의 형식과 음악적 요소(392c~403c)

[이야기되어야 할 내용에 관한 논의 다음으로는 이런 내용의 시가가 어떤 방식으로 이야기되어야 하는지에 대한 논의가 이어진다. 그래서 이야기 투에 관한 언급이 있게 되는데, 단순한 이야기 진행과 모방을 통한 이야기 진행 두 종류가 언급된다. 단순한 이야기 진행은 등장인물에 대한 모방 없이 사건을 기술하며, 모방은 "목소리나 몸짓에 있어서 자신이 다른 사람을 닮게 한다는 것"이다. 비극과 희극은 전적으로 모방에 의한 것이고, 서사시는 모방과 단순한 이야기 진행이 혼합된 것이며, 디티람보스[60]는 단순한 이야기 진행에 의한 것이다. 소크라테스는 이런 방식으로 이야기 투에 대해 언급한 뒤 수호자들이 모방에 능한 사람들로 되어야 하는지 아닌지 하는 문제를 제기한다. 그는 "개개인은 저마다 한 가지 일을 훌륭하게 수행해 내지, 많은 일을 그렇게 하지는 못한다"는 이치에 근거해서 오로지 수호에만 전념해야 할 수호자들

은 온갖 것을 모방하는 데 능한 사람들로 교육되어서는 안 된다는 점을 강조한다. 그리고 이들에게는 이들에게 어울리는 것, 즉 용감하고 절제 있고 경건하며 자유인다운 사람들만을 모방하는 것을 허용해야 한다고 주장한다. 이는 "모방이 젊은 시절부터 오래도록 계속되면 몸가짐이나 목소리 또는 사고에 있어서 마침내는 습관이나 성향으로 굳어지기" 때문이다. 소크라테스는 수호자가 될 이들은 비천하고 훌륭하지 못한 온갖 것을 모방하지 못하도록 해야 한다는 점을 여러 예를 통해 자세히 언급하고 두 종류의 이야기 투에 대한 이야기를 다음과 같이 정리한다. 이들 중 하나는 작은 변화들만을 갖는 것이기 때문에 한 가지 선법(harmonia)[61], 즉 거의 같은 리듬으로 이야기하게 된다. 반면에 다른 한 가지는 온갖 형태의 변화를 겪는 것이기 때문에 이야기를 진행하려면 모든 선법과 리듬이 필요하게 된다. 그런데 "이 나라에는 각자가 한 가지 일만을 하므로 양면적인 사람도 다방면적인 사람도 없기 때문"에 온갖 것을 모방할 수 있는 시인은 이 나라에서 허용하지 않을 것이다(392c~398b).

그다음으로 선법과 리듬에 대한 구체적 언급이 이어진다. 그는 이것들이 노랫말을 따라야 하기 때문에 비탄조의 선법이나 유약하고 주연에 맞는 선법을 허용하면 안 되며, 사람들을 용감하고 참을성 있게 만드는 선법들만을 허용해야만 한다고 강조한다. 또한 이를 연주하기에 알맞은 악기들만 필요할 것이라고 그는 덧붙인다. 소크라테스는 이런 방식으로 '호사스러운 나라'를 정화했다고 언급하면서 나머지 것들을 정화하기 위해서 리듬에 관해 이야기한다. 리듬의 경우에도 복잡 미묘하거나 온갖 종류의 운율을 추구하는 것이 아니라 예절 바르고 용감한 삶을 나타내는 리듬만 남겨 두어야 한다. 결국 그는 "'좋은 말씨(eulogia)'와 '조화로움(euarmostia)' 및 '우아함(euschēmosynē)'과 '좋은 리듬(eurhythmia)'은 '좋은 성격(euētheia)'을 따르기"[62] 때문에 젊은이들은 이런 것들을 추구해야만 한다고 강조한다. 그는 그림이나 모든 기예, 직조술 · 자수 · 건축 · 장식물, 나아가 인체의 구조 및 생물 구조에는 우아함과 꼴사나움이 가득 차 있다고 보고 젊은이들이 좋은 성품을 지닐 수 있도록 하기 위한 방책으로 다음과 같이 언급한다(398c~401a).

"그렇다면 우리로서는 오직 시인들에 대해서만 감시하며, 그들로 하여금 좋은 성격(성품)의 상(像)을 자신들의 시 속에 새겨 넣도록 강요하거나, 아니면 우리 곁에서 시를 짓지 못하도록 할 것인가? 또는 다른 장인들에 대해서도 감시를 하며, 동물들의 상이나 건물에도, 그리고 그 밖의 어떤 제작물에도 나쁜 성격(성품)을, 무절제하고 비굴하며 꼴사나움을 새겨 넣지 못하도록 막거나, 아니면 그렇게 할 수 없는 사람이 우리 곁에서 제작 활동을 하는 것을 허용하지 않아야만 하는가? 그래서 우리의 수호자들이, 마치 나쁜 풀밭에서 그렇게 하게 되듯, 나쁨의 상들 속에서 양육됨으로써, 매일같이 조금씩 여러 군데에서 뜯어먹다 보니 결국엔 많은 것을 뜯어먹게 되어, 자신들의 혼(마음) 안에 자신들도 모르는 사이에 하나의 큰 나쁜 것을 형성하는 일이 없도록 말일세. 오히려 우리는 아름답고 우아한 것의 성질을 천부적으로 추적할 수 있는 그런 장인들을 찾아야만 하지 않겠는가? 그래서 젊은이들이 마치 건강에 좋은 곳에서 거주함으로써 그렇게 되듯, 모든 것에서 덕을 보게 되고, 이로 인해서 아름다운 작품들에서 뭔가가, 마치 좋은 곳에서 건강을 실어다 주는 산들바람처럼, 그들의 시각과 청각에 부딪쳐 오게 되어, 어릴 적부터 자신도 모르는 사이에 아름다운 말과의 닮음과 친근함 그리고 조화로 이끌릴 걸세."(401b~d)

이어서 소크라테스는 시가 교육이 가장 중요한 이유를 다음과 같이 언급한다.

"리듬과 선법(화음)은 혼의 내면으로 가장 깊숙이 젖어 들며 우아함을 대동함으로써 혼을 가장 강력하게 사로잡고, 또한 어떤 사람이 옳게 교육을 받는다면 우아한(고상한) 사람으로 만들 것이나, 그렇지 못할 경우에는 그 반대로 만들 것이기 때문에 말일세. 그리고 또 시가에서 마땅히 받아야 할 교육을 받은 이는 빠져서 없는 것들과 훌륭하게 만들어지지 못한 것들 또는 훌륭하게 자라지 못한 것들에 대해서 가장 민감하게 알아볼 것이며, 그야말로 옳게 싫어할 줄을 알아서, 아름다운 것들은 칭찬하며 기뻐하여 혼속에 받아들임으로써 이것들에서 교육을 받아 스스로 훌륭하디훌륭한 사람으로 되는데, 일찍이 어려서부터 그 논거(이론)도 알 수 있기 전에 추한 것들은 비난하고 미워하기를 옳게 하다가, 이렇게 교육 받은 사람인지라, 그 논거를 접하게 되면 그 친근성 덕에 그걸 알아보고서는 제일 반길 것이기 때문에 말일세.”
(401d~402a)

소크라테스는 계속해서 시가 교육을 통해 ‘시가에 밝은 사람’으로 되는 것을 문자를 배우는 과정에 비유한다. 즉 문자에 밝은 사람이 되기 위해서는 글을 구성하는 기본 문자들이 어떤 방식으로 어떤 곳에 나타나더라도 판별할 수 있어야 하듯이, 시가에 밝은 사람들이 되기 위해서는 “절제 · 용기 · 자유로움 · 고매함 및 이와 같은 부류의 모든 것 뿐만 아니라 이것들과 반대되는 것들, 이 모두의 형상(形相, eidos)들[63]”이 그 어디에서 나타나든 파악할 수 있어야 한다고 말한다(402a~c).

또 그는 혼에 있어서 훌륭한 성격(성품)과 조화되는 외모를 갖춘 사람이 가장 아름답고 사랑스러운 사람임을 확인한 뒤 소년애에 대해 간단하게 언급한다. 즉 그는 "바른 사랑은 그 본성상 질서 있고 아름다운 것에 대해 절제 있고 교양 있게 사랑하는 것"이기 때문에 '사랑을 하는 사람(erastēs)'과 '사랑을 받는 소년(ta paidika)'이 바르게 사랑하며 사랑 받는 사람이 되려면 결코 성적 쾌락에 관여해서는 안 된다고 말한다. 그는 이 점을 강조한 뒤 시가와 관련된 것은 아름다움에 대한 사랑이어야 한다고 결론짓는다(402d~403c).]

시의 형식과 관련한 플라톤 비판의 요점은 두 가지다. 첫째 장차 수호자가 될 사람은 모방(mimēsis)에 능해서는 안 된다. 둘째 온갖 것을 모방하는 방식으로 이야기를 구성하고 있는 비극과 희극은 나라에서 허용해서는 안 된다. 우리가 이러한 비판의 의미를 이해하기 위해서는 우선 당시 헬라스에서 시를 읽는다는 게 눈으로 읽는 것이 아니라 운율에 맞춰 크게 낭송하며 등장인물들의 역할을 그대로 흉내 내기도 했다는 사실에 유의해야 한다. 그가 수호자들이 모방에 능한 사람으로 되어서는 안 된다고 생각한 이유는 두 가지다. 첫째 다양한 모방을 즐기는 것은 나라를 훌륭하게 구성하는 원리인 '분업의 원칙'에 맞지 않는다. 나라를 훌륭하게 성립시키기 위해서는 개개인이 저마다 성향에 적합한 한 가지 일만을 해야 하고, 또 그렇게 할 경우에만 자신의 일을 훌륭하게 수행해 낼 수 있다. 이것은 앞에서 나라를 구성하는 기본 원칙으로 확립한 바 있다. 그런데 모방의 경우에도 한 사람이 다양한 것을 훌륭하게 모방하는 것은 불가능하기 때문에, 다양한 모방을 허용하면 젊은이들을 훌륭한 수호자로 키울 수 없게 된다. 둘째 그는 좋고 나쁨을 가리지 않고 닥치는 대로 모방하는 것은 품성에 나쁜 영향을 끼친다고 보았기 때문에, 수호자는 모방에 능한 사람이 되어서는 안 된다고 보고 있다. 사실상 목소리나 몸짓으로 모방을 계속할 경우 이것이 품성에 영향을 끼친다는 것은 과학적으로도 입증된다고 한다. 즉 어떤 감정과 연관된 얼굴 표정을 짓도록 요청 받은 사람은 이런 감정과 연관된 생리학적 변화를 겪게 된다.[64]

　　다양한 모방을 통해서 이야기하는 시인의 작품은 허용해서는 안 된다는 소크라테스의 주장은 앞의 견해로부터 귀결되는 것인데, 이런 주장은 시에 대한 플라톤의 생각을 잘 보여 준다. 그는 모방적인 시의 가장 중요한 특징으로 이것이 단순한 이야기 진행보다 사람들에게 큰 즐거움을 준다는 점을 든다(397d).[65] 뛰어난 시인의 작품일수록 사람의 감정에 큰 영향을 미친다. 그들은 관객에게 즐거움을 주기 위하여 다채로운 모방을 통해서 사람의 감정을 조장하는데, 이것은 다양한 등장인물과 극단적인 감정 표출을 요구한다. 그러나 이런 방식으로 사람의 감정을 조장하는 것은 플라톤이 보기에 매우 해로운 것이었다. 그는 이 문제를 나중에 10권에서 시에 대한 비판을 다시 전개하며 심도 있게 다룬다. 그러나 플라톤이 이처럼 다양한 모방을 통해 이야기를 전개하는 모방적 시를 나라에서 배척하고 있지만, 모든 모방적 시를 배제하는 것은 아니다. 그는 젊은이들의 심성을 해칠 모방은 금하지만, 이들의 마음을 훌륭하게 형성시켜 줄 모방에 대해서는 적극 수용하고 있다.[66] 그러나 훌륭한 사람의 삶은 작은 변화만을 가지며(397b), 언제나 거의 자기동일성을 유지하기 때문에 모방하기가 쉽지 않다.[67] 따라서 플라톤이 나라에 허용할 시들에서 모방적 시는 매우 제한적이다.

플라톤은 노래와 서정시가(抒情詩歌) 양식에 대해 논의하면서 선법과 리듬이 아이들의 정서에 미치는 영향을 강조한다. 여기에서 우선 기본적인 원칙은 선법과 리듬이 노랫말을 따라야만 한다는 점이다(398d). 우리는 앞서 시가의 내용과 관련한 대화에서 어린아이들에게 들려줄 이야기와 그렇지 못한 것들에 관한 논의를 살펴보았는데, 판단 기준은 이야기의 유형(typos)이 아름다운지 여부이다.[68] 어린아이의 심성 형성에 좋은 영향을 미치는 것이 아름다운 이야기의 유형으로 간주된다. 그는 아름다운 이야기 유형이 이에 상응하는 것들을 혼에 심어 준다고 보기 때문에 노랫말을 시가에서 가장 중요한 요소로 간주한다. 이 때문에 시가를 구성하는 다른 요소인 선법과 리듬은 노랫말을 따라야 한다. 이런 생각은 우리가 아름답고 훌륭한 이야기의 유형을 거기에 걸맞지 않은 선율과 리듬에 따라 낭송할 수 없다는 사실을 생각하면 쉽게 이해할 수 있다. 그리고 선법과 리듬이 사람의 성격 형성에 크게 영향을 미치기 때문에 젊은이의 심성에 좋은 영향을 미치는 것만을 허용해야 한다는 생각은 동서양을 막론하고 보편적으로 받아들여지고 있다. 나아가 그가 음악만이 아니라 그림이나 모든 장인의 작품 등 넓은 의미의 예술 작품들이 사람의 성품에 영향을 미친다고 본 점도 주목할 만하다.

이처럼 플라톤은 당시 시인들의 작품을 비판하고 있지만 시가 교육은 매우 중요시하고 있다. 이런 시가 교육에서 무엇보다 강조되는 것은 어린아이들이 좋고 아름다운 것에로 이끌리는 품성을 형성하도록 가르쳐야 한다는 점이다. 이것은 미적 가치와 도덕적 탁월성의 조화를 목표로 한다(400c~402c). 또한 질서 있고 아름다운 것에 대한 사랑을 일깨우고 그런 것들에서 즐거움을 느끼도록 교육하는 것은 단순히 정서 교육에 그치는 것이 아니다. 그가 나중에 밝히고 있듯이 시가 교육은 이성적인 부분의 계발에 매우 중요한 역할을 한다. 이런 교육을 제대로 받지 못해서 아름답고 좋은 것을 사랑하는 마음이 형성되어 있지 않다면 이성적인 부분 자체에 집중되는 고등 교육은 제대로 이루어질 수 없다. 401e~402a의 언급은 이런 관점에서 이해해야 한다. 시가 교육에서는 정서적 측면이 중요시되지만, 이런 교육은 또한 고등 교육인 변증술적 인식을 위한 중요한 토대를 형성한다. 그런데 이런 시가 교육은 단순히 개인적 차원에서만 의미를 갖는 것이 아니다. 그가 424c에서 나라의 수호자들은 "새로운 형식의 시가로 바꾸는 것을 나라 전반에 걸쳐 위험을 초래하는 것으로 여기고 조심해야 한다"라고 언급하는 데에서 알 수 있듯이, 그는 시가 교육을 나라를 훌륭하게 만드는 중요한 요인으로 보았다. 그래서 그는 8권에서 '훌륭한 나라'가 타락하게 될 때는 수호자들이 "먼저 우리 무사들(무사이 Mousai)[69]에 대해서부터 무관심해지기 시작하여 시가에 대해서 필요한 만큼 관심을 갖지도 않게 될 것이며, 다음으로는 체육에 대해서도 그럴 것"(546d)이라고 말한다.

### 3) 체육 교육(403c~412b)

[시가에 이어 체육 교육이 언급되는데, 우선 육체보다 혼의 중요성이 강조된다. 즉 육체적 건강이 혼을 훌륭하게 만드는 게 아니라 거꾸로 훌륭한 혼이 몸을 최대한 훌륭하게끔

만들어 준다. 소크라테스는 이런 이유로 육체와 관련된 것은 짧게 개요만을 언급한다. 그는 최선의 체육은 단순한 시가와 유사한 것임을 지적하고, 단순성은 시가와 관련해서 혼에 절제를 낳고 체육과 관련해서 몸에 건강을 낳는다고 강조한다. 반면에 무절제와 질병이 나라에 넘칠 때는 많은 재판관과 의사가 필요하게 되는데 이는 나라가 제대로 된 교육을 하지 못했기 때문에 나타나는 현상이다(403c~405b).[70]

소크라테스는 어떤 사람이 생애 대부분을 법정에서 피고나 원고 노릇이나 하며 보내는 것은 부끄러운 일이라고 지적하면서 재판관을 필요로 하지 않는 삶이 훌륭한 인생임을 강조한다. 그는 또 '질병에 대한 간호술'로서의 당시 의술을 비판하면서 "잘 다스려지는 나라에서는 각자에게 어떤 일이 부여되어 있어서 이를 이행하지 않으면 아니 되며, 누구에게도 일생 동안 병을 앓으며 치료 받을 한가로움은 없다"라고 강조한다. 이와 연관해서 그는 아스클레피오스[71]도 "정상적으로 살 수 없는 사람은 자신을 위해서도, 나라를 위해서도 유익하지 않기 때문에 치료를 해서는 아니 된다고 생각"했다면서 의술은 병약하고 무절제한 사람을 치료하기 위한 기술이 아님을 지적한다(405b~408c).

계속해서 그는 훌륭한 의사와 판관을 대비해서 말한다. 의사는 최대한 많이 나쁜 상태의 몸을 접함으로써 훌륭한 의사가 되지만, 판관은 어릴 적부터 나쁜 성격에 대한 체험도 없어야 하며 이런 것들로 더럽혀지지도 않아야 올바른 것을 건전하게 판단할 수 있다. 이는 판단의 훌륭한 '본(paradeigma)'을 갖기 위함인데, 판관은 다른 사람들의 혼에 있어서 나쁨이 어떻게 본성상 나쁜 것인지를 자신의 경험을 통해서가 아니라 지식을 이용함으로써 알게 된다. 그는 일부 사람들이 생각하듯이 체육은 몸, 시가는 혼을 각각 보살피기 위한 것이 아니라 둘 다 무엇보다도 혼을 위한 것임을 강조한다. 시가와 체육을 통해 혼의 격정적인 면과 지혜를 사랑하는 면이 적절히 조장되고 이완됨으로써 서로 조화를 이루게 하는 것이 교육의 일차적 목표가 된다(408d~412a).]

소크라테스는 체육 교육과 관련해서 우선 훌륭한 혼이 몸을 훌륭하게 만들어 준다면서 이 교육의 기본 원칙은 훌륭한 삶의 방식으로부터 이끌어낼 수 있는 것이라고 언급한다. 이때 강조되는 것은 '단순함'이다. 즉 단순함은 혼에 절제를 낳듯이, 식사나 일상생활 전반에 있어서 그것은 몸에 건강을 가져다준다. 이와 관련된 대화 마지막에서 밝히고 있듯이 체육 교육은 단순히 신체 단련만이 아니라 혼의 격정적인 면을 옳게 양육하기 위한 것이다. 시가와 체육 교육은 궁극적으로 조화로운 혼을 형성하기 위해 제공된다. 플라톤이 『티마이오

스』편에서 말하고 있듯이 육체와 혼의 균형 및 조화는 사람의 훌륭함을 이루는 데 가장 중요하다.[72]

한편 체육 교육과 관련된 언급을 하는 과정에서 제시되는 당시 의술에 대한 비판은 우리에게 충격적으로 보일 수도 있다. 소크라테스는 아스클레피오스의 견해를 따라 훌륭한 나라에서는 각자가 수행해야 할 기능이 있다면서 이를 이행하지 못할 경우에는 일생 동안 병을 앓으면서 치료를 받는 것보다 죽는 편이 낫다고 주장한다. 이처럼 그는 삶을 우리가 자신의 일을 해낼 수 있는 한에 있어서만 살 가치가 있다고 보고 있는데, 어떤 상황에서도 생명은 존중되어야 한다는 생각은 그에게 낯선 것이었다.[73] 이런 견해는 휴머니즘 관점에서 볼 때 받아들이기가 매우 어려운 주장이다. 그러나 그가 왜 이런 주장을 하고 있는지는 어느 정도 이해할 수 있다. 그는 병약자가 단순히 생명 유지를 위해서만 치료 받는 것은 허용할 수 없다고 보았는데, 사실상 이런 일이 일반화되면 그가 수립하고자 하는 나라는 성립할 수 없게 된다. 그가 아스클레피오스를 의사가 아니라 정치가로 보는 까닭은 이런 이유에서이다(407e). 그는 사람으로서의 훌륭함을 수련하지 않고 육체만 보살피는 것을 반대한다(407a~b). 이런 경우 혼을 위해서 육체가 존재하는 것이 아니라 육체를 위해서 혼이 존재하게 된다. 다른 한편 앞의 대화는 우리에게 의술이 어떤 용도로 사용되어야 하는지 하는 문제에 대해 고민하게 해 준다. 현재도 '안락사' 허용 여부 문제는 논쟁거리인데, 플라톤은 분명히 안락사를 허용하는 입장을 택할 것이다.

# 훌륭한 나라의 기본 골격(3권 412b~4권 427c)

[소크라테스는 수호자들의 교육에 관한 논의를 마치고 3권 끝 부분에서부터 수호자 가운데 어떤 사람을 통치자들로 선발할 것인지 하는 문제에 대해 논의한다. 대화자들은 우선 통치자들이 연장자 가운데에서 가장 훌륭해야 하며, 나라를 가장 잘 지키는 사람들이어야 한다는 데 동의한다. 이들은 이 문제에 있어서 슬기롭고 유능해야 할 뿐 아니라 나라에 대해 마음을 쓰는 사람들이어야 하는데, 사람들은 자기가 사랑하는 것에 대해 제일 마음을 쓴다는 것이 당연하다고 언급된다. 또 나라만이 아니라 자신에게도 이익이 된다고 믿을 때, 이것을 사람이 가장 사랑하게 된다고 한다. 이런 사람을 통치자로 선발하기 위해서는 우선 이들이 "나라를 위해 최선의

것들을 해야만 한다는 소신을, 홀려서도 강제에 의해서도, 잊거나 내팽개치는 일이 없는지를 지켜보아야만 될 것"이다. 둘째로 "갖가지 힘든 일과 고통 및 경합을 그들에게 부과하여" 그들이 소신을 지키는지를 보아야 한다. 셋째로 젊은이들이 공포나 환락 속에서도 "자기가 배운 시가의 훌륭한 수호자"임을 보여 주고 "모든 경우에 있어서 단정하고 조화로운 사람"으로 드러나는지를 시험해 보아야 한다. 이런 시험들을 통과한 사람들을 통치자로 임명해야 하는데, 이들은 "참으로 완벽한 수호자들"이라 불러야 하고, "이제껏 우리가 수호자들이라 불러 왔던 그 젊은이들은 통치자들의 신념을 위한 보조자 및 협력자들"이라 불러야 한다(412b~414b).

또 소크라테스는 '한 가지 훌륭한(고귀한) 거짓말'을 할 필요성을 언급한다. 이것을 "누구보다도 통치자 자신이 곧이듣도록 할 수 있는, 이게 불가능하다면 나머지 시민이라도 곧이듣도록 할 수 있는 어떤 방도"가 있을 수 있는지를 의심쩍어하면서도 이에 관해 이야기한다. 우선 나라 구성원들의 양육과 교육에 대한 이제까지의 이야기들은 이들이 꿈처럼 겪은 것이고, 사실 모든 시민은 완전히 양육되고 나서 같은 어머니인 대지에서 태어났다는 것이다. 이어서 신은 사람을 세 부류로 만들었는데 통치자들의 부류에는 황금, 보조자들에게는 은, 농부나 다른 장인들에게는 쇠와 청동(구리)을 각각 섞었다. 이들은 대개 자신을 닮은 자손을 낳게 마련이지만 그렇지 못한 경우도 있기 때문에 신은 통치자들에게 무엇보다 그들이나 다른 계층의 자손들의 혼에 어떤 성분으로 혼합되어 있는지를 예의 주의하도록 했다. 그리고 출신과 관계없이 각기 성향에 따라 적합한 지위를 주어야 하며, 이렇게 하지 않을 경우 나라가 멸망할 것이라는 신탁의 말씀이 강조된다. 이어서 소크라테스는 보조자인 군인들이 시민들을 해치지 않도록 할 수 있는 방책을 강구해야 함을 지적한다. 이를 위해서는 바른 교육에 더하여, 이들의 거처나 자산을 제한해야 한다. 이들은 "전적으로 필요한 것이 아닌 한, 어떤 사유 재산도 가져서는 안 되며", 또 공동식사를 하고 공동생활을 해야만 한다. 나아가 이들에게는 금은을 다루거나 만지는 것도 허용해서는 안 된다. 이렇게 하는 까닭은 이들이 개인의 땅과 집 및 돈을 소유하게 될 때, 이들은 수호자이기를 그만둘 것이기 때문이다. 이 점을 강조하면서 3권의 대화는 끝이 난다(414b~417b).

이와 관련한 논의는 4권에서도 이어진다. 아데이만토스는 소크라테스의 이야기가 끝나자 그가 수호자들을 행복한 사람으로 만들지 않고 있다며 이의를 제기한다. 이에 대해 소크라테스는 다음과 같이 자신의 주장을 옹호한다. "이들이 이러하고서도 가장 행복하다고 하더라도 이는 조금도 놀랄 일이 아니다. 하지만 우리가 이 나라를 수립함에 있어서 유념하는 것은 우리의 어느 한 집단이 특히 행복해지도록 하는 게 아니라 시민 전체가 최대한 행복해지도록 하는 것이다." 소크라테스는 이렇게 함으로써 이런 나라에서 올바름을 가장 잘 찾아볼 수 있다면서 수호자들을 수호자답지 않게 만들 행복을 이들에게 주어서는 안 됨을 강조한다. 나라의 구성원 각자가 적합한 일을 할 때에만 나라는 행복해질 수 있는데, 특히 통치자 계층이 자신의 역할을 제대로 수행하는 게 중요하다(419a~421c).

이어 그는 극단적인 부와 빈곤이 나라의 다른 구성원인 장인들을 타락시킨다면서 지금껏 수립한 나라만이 '한 나라'라고 부를 가치가 있으며, 빈부의 차이가 큰 다른 나라들은 '수많은 나라'이지 '한 나라'가 아니라고 강조한다. 또한 '한 나라'만이 가장 강대한 나라이기 때문에 나라 규모도 '한 나라'를 유지할 수 있는 정도의 규모이어야 함을 훌륭한 나라의 가장 중요한 기준으로 언급하고, 훌륭한 나라의 성립과 유지를 위해서 교육과 양육의 중요성을 역설한다. 그러므로 체육과 시가를 "기존의 질서와 어긋나게 혁신하는 일"이 없도록 해야 하며 특히 훌륭한 법질서를 해칠 새로운 형식의 시가를 나라에 도입하는 것은 매우 위험하다고 지적된다. 그리고 교육만 제대로 이루어지면 다른 여러 관습은 입법화할 필요 없이 그에 준하여 결정될 것임이 추가로 언급된다. 마지막으로 소크라테스는 "신전들의 건립과 제물, 그 밖에 신들과 수호신들 및 영웅들에 대한 섬김"의 중요성을 언급하면서 훌륭한 나라의 수립에 대한 이야기를 끝맺는다(421d~427c).]

  이 대화 내용에서 412b부터 제시된 누가 통치자가 되어야만 하는지에 관한 언급은 통치자의 기본적 자질에 관해 시사하고 있다. 우선 통치자는 나라 문제에 있어서 슬기롭게 판단할 수 있는 지적 능력과 나라 일을 자신의 일처럼 생각할 수 있어야 함이 지적되고 있는데, 이러한 자질은 나중에 428c~d에서 언급되고 있는 통치자의 '지혜'의 덕으로 발전할 수 있는 싹이 된다. 또 사람들이 자신의 소신(doxa)을 '마지못해서' 버리게 되는 경우로 지적되는 '강제'와 '홀림' 가운데, '강제'는 우리가 온갖 힘든 일이나 고통을 겪을 때 생기고 '홀림'은 공포나 환락으로 인해 일어나는데, 이런 것들에 저항하는 능력이 바로 '용기'와 '절제'의 싹이다. 통치자는 이런 덕들을 지닐 수 있는 자질을 갖추고 있는 사람들 가운데에서 선발된다.[74] 이런 자질을 갖춘 젊은이들이 통치자가 되기 위해 받아야 할 최고 교육인 변증술에 대해서는 7권에서 언급된다.

  이어지는 '훌륭한(고귀한) 거짓말(gennaion pseudos)'로 일

킬어지는 건국 신화에 대한 이야기는 많은 논란의 대상이 되었다. 우선 '훌륭한 거짓말'이란 표현 자체가 모순된 말처럼 여겨진다. 우리는 어떻게 '거짓말'이 '훌륭한' 것일 수 있는지 의문을 제기할 수 있다. 이 문제와 관련해서는 두 가지 해석이 있다. 하나는 앞에서 '거짓말'로 번역된 '프세우도스(pseudos)'란 표현이 도덕적으로 금기시되는 '거짓'만이 아니라 '허구'라는 뜻을 갖고 있음에 유의해서, 플라톤이 여기에서 '허구'란 뜻으로 이 표현을 사용하고 있다고 보는 입장이다.[75] 다른 하나는 플라톤이 여기에서 '프세우도스'란 표현을 '거짓말'이란 뜻으로 사용한 것으로 간주하고, 이 표현을 앞에서 언급한 나라에 유익할 경우에는 거짓말할 수 있다는 구절(382c~d, 389b~c)과 연관해서 해석한다.[76] 소크라테스가 '훌륭한 거짓말'을 도입하면서 "그러면 우리가 앞에서 언급한 바 있는 그러한 필요한 경우에 부응하는 거짓말"(414b)이라고 언급하는 것에 비추어 볼 때 후자의 해석이 옳다. 이런 해석에 따를 때 왜 플라톤이 '거짓말'에 '훌륭한'이란 수식어를 덧붙이고 있는지를 쉽게 이해할 수 있다. 나라에 대한 헌신은 호메로스로부터 고대 그리스에서 널리 받아들여지고 찬양된 이상이었으므로, 플라톤은 나라에 대한 헌신을 중진시키기 위해 고안된 이야기를 충분히 '훌륭한' 것으로 간주했을 것이다.[77] 다시 말해서 이 건국 신화가 시민들의 기원과 양육에 관해 허위의 것을 말한다는 점에서는 '거짓말' 이지만, 이것은 상징적인 형식으로 좋은 나라에 관한 진실을 전달하고 있다는 점에서는 고귀한 것으로 볼 수 있다.[78]

이 신화는 두 부분으로 나누어진다. 첫 부분에서는 나라의 구성원들이 모두 같은 어머니인 대지의 자손임을 강조함으로써, 나라에 대한 충성심과 시민들 상호간의 유대를 강화하려는 의도를 보여 준다. 두 번째 부분에서는 사람들의 차이를 금·은·동의 차이에 비유해서 이야기를 꾸미고 있다. 그가 이런 이야기를 도입하는 까닭은 무엇보다 사회에서 각 계층의 구분은 자연적 근거를 갖고 있음을 인식시키기 위한 것으로 볼 수 있다. 사람들은 천성적으로 각자 다른 능력을 타고나며, 그에 합당한 위치를 부여해야 한다는 것('분업의 원칙')은 나라 구성에 있어서 가장 중요한 원칙이다. 통치자의 자식도 자질이 없을 경우 강등될 수 있고 다른 계층의 자손도 뛰어난 자질을 지녔을 경우 수호자 지위로 신분을 상승시켜야 한다는 원칙이 보여 주고 있듯이, 계층 간 구별은 부(富)나 세습이 아니라 능력에 따라 이뤄진다. 한편 금의 자손, 은의 자손, 철의 자손이라는 표현은 헤시오도스의 다섯 종족 이야기를 상기시킨다. 이처럼 그는 당시 사람들이 익히 알고 있는 전통적인 신화 이야기를 이용하고 있을 뿐 아니라, 이 이야기를 당시 최고 권위를 갖고 있던 신탁의 말씀으로 언급함으로써 정치권력의 정당성을 전통적인 종교적 권위에 의존해서 확보하는 모습을 보여 주기도 한다.

수호자 계층은 높은 도덕적·지적 자질이 요구되며, 바른 교육을 받았다 하더라도 권력 오용의 가능성을 배제할 수 없다. 따라서 플라톤은 이들에게 일절 사유 재산을 금지하고 공동생활을 하도록 하는 장치를 마련한다. 나중에 언급되고 있듯이 이들에게는 자신의 자식도 알아볼 수 없게 한다(5권 461d~e). 플라톤이 엄격하게 수호자 계층에게 사적 생활을 허용하지 않는 이유는 그가 정치권력의 위험성을 누구보다 분명하게 인식하고 있기 때문이다. 그가 구상하는 나라가 훌륭하게 성립되기 위해서는 무엇보다 수호자 계층이 나라 전체 일에만 관심을 쏟도록 하는 일이 가장 중요하므로, 이들에게 사적 생활을 허용하지 않는 것은 당연한 귀결이다.

4권에서 아데이만토스가 제기하고 있는 수호자들의 '행복'에 관한 문제에 대한 소크라테스의 답변은 이 문제를 접근하는 플라톤의 시각을 잘 보여 준다. 그는 나라의 수립 목적은 어느 한 집단이 아니라 시민 전체가 행복해지도록 하는 것임을 분명히 하면서 '나라 전체의 행복'이 중요함을 강조한다. 이런 언급은 나라 전체의 행복을 위하여 어느 특정한 개인이 희생될 수도 있다는 생각을 함축한다고 볼 수도 있다. 그러나 플라톤의 견해를 이런 방식으로 해석할 필요는 없다.

그의 기본 입장은 나라는 상호간의 '필요'에 의해 성립됐기 때문에 구성원 각자가 자신의 일에 충실할 때에만 나라 전체의 행복은 가능하다는 것이다. 420d~421a에서 언급하고 있듯이, 그는 농부가 농부답지 않게 일하고 도공이 도공답지 않게 일한다면, 더욱이 수호자가 수호자답지 않게 세속적 행복을 즐긴다면 나라 자체는 성립할 수 없다고 본다. 그는 시민들을 그들의 일과 상관없이 최대한 행복하게 해 줌으로써 나라 전체를 행복하게 만들 수 있다고 보지 않는다. 한 나라 구성원으로서의 행복은 분업의 원칙에 충실하게 나라가 경영될 때에만 보장될 수 있다. 이런 관점은 개인보다 국가를 우선시하는 입장이 아니라 개인의 행복이 최대한 보장될 수 있는 하나의 접근 방법이라 볼 수 있다. 이런 구조를 갖는 나라의 구성원들은 각자의 성향에 적합한 행복을 누릴 수 있다. 플라톤이 수호자들에게 요구되는 엄격한 생활 방식에도 불구하고 이들이 가장 행복하다고 하더라도 놀랄 일은 아니라고 말하는 데서 알 수 있듯이, 수호자들은 세속적인 권력이나 소유에서 행복을 찾지 않는다. 이들은 나중에 밝혀지듯이 진리 탐구를 하는 삶에서 최고 행복을 누리는 사람들이다.

플라톤이 제시하고 있는 '훌륭한 나라'의 가장 중요한 특징은 이것이 '한 나라(mia polis)'라는 것이다. 그는 나라의 구성원들 간 분열을 나라의 가장 위험한 요소로 보았다. 그는 5권에서 나라가 단결하여 '하나가 되는 것'을 '최내선', 분열되어 '여럿이 되는 것'을 '최대악'으로 각각 규정하고 있다(462a~b). 그는 '하나의 나라'는 구성원들 상호간의 협력 관계를 이상적 상태로 발전시킬 때 도달된다고 보았다. 그는 이를 위해서 무엇보다 수호자 계층이 사적 이득을 추구해서는 안 된다고 주장했다. 5권에서 언급하고 있듯이 그는 수호자 계층에게 재산의 공동 소유와 처자들의 공유 제도까지 도입한다.

# 나라와 개인의 '올바름'에 대한 규정
(4권 427d~445b)

## 나라에서의 '올바름' (427d~434c)

　[소크라테스와 대화자들이 나라를 수립한 목적은 '올바름'이 어디에 있는지를 찾기 위해서였다. 대화자들은 먼저 "이 나라가 과연 올바르게 수립되었다면 이것은 완벽하게 훌륭한 나라일 것"이라고 동의한다. 소크라테스는 완벽하게 훌륭한 나라는 지혜롭고 용기 있으며 절제 있고 올바를 것임을 전제하고, 이들 네 가지 가운데 세 가지를 먼저 알게 되면 남아 있는 것을 '올바름'으로 확인할 수 있다는 방식으로 탐구하고자 한다. 그는 먼저 지혜에 대해 알아본다. 한 나라가 지혜로운 나라로 불리는 것은 "이 나라의 부분적인 것 가운데 어떤 것에 관련해서가 아니라 이 나라 전체와 관련해서 어떤

방식으로 이 나라가 대내적으로 그리고 다른 나라들과 가장 잘 지낼 수 있을지를 숙의 결정하게 해 줄 그런 지식"을 갖추고 있기 때문이라고 지적한다. 이런 지식은 '완벽한 수호자들'이라고 불리는 통치자들에게 있으며, 소수일 수밖에 없는 이들의 지식에 의해 나라가 지혜롭게 된다고 이야기한다. 한 나라가 용기 있다는 말은 여느 시민 때문이 아니라 군인으로 복무하는 부류가 용기를 지니고 있기 때문이다. 이들이 입법자가 교육을 통해 지시한 두려움의 대상에 대한 소신을 고통에 처하여서도, 즐거움에 처하여서도, 욕망에 처하여서도, 공포에 처하여서도 이를 버리지 않고 끝끝내 보전하는 능력을 지니고 있을 때 한 나라는 용기 있는 나라가 된다. 한마디로 용기는 "두려워할 것들과 두려워하지 않을 것들에 관한 '바르고 준법적인 소신(doxa)'의 지속적인 보전과 그런 능력"으로 규정되는데, 이것은 '시민적 용기'로 일컬어진다. 절제는 다른 것보다 더 협화음과 화성을 닮은 것으로 이야기된다. 절제는 일종의 질서요 어떤 쾌락과 욕망의 억제인데, "어떤 것에 있어서 한결 나은 부분이 한결 못한 부분을 지배할 경우 이를 가리켜 절제 있다"라고 일컫는다. 절제는 나라의 어떤 한 계층이 아니라 나라 전역에 걸쳐 있다. 이는 "성향상 한결 나은 쪽과 한결 못한 쪽 사이에 어느 쪽이 지배할 것인지에 대한 합의"로서 나라의 구성원들 간에 '한마음 한뜻'이 이루어져 있음을 의미한다. 소크라테스는 마지막으로 '올바름' 이 무엇인지를 살펴본다. 먼저 그는 "이 나라를 수립하기 시작할 당초부터 언제나 준수해야만 한다고 주장한 바로 그것 또는 그것의 일종이 '올바름' 이다"라고 말한다. 그리고 이 주장은 "각자는 자기 나라와 관련한 일들 가운데 자기의 성향이 천성으로 가장 적합한 그런 한 가지에 종사해야 한다는 것"임을 환기시킨다. 나아가 "제 일을 하고 참견하지 않는 것"이 올바름이라고 사람들이 말하고 있다면서 "제 일을 하는 것(to ta hautou prattein)"이 어떤 식으로든 실현되는 게 '올바름' 같다고 말한다. 올바름과 다른 덕들의 관계에 대해서는 다음과 같이 언급한다. 올바름은 절제와 용기 및 지혜 "세 가지 모두가 이 나라 안에 생기도록 하는 힘을 주고, 일단 이 것들이 이 나라 안에 생긴 다음에는 이것이 이 나라 안에 있는 한, 이 가치들의 보전을 가능케 하는 그런 것"(433b)이다. 올바름은 훌륭함에 있어서 지혜 · 용기 · 절제와 필적하는 것임을 밝힌 뒤, 재판관들이 판결을 내림에 있어서 목표로 삼는 것은 "각자가 남의 것을 취하지도 않도록 하고 제 것도 빼앗기지 않도록 하는 것"이라고 덧붙인다. 이런 점에서 보아도 "'제 것의 소유'와 '제 일을 함'이 올바름"이라는 사실은 분명하다고 대화자들은 합의를 본다. 결국 "돈벌이하는 부류와 보조하는 부류, 수호하는 부류 이들 각각이 나라에 있어서 저마다 제 일을 할 때의 이 '자신에게 맞는 자신의 일을 함 (oikeiopragia)'"이 '올바름'이고, 그 반대로 이들 사이의 참견과 상호 교환은 나라의 최대 해악인 '올바르지 못함'으로 밝혀진다(427d~434c).]

우리는 이 대화에서 먼저 소크라테스가 "이 나라가 올바르게 수립되었다면 이것은 완벽하게 훌륭한 좋은 나라"라고 간주하고 있다는 점에 주목해야 한다. 이 대목에서 우리는 여태까지 어떤 방식으로 나라를 수립해 왔는가를 되돌아볼 필요가 있다. 먼저 대화자들은 나라가 왜 생겨났는지를 고찰했는데, 이는 사람들이 자족하지 못하고 여러 가지가 '필요'하기 때문이었다. 대화자들은 논의를 통해 나라는 생활에 필요한 다양한 것을 제공하는 기능, 수호 기능, 통치 기능을 지니고 있음을 확인했다. 이런 기능들이 제대로 발휘되기 위해서는 '분업의 원칙'이 적용되어야 한다고 강조하는 가운데 특히 수호자 교육이 중요한 문제로 다루어졌다. 소크라테스는 나라가 이렇게 수립되었다면 이것은 훌륭한 나라라고 단언한다. 이 과정에서 발견할 수 있는 특징은 1권에서 제시된 '기능'과 '훌륭함(아레테)'의 개념이 훌륭한 나라를 수립하기 위한 중요한 개념 틀로 사용되고 있다는 점이다. 1권에서 어떤 기능을 지니고 있는 각각의 것에는 그에 적합한 '훌륭함'이 있고, 이 '훌륭한 상태'에 의해 그 기능이 잘 발휘될 수 있다는 견해가 제시되었다(353b~c). 이에 따라 나라가 그 기능들을 가장 잘 발휘할 수 있는 원칙이 지배하고 이를 뒷받침하는 교육 제도와 구조를 갖추고 있다면 그것이 가장 훌륭한 나라라고 추론하는 것은 매우 논리적이다.[79] 그러나 나라는 하나의 훌륭함(덕)만을 지니고 있는 것이 아니기 때문에 이제 여러 덕이 어떤 차이점이 있으며, '올바름'은 어떤 성격과 위상을 지니고 있는지가 논의될 과제로 제시된다.

첫 번째로 언급되는 지혜와 관련해, 우선 나라의 지혜는 부분과 관련된 지식이 아니라 '나라 전체와 관련된 대내외적 문제에 대해 잘 처리할 수 있는 지식'에서 성립한다는 언급은 쉽게 이해할 수 있다. 예를 들어 농사 전문가는 농산물을 최대한 증진시키는 방법에 대해서 잘 알고 있다고 말할 수 있지만, 나라 경영은 이런 부분적인 지식에 의해서만 운영될 수 없다. 한 나라는 어차피 다른 나라와 교역할 수밖에 없고, 나라 전체의 이익을 위해 농산물과 다른 생산물의 이익을 비교하고 저울질해서 현명하게 대처할 수 있는 능력이 요구된다. 그래서 지혜는 나라 전체에 좋은 것을 판단할 수 있는 앎과 관련된다. 대화자들은 이런 지식이 통치자들에게 있을 때 나라가 지혜롭다고 말한다. 하지만 여기에서 우리가 유의해야 할 것은, 이런 언급은 나라와 관련된 문제를 잘 처리할 수 있는 지혜로운 사람들이 있는 것으로 충분하지 않고 그런 사람들이 실제로 통치를 할 때에만 그 나라가 지혜롭다는 사실을 의미한다는 점이다.[80]

'용기'에 있어서도 단순히 용기 있는 사람들이 나라에 있는 것만으로 충분치 않으며, 용기 있는 사람들이 군인으로 복무할 때에만 그 나라는 용기가 있다고 말할 수 있다. 그런데 수호자들에게 요구되는 '용기'는 오랫동안의 양육과 교육을 통해서만 형성될 수 있다는 취지의 언급은 쉽게 이해할 수 있지만, 이를 '시민적 용기'라고 단서를 붙여서 표현하고 있는 것에는 설명이 필요하다. 플라톤은 양육과 교육을 통해서 형성된 올바른 믿음(doxa)과 이런 믿음의 근거에 대해 인식(epistēmē)할 수 있는 단계를 구분한다. 수호자들이 오랫동안의 교육을 통해서 지니게 된 '바르고 준법적인 소신'은 '훌륭함(덕)'이기는 하지만, 그 자체가 인식에 근거한 것은 아니다.[81] 그는 참된 의미의 덕은 '앎'에 근거해야 한다고 보기 때문에, 이런 인식에 근거한 덕과 구분하기 위하여 '시민적 용기'란 표현을 쓴다.

절제는 누가 나라를 다스려야만 할 것인가에 대해 통치하는 자들과 통치를 받는 자들 간에 합의가 이루어질 때 성립하는 덕이므로, 이것은 지혜나 용기와 달리 나라의 어느 한 계층에 속하는 것이 아니라 나라 전체에 걸쳐 있다. '절제'에 대한 이런 규정을 올바로 이해하기 위해서는 '절제'로 번역된 '소프로시네(sōphrosynē)'의 의미에 대해 좀더 살펴볼 필요가 있다. 플라톤은 『카르미데스』편에서 '절제란 무엇인가'를 논의하고 있는데, 여기에서 이 말이 지니고 있는 다양한 측면을 보여 준다. 이것은 겸손한 행동, 자제하는 마음을 나타내기도 하지만 자기 자신의 한계에 대한 앎도 포함한다. 사실상 자기 자신의 한계에 대한 앎을 통해 우리는 겸손해질 수 있는데, 『국가』에서 '절제'에 대한 규정은 이런 측면을 전제하고 있다. 성향상 더 나은 부분이 지배해야 한다는 것에 대한 합의에서 절제가 성립한다는 견해는 이런 자기 인식의 측면을 포함한다. 또 '합의'라는 말에서 알 수 있듯이 그는 욕망을 억누르고 있는 상태를 '절제'라고 말하고 있지 않다.[82] 그가 절제를 협화음 및 화성과 유사하다고 한 표현은 이런 측면을 강조하기 위해서이다. 훌륭한 나라에서 절제가 '합의'에서 성립한다 함은 나라를 구성하는 세 계층에 대한 이제까지의 언급을 고려할 때 쉽게 이해할 수 있다. 앞에서 이야기되었듯이 통치자를 포함한 수호자 계층은 일절 사유재산이 허용되지 않고 공공의 복리에만 관심을 갖도록 교육되었다. 이에 반해 생산자 계층은 나라에 필요한 다양한 물품을 제공하는 농부·기술자·상인 등을 포괄한다. 이 계층은 요즘 말하는 '노동자' 뿐 아니라 '사업가'도 포함하는 개념으로 물질적 욕구를 추구하는 사람들로 볼 수 있다. 통치자들이 공정하고 타락하지 않으면서 지혜를 지닌 사람들이라면 당연히 이들의 지배를 받아들일 수 있다고 사람들은 '합의' 할 수 있을 것이고, 여기에서 나라 구성원들 간에 '절제' 가 성립한다.

'올바름' 에 대한 규정과 관련해서 우선 우리는 소크라테스가 이것을 앞에서 나라를 수립하는 기본적 원칙으로 제시한 '분업의 원칙(각자는 자기 나라와 관련된 일들 가운데 자기의 성향이 천성으로 가장 적합한 그런 한 가지에 종사해야 된다는 것)' 과 연관시키고 있다는 점에 주목할 필요가 있다. 그러나 그가 '그것의 일종' 이란 말을 덧붙이고 있는 데서 암시 받을 수 있듯이 '분업의 원칙' 과 올바름이 완전히 일치하지는 않는다. '분업의 원칙' 은 각자가 그에게 적합한 한 가지 일만 해야 함을 강조한다. 그러나 이것만으로는 플라톤이 규정하고 있는 '올바름' 의 성격이 드러나지 않는다. 그는 '올바름' 을 최종적으로 나라의 세 계층인 생산자·전사·통치자가 "자신에게 맞는 자신의 일을 함(oikeiopragia)", '올바르지 못함(불의)' 을 이들 계층 간의 참견이나 기능의 바꿈으로 각각 규정하고 있다. 여기에서는 위계적 구조가 강조된다. 즉 다스릴 자격이 있는 사람과 다스림을 받을 사람들이 그에 적합한 위치에서 각자 소임을 다할 때 나라는 올바르게 된다. 그러나 '분업의 원칙' 은 이러한 '위계적 구조' 의 측면까지 포함하지 않기 때문에 이 원칙과 '올바름'을 동일한 것으로 볼 수가 없다. 플라톤이 구상하고 있는 '가장 훌륭한 나라'는 단순히 협동적 개인의 집합체가 아니라 어떤 사람은 다스리고 다른 사람은 다스림을 받는 위계적 구조를 갖는다.[83] 나라의 '올바름'은 바로 이런 구조를 가능하게 한다. 이와 관련해서 우리는 올바름'이 다른 세 가지 덕을 생기도록 해 주고, 생긴 다음에는 그 보전을 가능하게 해주는 것(433b)으로 규정된다는 점에 주목해야 할 필요가 있다. 이런 언급에 따를 때 '올바름'은 다른 덕들과는 다른 차원에 있게 된다. 우리가 '올바름'이 나라의 구조적 계기를 규정한다고 이해할 때[84] 이것이 다른 덕을 가능하게 해 준다는 점은 쉽게 이해할 수 있다. 이는 통치자 자격이 있는 사람이 통치자로서 나라를 다스릴 때 나라를 지혜롭게 하며, 용감한 사람들이 군인으로 복무할 때 나라를 용기 있게 하고, 생산자 계층이 자신에게 적합한 일을 하면서 통치와 관련한 문제에 대해서 합의함으로써 나라를 절제 있게 만든다는 것을 의미하기 때문이다.

## 개인의 '올바름'(434d~445b)

[소크라테스는 나라에서의 '올바름'의 개념이 개인에게도 그대로 적용될 수 있는지를 알아보기 위해 인간의 혼에 대해 논의한다. 우선 혼이 나라의 세 부류에 상응하는 세 가지 종

류를 지니고 있는지 아닌지 하는 문제가 검토된다. 글라우콘이 이 문제에 대한 고찰은 사소한 문제가 아니라는 것을 "훌륭한(아름다운) 것들은 까다롭다(어렵다)"는 속담을 인용하면서 언급하자, 소크라테스는 이에 동의하면서도 이 문제의 고찰에 이르는 "더 길고도 먼 또 다른 길"이 있음을 암시한다(435d). 그러나 소크라테스는 일단 앞에서와 같은 방식으로 탐구하고자 한다. 이를 위해 "동일한 것이 동일한 부분에 있어서 그리고 동일한 것에 대해서 상반된 것들을 동시에 행하거나 겪는 일은 없을 것이다"(436b)란 원칙에 의거하여 혼을 세 부분으로 구분한다. 소크라테스는 우선 욕구적인 부분과 이성적인 부분이 대립적인 힘을 지니고 있음을 밝히기 위해 욕구적인 부분의 특성에 대해 고찰한다. 그는 혼의 욕구적인 부분(to epithymētikon)을 기본적으로 "음식과 생식 또는 이것들과 동류인 것들과 관련된 쾌락을 욕구"하는 것으로 규정하고 욕구의 성격을 가장 뚜렷이 보여 주는 것은 목마름이나 굶주림과 같은 것들이라면서, '목마름'의 예를 통해 욕구적인 부분의 근본 성격을 보여 주고자 한다. 이 과정에서 그는 목마름 자체는 어떤 특정한 마실 것에 대한 것이 아니라 단지 마실 것에 대한 것임을 강조한다. 즉 목마름은 뜨거운 음료수나 찬 음료수 또는 많은 음료수나 적은 음료수 등과 같은 어떠한 음료수에 대한 것이 아니라 자연적으로 그 대상으로 갖는 것, 즉 마실 것 자체에 대한 욕구이다. 그는 누구나 좋은 것을 욕구하기 때문에 목마름도 단순히 마실 것에 대한 것이 아니라 좋은 음료수에 대한 욕구라고 보아야 한다는 이의 제기에 의해 혼란스러워해서는 안 된다고 주장하면서, 욕구적인 부분은 좋음과 무관하게 그 욕구의 대상을 무조건적으로 갈구한다는 근본적 특징을 지니고 있음을 밝힌다. 그러므로 그는 어떤 사람이 목말라하면서도 마시려고 하지는 않을 경우 우리의 혼에는 '목말라하는 혼을 반대쪽으로 끌어당기는 어떤 것'이 있다고 보아야 한다고 지적한다. 그는 이 경우에 '마시는 걸 막고 이를 제압하는 것'은 헤아림(추론 : logismos)으로 해서 생긴다면서 욕구와 대립되는 방향으로 이끄는 부분을 '혼의 헤아리는(추론적·이성적 : logistikon) 부분'이라고 이름 붙인다. 반면에 "그것으로써 혼이 사랑하고 배고파하며 목말라하거나 그 밖의 다른 욕구들과 관련해서 흥분 상태에 있게 되는 부분은 어떤 만족이나 쾌락들과 한편의 것으로서, 비이성적이며 욕구적인 부분"이라 부른다(434d~439d).

　소크라테스는 혼의 세 번째 부분으로 '격정적인 부분'이 있음을 지적하면서, 이것이 욕구와 구분되는 것임을 보여 주기 위해 레온티오스의 이야기를 제시한다. 이 사람은 길을 가다가 사형 집행자 옆에 시체들이 있는 것을 목격하고 한편으로는 보고 싶어도 하고 다른 한편으론 언짢아하며 외면하려다가 결국 보고 싶은 욕구에 압도당해 시체들을 본다. 그는 이런 자신의 모습에 대해 분노를 표시한다. 이 이야기는 분노가 욕구와 대항해 다투는 별개임을 암시한다. 여기에서 격정은 욕구가 헤아림을 거스르도록 강요할 때 그런 강요를 하고 있는 부분에 대하여 분개하면서 생기는 것이기 때문에 이성과 한편이 된다. 이 점은 어떤 사람이 자신이 올바르지 못한 일을 했을 때는 어떠한 고통을 겪더라도 격정은 생기지 않고 올바르지 못한 일을 당했다고 생각할 때에만 생긴다는 사실에서도 분명히 드러난다. 그래서 격정은 "나쁜 양육으로 인해 타락하지만 않는다면 본성상 헤아리는 부분을 보조하는 것"으로 언급된다. 소크라테스는 격정적인 부분과 이성적인 부분의 차이를 두 측면에서 언급한다. 격정은 아이나 짐승에게도 있지만, 이성(헤아림)은 사람들 대다수가 늦게 나이가 들어서야 지니게 된다. 나아가 이성은 더 나은 것과 더 못한 것에 관해서 헤아리는 능력을 지니고 있지만, 격정은 헤아릴 줄 모른다는 점에서 두 부분이 성격을 달리 한다(439e~441c).

이처럼 소크라테스는 나라에 세 부류가 있듯이 개개인의 혼에도 똑같은 부류의 세 가지가 있음을 확인한 뒤, 나라와 개인은 똑같은 방식으로 지혜롭고 용기 있고 올바르게 되는 것임을 밝힌다. 개인의 경우에도 "자신 안에 있는 부분들의 각각이 제 일을 하게 되면" 그런 사람이 올바른 사람으로 된다. 이를 위해서는 "지혜로우며 혼 전체를 위한 선견지명을 지니고 있는 헤아리는 부분"이 지배하고 격정으로서는 이에 복종하며 협력자로 되어, 이 둘이 혼의 대부분을 이루고 있고, 성향상 도무지 재물에 대해 만족을 모르는 욕구적인 부분을 지도해야만 한다. 용기 있는 사람은 "그의 격정적인 부분이 두려워할 것과 두려워하지 않을 것으로서 이성이 지시하여 준 것을 고통과 쾌락을 통해서도 끝끝내 보전"하는 사람이다. 반면에 지혜로운 사람은 이성적인 부분이 "세 부분의 각각을 위해서 뿐만 아니라 이들 셋으로 이루어진 공동체 전체를 위해서 유익한 것에 대한 지식을 그 자신 속에 지니고 있는" 사람이다. 절제 있는 사람은 "세 부분 간의 우의와 화합에 의해서, 즉 지배하는 쪽과 그 두 지배 받는 쪽 사이에 헤아리는 부분이 지배해야 된다는 데 대해 의견의 일치를 보고서, 이 부분에 대해 나머지 두 부분이 반목하지 않는" 사람이다. 소크라테스는 이처럼 규정된 올바른 사람은 사적으로나 공적으로나 비도덕적인 행위는 일절 하지 않을 것임을 강조하고 올바름에 대해 다음과 같이 언급한다(441c~443c).

"그것은 외적인 자기 일들의 수행과 관련된 것이 아니라 내적인 자기 일들의 수행, 즉 참된 자기 자신 및 참된 자신의 일들과 관련된 것일세. 자기 안에 있는 각각의 것이 남의 일들을 하는 일이 없도록, 또한 혼의 각 부류가 서로 참견하는 일도 없도록 하는 반면, 참된 의미에서 자신의 것인 것들을 잘 조절하고 스스로 자신을 지배하며 통솔하고 자기 자신과도 화목함으로써, 이들 세 부분을 마치 영락없는 음계의 세 음정인 최고음과 최저음과 중간음처럼 전체적으로 조화시키네. 또한 이들 사이의 것들로서 다른 어떤 것이 있게라도 되면 이들마저도 모두 함께 결합시켜 여럿인 상태에서 벗어나 완전히 하나인 절제 있고 조화된 사람으로 되네. 이렇게 되고서야 그는 행동을 하네. 그가 무슨 일, 예를 들어 재물의 획득이나 몸의 보살핌 또는 정치나 개인적 계약과 관련된 일을 수행하게 될 경우에는 말일세. 이 모든 경우에 있어서 이 성격 상태(hexis)를 유지시켜 주고 도와서 이루게 하는 것을 올바르고 아름다운 행위로, 그리고 이러한 행위를 관할하는 앎을 지혜로 생각하며 그렇게 부르되, 언제나 이 상태를 무너뜨리는 것을 올바르지 못한 행위로, 그리고 이러한 행위를 관할하는 의견을 무지로 생각하며 그렇게 부르네."(443c~444a)

이와는 달리 올바르지 못함은 "이들 세 부분간의 일종의 내분이며, 참견과 간섭 및 혼 전체에 대한 어떤 일부의 모반"이다. 소크라테스는 이렇게 올바름과 올바르지 못함을 대비한 뒤 이들 혼의 상태를 신체적 건강에 비유해서 언급한다.

신체의 경우 "건강을 생기게 함은 곧 신체에 있어서의 여러 부분이 서로 지배하며 지배 받는 관계를 '성향에 따라'(자연[의 이치]에 따라 : kata physin) 확립함이요, 반면에 질병을 생기게 함은 곧 서로 다스리며 다스림을 받는 관계를 '성향에 어긋나게'(자연[의 이치]에 어긋나게 : para physin) 확립함"으로 규정된다. 이와 마찬가지로 혼의 경우에서도 " '올바름'을 생기게 함은 곧 혼에 있어서 여러 부분이 서로 지배하며 지배 받는 관계를 '성향에 따라' 확립함이요, 반면에 '올바르지 못함'을 생기게 함은 곧 서로 다스리며 다스림을 받는 관계를 '성향에 어긋나게' 확립함"이다. 결국 올바름은 훌륭한 상태로서 혼의 건강인 반면에 올바르지 못함은 나쁜 상태로서 혼의 질병이다. 우리는 혼에 의존해서 살아가고 있는데, 올바르지 못한 자는 이런 본바탕이 혼란되고 타락한 경우이기 때문에 이런 사람이 이득이 되는 삶을 산다고는 볼 수 없다. 그리고 소크라테스는 정체의 형태가 다섯이고 혼의 유형도 다섯임을 추가적으로 밝히고,[85] 앞에서 상세히 언급한 훌륭한 나라의 정체를 통치자가 한 사람인 경우에는 '왕도정체(王道政體)', 여럿인 경우에는 '최선자정체(最善者政體)'로 각각 부른다(444b~445b).]

플라톤은 앞의 대화에서 혼을 세 부분으로 나누어서 이해하고 있는데, 이런 견해는 '혼의 삼분설'로 일컬어지고 있다. 우선 그가 혼을 삼분해서 나누는 근거에 대해 간단히 살펴 볼 필요가 있다. "동일한 것이 동일한 부분에 있어서 그리고 동일한 것에 대해서 상반된 것들을 동시에 행하거나 겪는 일은 없을 것이다"(436b)란 원칙은 대립되는 현상을 설명하기 위한 것이다. 정지와 운동, 수긍과 부인, 갈구와 거절, 끌어당기는 것과 떼미는 것 등은 서로 반대되는 것으로 이것들을 동일한 부분에 의해 동시에 겪거나 행할 수 없다는 사실은 분명하다. 그런데 플라톤은 우리의 마음 상태가 이런 대립적인 경우를 보여 줄 때가 있기 때문에 이런 대립되는 상태들을 각기 다른 부분에 근거해 설명해야 한다고 본다. 예를 들어 어떤 사람이 목말라하면서도 자기 앞에 있는 물이 오염되어 있어서 해로울 수 있겠다는 생각으로 물을 마시려고 하지 않을 경우, 이 원칙에 의거해 마시기를 갈구하는 부분과 반대쪽으로 끌어당기는 부분을 구분해야 한다는 것이다. 그러나 이러한 대립되는 상태는 육체적 욕구들 간의 대립과 성격이 다르다. 우리는 어떤 때 두 가지 욕구를 동시에 갈망할 수 있다. 예를 들어 우리는 먹을 것에 대한 욕구와 잠에 대한 욕구를 동시에 가질 수 있다. 이 경우에도 이들 욕구를 동시에 만족시킬 수는 없지만 한쪽 욕구가 다른 쪽 욕구를 배척하는 것은 아니다. 이때 어느 한쪽의 욕구를 따르는 것은 더욱 강한 욕구의 힘에 이끌려서 그렇게 하는 것이지 다른 것을 싫어하기 때문이 아니다. 그렇다면 욕구적인 부분과 이성적인 부분은 어떤 식으로 대립되는 것일까. 그는 '목마름'의 예를 통해서 욕구의 근본 특징을 "목마름 그 자체는 본성상 단지 마실 것 자체에 대한 것"으로 규정한다(439a). '목마름'의 예를 통해 잘 드러나고 있듯이 욕구는 '좋음과 무관하게' 욕구의 대상을 무조건적으로 갈구한다는 근본적 특징을 지니고 있다. 그가 욕구적인 부분을 비이성적인 것(alogiston)으로 부르는 이유도 욕구적인 부분은 그것이 원하는 것을 얻는 것과 다른 어떤 것도 고려하지 않음을 의미한다. 욕구적인 부분과 대립되는 '이성적인 부분'은 기본적으로 '더 나은 것과 더 못한 것'을 헤아린다. 이처럼 우리에게는 '좋음과 무관하게' 욕구를 충족하려는 경우와 좋고 나쁨을 판단해서 이것을 제지하는 경우가 있기 때문에, 혼을 일단 두 부분으로 나누어 볼 수 있다.

플라톤은 제3의 부분으로 '격정적인 부분'(441a)을 상정한다. 이것은 나중에 '이기기를 좋아하고(philonikon) 명예를 좋아하는 부분(philotimon)'으로 일컬어지기도 한다(581b). 그는 격정이 욕구와 구분되는 것임을 보여 주기 위해 레온티오스의 이야기를 제시하고 있는데, 이 예는 분노와 욕구가 다른 것임을 잘 보여 준다. 레온티오스가 자신의 모습에 대해 화를 내는 까닭은 여기에서 명시적으로 언급되고 있지 않지만,

시체들을 보려는 욕구는 올바르지 못하거나 추한 것이라고 그가 판단했기 때문일 것이다. 즉 격정적인 부분은 욕구적인 부분과 달리 평가적 태도를 지닌다.[86] 이 점은 레온티오스의 이야기에 이어서 소크라테스가 어떤 사람이 자신이 올바르지 못한 일을 했을 때에는 어떠한 고통을 겪더라도 격정은 생기지 않고 올바르지 못한 일을 당했다고 생각할 때에만 생기는 것이라고 말하는 데서 분명히 드러난다. 격정은 이처럼 맹목적으로 대상을 추구하는 욕구와 달리 평가적 태도를 취하고 있다는 차이점을 보여 준다. 소크라테스는 이것을 "나쁜 양육으로 인해 타락되지만 않는다면 본성상 헤아리는 부분을 보조하는 것"(441a)으로 말하고 있는데, 그가 격정은 욕구와 협력하는 것이 아니라 이성과 한편이 되는 것으로 말하는 까닭은 격정이 지니고 있는 이런 평가적 태도를 염두에 두었기 때문일 것이다. 우리는 어떤 잘못된 일을 행하거나 자신과의 약속을 지키지 못할 때 부끄러워하며 자신에 대해 화를 내기도 하는데, 이런 측면이 제대로만 양육되면 이성을 도울 수 있다는 플라톤의 견해는 우리의 내적 현상을 살펴보면 쉽게 이해할 수 있다. 그런데 격정이 이와 같은 방식으로 욕구와 구분된다면 이것이 이성과는 어떤 점에서 다른 것인지 하는 물음이 생길 수 있다. 평가적 태도는 좋고 나쁨에 대한 믿음에 근거하는데, 이것은 이성에도 속하기 때문이다.[87] 소크라테스는 격정과 이성의 차이를 두 측면에서 지적한다. 첫째 격정은 아이나 짐승에게도 있지만, 이성(헤아림)은 사람들 대다수가 늦게 나이가 들어서야 지니게 된다. 둘째 이성은 더 나은 것과 더 못한 것에 관해서 헤아리는 능력을 지니고 있지만, 격정은 헤아릴 줄 모른다. 그는 이런 차이를 여실히 보여 주기 위해 오디세우스가 페넬로페 하녀들의 못된 짓을 보고 격분했지만, 복수를 위해 참는 모습을 보여 주는 호메로스의 구절을 인용한다(441a~c). 오디세우스의 예를 통해서 알 수 있듯이 격정이 지니고 있는 평가적 태도는 이성의 것과 다르다. 이성이 전체로서의 혼에 좋은 것과 나쁜 것을 헤아려 보고서 판단하는 능력이라면 격정적 행위는 기본적으로 자존심, 명예감 등과 같은 동기에 근거하고 있다.[88] 즉 오디세우스가 하녀들의 못된 짓을 보고 이것은 자신을 모욕하는 일이라 느끼고 이에 대해 분노하는 것에서 잘 드러나듯이, 격정은 올바르지 못한 것에 대해 반응하는 감정이지 더 낫고 못한 것을 헤아리는 능력이 아니다.[89]

플라톤은 이처럼 나라 안에 있는 것과 똑같은 부류의 것이 개인의 혼 안에 있음을 확인한 뒤 개인의 덕도 마찬가지 방식으로 규정될 수 있음을 밝힌다. 나라의 세 계층과 개인의 혼에 있어서 세 부분의 관계는 유비적으로 제시된다. 즉 통치자에는 이성적인 부분, 전사에는 격정적인 부분, 생산자에는 욕구적인 부분이 각각 상응하는데,[90] 나라의 경우와 마찬가지 방식으로 각 부분이 그 역할을 다할 때 지혜·용기·절제의 덕이 생기게 된다. '올바름'의 경우도 나라의 경우와 마찬가지로 혼의 세 부분 각각이 '제 일을 함(to hautou prattein)'에서 성립한다. 여기에서 각각이 '제 일을 함'의 의미는 부분들 상호간의 지배 및 피지배와 관련해서 제시된다(443b). 그는 이성적인 부분은 혼의 세 부분의 각각을 위해서 뿐 아니라 이들 셋으로 이루어진 혼 전체를 위해서 유익한 것에 대한 앎을 지니고 있기 때문에(442c) 다른 부분들을 지배하는 것이 적합하다고 보며, 격정적인 부분은 이에 복종하며 협력자로 되고 욕구적인 부분은 이성의 지도에 따르는 것을 각자가 자신의 일을 하는 것으로 규정한다. 이처럼 개인의 '올바름'에 대한 규정에서 나라의 경우와 마찬가지로 혼의 세 부분들 간의 위계적 질서가 강조된다.

그런데 우리가 개인의 올바름에 대한 플라톤의 규정을 정확히 이해하기 위해서는 혼의 다른 부분들에 대한 이성의 지배가 무엇을 뜻하는지를 좀더 분명히 이해할 필요가 있다. 그의 '이성' 개념은 우리가 일반적으로 '이성적' 또는 '합리적' 행위라고 부를 때 염두에 두고 있는 것 이상의 의미를 포함한다. 어떤 사람이 자신에게 생기는 욕망을 맹목적으로 추구하다가 파탄에 이르게 되었다면 우리는 이런 사람을 이성적인 사람이라고 일컫지 않는다. 이른바 '이성적인 사람'은 욕구적 부분이 갈구하는 욕망을 맹목적으로 추구하지 않고, 이리저리 잘 저울질해 보고 계산해서 자신의 욕구를 최대한 충족시킬 수 있는 사람이다. 우리는 일반적으로 욕구를 잘 조정해서 자기 이익을 최대로 확보하는 사람을 '이성적'인 사람이라 부르기도 한다. 사실상 트라시마코스가 지혜로운 사람으로 찬양하는 사람은 이런 부류이다(348e). 즉 재물의 획득이나 이로 인해 생기는 쾌락을 당연히 좋은 것으로 간주하고서 이것들을 최대한 확보하기 위해 이성의 계산적 능력을 유효적절하게 잘 쓰는 사람이다. 그러나 플라톤은 이런 사람들을 '지혜로운' 사람으로 부르지도 않고, 이성이 혼의 다른 부분들을 지배하고 있는 상태도 아니라고 본다. 그는 이 경우에 오히려 이성이 욕구적 부분의 노예 노릇을 하고 있다고 본다.[91] 이런 사람들은 욕구적 부분이 추구하는 것들이 실제로 좋은 것인지 아닌지에 대해서 알려고 하지 않고 이런 것들을 최대한 확보하기 위해 이성적인 계산 능력을 사용하고 있을 뿐이기 때문이다. 이런 사람은 재물의 획득이나 육체적 쾌락에 대한 욕구로 말미암아 무엇이 실제로 좋은 것인지를 판단할 수 있는 이성적 힘을 상실한 상태라고 말할 수 있다. 이처럼 플라톤은 이성을 단순히 욕구의 조정자가 아니라 무엇이 참으로 좋은 것인지를 인식함으로써 다른 부분들의 욕구를 지배하거나 올바른 방향으로 이끌어 가는 동기적 힘을 지니고 있는 것으로 이해한다.[92] 그는 9권에서 혼의 각 부분에 고유한 욕구가 있음을 언급하면서 세 부분을 욕구 형태에 따라 구분하고(580d), 이성적인 부분을 "배움을 좋아하고(philomathes) 지혜를 사랑하는 부분"(581b9)으로 일컫는다. 이처럼 이성적 부분은 계산하고 추론하는 기능적 측면뿐만 아니라 진리를 추구하고 사랑하는 욕구를 지닌 것으로 제시된다. 이성적 부분이 그 자신의 고유한 욕구를 지니고 있는 것으로 제시하고 있는 점은 그의 이성 개념을 이해하는 데 있어서 매우 중요한 측면이다. 이와 관련한 문제는 9권 끝 부분에서 좀더 고찰하기로 한다.

그러면 '올바름'에 대한 플라톤의 견해가 지니는 도덕철학적 의미는 무엇인가? 이런 견해에서 무엇보다 주목해야 할 것은 그가 올바른 행위 또는 도덕적 행위의 근거를 혼의 내적 상태에 근거하는 것으로 파악하고 있다는 점이다. 그는 올바른 행위를 단순히 행위 차원이 아니라 행위자 관점에서 설명한다. 이런 관점에서 올바른 행위란 훌륭한 사람에 의해 행해진 것이며, 혼의 조화를 유지시켜 주고 이루게 하는 것으로 규정된다(443e). 이런 견해는 올바른 행위에 대한 글라우콘의 견해와 대비된다. 글라우콘은 올바른 행위를 사회 유지를 위해 필요한 도덕적 규범의 준수라는 관점에서만 이해하기 때문에 실제로 올바른 것이 아니라 올바른 것으로 보이는 것이 중요하다는 입장을 취했다. 이런 견해에 따르면 도덕은 그 자체로 바람직하거나 좋은 것이 아니라 그 결과 때문, 즉 사람들에게 올바르게 보임으로써 얻게 되는 이익 때문에 실천해야 하는 것으로 이해된다. 따라서 남에게 들키지 않고서 비도덕적 행위를 통해 자기 이익을 확보할 수 있을 경우 그런 행위를 하지 못할 이유는 없다. 그러나 플라톤은 올바른 행위를 내면적 마음의 상태에 근거하는 것으로 파악함으로써 올바른 사람은 남이 알아주든 알아주지 않든 간에 도덕적 행위를 할 것이며, 그 어떤 올바르지 못한 행위도 하지 않을 것이라고 주장할 수 있다(442e~443a). 그는 또 혼의 올바름을 건강, 올바르지 못함을 질병에 각각 비유함으로써 올바름이 그 자체로 추구할 가치가 있는 것임을 분명히 한다. 그는 신체뿐만 아니라 혼의 경우에도 건강한 상태가 있다고 보고, 이들 모두에서 건강은 그것을 구성하는 "여러 부분이 서로 지배하며 지배받는 관계를 '성향에 따라'(자연에 따라 : kata physin) 확립"하는 데서 생긴다고 이해한다(444d). 질서와 조화는 건강을 낳는데, 이런 상태는 객관적으로 좋은 것으로 간주될 수 있다. 따라서 올바름은 그 자체로 추구할 가치가 있다. 결국 플라톤은 올바름을 인간이 본성적으로(자연적으로) 추구해야 할 훌륭한 상태임을 보여줌으로써, 도덕적 행위가 단순히 인위적인 것이 아니라 궁극적으로는 자연적인 본성에 근거하는 것임을 입증한다. 그는 좋음을 구현할 수 있는 객관적 질서가 존재한다고 본다. 이것은 개인의 경우 혼의 내적 조화에서 성립하고, 나라의 경우에는 각자가 성향상 자신에 적합한 일을 수행하는 데에서 도달할 수 있다.[93] 그러나 올바름 자체에 대한 궁극적인 옹호는 인식론과 형이상학에 대한 더 이상의 논의를 필요로 한다. 이와 관련한 문제들이 5~7권에서 다루어진다. 우리는 이런 문제들을 검토한 뒤 올바름에 관한 문제를 더욱 심도 있게 이해할 수 있게 될 것이다.

# 세 차례의 파도(5권 449a~473e)

    [대화자들은 소크라테스가 훌륭한 나라에 대해 언급한 뒤 잘못된 정치체제들에 관한 언급을 하고자 하자 앞에서 이야기된(423e~424a) 중요한 문제, 즉 처자의 공유와 아이들의 출산 및 양육에 관한 설명을 해 줄 것을 요구한다. 이 문제는 "나라의 조직 형태에 중대하고도 전반적인 결과를 초래"하기 때문이라는 이유에서이다. 소크라테스는 이런 문제들이 의문의 여지가 많은 것이어서 말하기가 쉽지 않다고 여러 차례 언급하지만, 결국 자신의 생각을 밝힌다. 그는 출생과 양육의 문제에 있어서 여성도 동등한 역할을 해야만 함을 지적한다. 이를 위해서 여자에게도 남자와 마찬가지로 시가와 체육 교육 및 전쟁과 관련해서도 동등한 역할을 부여해야 한다고 말

한다. 그런데 이의 실천은, 특히 여자들이 도장에서 옷을 벗은 상태로 남자들과 함께 운동하는 것과 같이 관습에 어긋나고 우습게 보일 수 있다. 그러나 그는 눈으로 볼 때의 우스꽝스러움보다 '이치로 따져서' 최선의 것인지 아닌지가 중요하다고 역설한다. 이런 관점에서 여성이 남성과 모든 일에 동참할 수 있는지 없는지 하는 문제가 논의된다(449a~453a).

이 문제에 대해 논쟁 상대자들은 다음과 같은 이의를 제기할 수 있다는 점을 지적한다. 즉 나라를 수립하면서 개개인의 성향에 따라 한 가지 일을 해야만 한다는 원칙을 앞에서 강조했는데, 여자와 남자는 성향에 있어서 다른 것이 분명하기 때문에 다른 일에 종사하는 것이 당연한데도 같은 일을 해야 한다고 주장하는 것은 자가당착적인 말이다. 이런 이의 제기에 대해 소크라테스는 반대 주장을 하는 사람들이 토론 아닌 쟁론을 이용해서 낱말 자체를 붙들고 고집하고 있다고 비판한다. 즉 이들은 남·여라는 낱말에만 매달려 반론하고 있을 뿐 성향(자질)의 종(種)에 따라 구분해서 논의하지 못하고 있다고 논박한다. 앞에서 같은 성향과 다른 성향을 구분한 것은 생물학적 차이가 아니라 일(업무) 자체에 적용해서 이루어진 것이기 때문에 남자 의사나 여자 의사는 같은 성향을 지니고 있다고 말할 수 있다. 성향상 알맞은 사람과 그렇지 못한 사람이라고 말하는 것은 "어떤 것에 있어서 한 쪽은 쉽게 배우지만 다른 쪽은 힘들게 배운다는 뜻"이다. 또 여러 성향이 남성과 여성 모두에게 비슷하게 흩어져 있기 때문에 여성이 남성과 마찬가지로 성향에 따라 나라의 모든 일에 관여함은 자연의 이치에 어긋나지 않는다고 설명한다(453a~457c).

이처럼 소크라테스는 첫 번째 파도로 비유되는 여성 수호자의 가능성에 관한 문제를 검토한 뒤 두 번째 파도로 처자들의 공유 문제에 대해 언급한다. 그는 그 가능성 여부에 대해서는 최대의 논쟁이 있게 되겠지만 유익함과 관련해서는 논쟁의 여지가 없을 것이라고 생각한다. 그렇지만 대화자들의 요구에 의해 두 문제를 모두 검토한다. 먼저 그는 처자 공유가 실현되었다고 가정하고서 그것의 유익함에 관해 이야기한다. 통치자들은 유사한 성향을 지닌 사람들을 남녀 구분 없이 공동 주거와 공동 식사를 하도록 하며 체육 훈련이나 그 밖의 양육에 있어서도 함께 어울리도록 하게 하지만, 무질서한 성적 관계는 허용되지 않는다는 점을 언급한다. 또 가장 유익한 혼인이 성스러운 혼인임을 강조하면서 다른 동물들이 최선의 것들에서 새끼를 얻으려는 것과 마찬가지로 최선의 남자와 최선의 여자가 성적 관계를 갖도록 유도되어야 한다고 주장한다. 이로 인해 분쟁이 없도록 하기 위해서는 통치자들을 제외하고 아무도 모르게 정교한 추첨 등을 통해 이런 일이 행해져야만 함을 언급한다. 빼어난 부모들의 자식들은 보호 구역에서 양육될 것이며 어떤 산모도 제 자식들을 알아보지 못하도록 모든 방책을 강구해야 하고, 남녀 모두 적령기에 아이를 낳을 때에만 훌륭한 자식이 태어난다고 덧붙인다. 아버지와 자식은 태어난 달수에 의해 구분된다. 나라의 수호자들에 있어서 처자 공유는 이런 것을 말한다(457c~461e).

소크라테스는 계속해서 나라의 최대선은 "나라를 단결시켜 하나로 만드는 것"이며, 최대악은 나라의 분열임을 강조하고 모든 시민이 즐거움과 고통을 공유하는 것이 나라를 단결시키고, 그렇지 못할 때 나라가 해체된다는 점을 지적한다. 이를테면 신체의 한 부분이 아플 때 전체가 일제히 괴로워하듯이, 한 사람에게 가장 가까운 상태에 있는 나라가 가장 훌륭한 나라가 된다. 그는 논의를 통해서 수립된 이 나라가 이런 특징을 가장 많이 갖추고 있다고 본다. 이것은 무엇보다 수호자들에게 있어서 처자 공유에 기인하는 것으로 간주한다. 이들에게 사유의 주택·토지·소유물을 일절 허락하지 않게 한 것도 나라를 분열시키지 않게 만든다고 지적한다. 결국 이처럼 수호자들이 분쟁하는 일이 없게 되면 나머지 시민들이 이들에 대해서 또는 자기들끼리 서로 갈라서게 될 위험은 결코 없을 것이라면서 수호자들의 이런 삶의 방식이 그들을 행복하게 해 줄 것이며 수호자를 수호자답게 만들어 준다고 덧붙인다(462a~466d).

이제 남은 문제는 이런 공동 관여가 과연 가능할 수 있는지, 가능하다면 어떤 방식으로 가능한지이다. 소크라테스와 대화자들은 이런 정체를 갖고 있는 나라는 무적임을 동의한 뒤 '가능성에 대한 문제'를 세 번째 파도에 비유하면서 이야기를 이어 간다. 소크라테스는 이런 나라의 이론적 수립은 이른바 '훌륭한 나라(agathē polis)'의 '본(paradeigma)'을 위해서이지 그 실현성을 입증하기 위해서가 아니라는 점을 분명히 한다. 즉 앞에서 언급한 그대로 나라를 수립할 수 있음을 입증할 수 없다고 해도 덜 훌륭한 것은 아니라는 점을 강조한 뒤 어떻게 하면 이런 나라에 가장 가까운 나라가 될 수 있는지 하는 논의로 만족하고자 한다. 결국 그는 철인치자(哲人治者)에 의한 통치가 현실적으로 나라들을 앞에서 언급한 훌륭한 나라로 바꿀 수 있다는 논리에 이른다(466d~473c).

"철학자들(지혜를 사랑하는 사람들 : ho philosophos)이 나라들에 있어서 군왕들로서 다스리거나, 아니면 현재 이른바 군왕 또는 최고권력자들로 불리는 이들이 진실로 그리고 충분히 철학을 하게(지혜를 사랑하게) 되지 않는 한, 그리하여 정치권력과 철학이 한데 합쳐지는 한편으로, 다양한 성향이 지금처럼 그 둘 중의 어느 한쪽으로 따로따로 향해가는 상태가 강제적으로나마 저지되지 않는 한, 여보게나 글라우콘, 나라들에 있어서 아니 내 생각으로는 인류에게 있어서도 나쁜 것들의 종식은 없다네. 그렇게 되기 전에는 지금껏 우리가 논의를 통해서 자세히 말해 온 그 정체가 결코 가능한 한도까지 성장하여 햇빛을 보게 되는 일은 결코 없을 걸세." (473c~e)]

이 대화에서 세 차례 파도[94]에 비유된 견해들은 플라톤의 혁명적인 생각을 잘 보여 준다.

### 1) 첫 번째 파도 : 여성 수호자의 가능성 문제

첫 번째 파도는 남녀평등에 관한 주장으로서, 여성도 통치자가 될 수 있다는 것이 핵심 내용이다. 이런 주장은 당시 헬라스에서 여성들이 차지하던 위치를 유추하면 상상을 뛰어넘는 매우 혁명적인 생각이다. 기원전 5~4세기 때 아테네에서 여성들은 어떤 정치적 · 사법적 권리도 누리지 못했으며, 결혼한 여성은 남자에게 완전히 종속된 삶을 살았다. 아테네 시민들은 단지 아이를 갖기 위해 결혼했는데, 여성은 스스로 남편감을 선택할 권리가 없었다. 부부 사이에는 우리가 생각하는 정서적인 친밀한 결합이나 지적 교류를 찾아보기 힘들었으며, 남자들은 성적 욕구를 집 밖의 창녀나 동성애를 통하여 해소하는 게 당시 관행이었다. 여자는 한마디로 남자의 소유물처럼 간주된 시대였다.[95]

우리가 이런 사정을 감안할 때 여성도 통치자가 될 수 있다는 주장이 당시에 얼마나 충격적이었을지 충분히 짐작할수 있다. 플라톤이 구상한 '훌륭한 나라'는 여성을 포함한모든 사람에게 각각의 성향에 적합한 일이 배분되는 공동체이다. 여성도 통치자가 될 수 있다는 논증의 핵심은 그가 본문에서 예를 든, 제화공 노릇을 하는 데 있어서 어떤 사람이대머리인지 장발인지 하는 것이 아무 상관도 없듯이 어떤 사람이 수호자의 일에 적합한지 아닌지 문제를 결정함에 있어서 남녀 간의 성적 차이는 아무 상관이 없다. 플라톤의 이런주장이 여성들의 권리 신장을 추구하는 현대의 페미니즘 운동에 선구적인 모습을 보여 주는 것인지에 대해서는 논란이있다. 플라톤의 관심이 여성들의 권리 신장에 있는 것이 아니라 나라 전체의 공동의 선을 목표로 하고 있기 때문에 페미니스트라고 볼 수 없다는 해석이 제시되는 한편으로[96] 여성에게도 나라에서 자신들의 재질을 발휘할 동등한 기회를 보장하고 있다는 점에서 플라톤을 페미니스트로 분류할 수 있다는 주장도 있다.[97]

그런데 플라톤의 여성관과 관련해서 또한 문제가 되는 것은 여성에 대한 그의 견해가 그렇게 일관적이지 않다는 점에있다. 그는 『국가』의 다른 부분에서 여성을 폄하하는 견해를밝히고도 있기 때문이다. 예를 들어 그는 395d~e에서 훌륭한 남자가 되고 싶은 이들은 여인을 모방해서는 안 된다고 강조하고 있으며, 605d~e에서는 자신의 감정을 조절하고 견디어 내는 것은 남자다운 것인 반면에 그렇지 못한 것은 여성적이라는 등, 여성성을 부정적으로 평가하고 있다. 이런 대목들에 근거할 때 플라톤이 여자는 남자보다 본성적으로 열등한 존재라는 견해를 갖고 있는 것으로 보일 수 있다. 따라서 여성에 대한 플라톤의 견해를 과연 일관되게 이해할 수 있는지 하는 것이 논란거리가 되었다. 이 문제와 관련해서 우리는 플라톤이 다른 사람들과 마찬가지로 당시 아테네 여성들에 대해 부정적인 인식을 갖고 있었다는 사실을 알 수 있다. 그러나 플라톤은 철학자로서 원리적 측면에서 인간의 본질에 대해 숙고할 때, 현실적인 사회 제도나 교육을 통해서 형성된 여성에 대한 편견으로부터 벗어난 사유를 전개한다. 다시 말해서 그는 현실적으로 우리가 알고 있는 여성들을 염두에 두고 논증하는 게 아니라 여성이라는 종(種) 자체를 본성적인 측면에서 고찰하고 있다.[98] 바로 여성 통치자의 가능성을 적극 주장하는 것을 이런 관점에서 전개된 것으로 본다면 그의 여성관이 일관되지 못하다고 평가할 필요는 없다.


2) 두 번째 파도 : 처자들의 공유

두 번째 파도로 비유된 '처자들의 공유'와 관련해서는 그가능성과 유익함의 문제가 논의거리로 제기된다. 우선 이것의 유익함에 관해 길게 설명한다. 가능성에 관한 문제는 '세 번째 파도'를 통해 언급된다.[99] 플라톤은 나라의 단일성을 확보하기 위한 방책으로 수호자 계층에서 '처자들의 공유', 즉 사적인 가족의 폐지를 주장한다. 이는 무엇보다 수호자들이 자신의 사적 이익이 아니라 나라의 일에만 전념할 수 있도록 하기 위해서다. 우리 시대에서 가족 폐지는 상상하기 힘든 일이지만, 당시 헬라스에서 가족이 정서적 토대로서 미약한 기능을 했다는 점과 여자들의 사회적 위치를 감안한다면 플라톤이 가족 폐지를 실현 불가능한 것으로 생각하지는 않았을 것이다.[100] 그러나 이보다 더 중요한 것은 그의 제안이 가족들 간의 유대감을 없애려는 게 아니라 이 유대감을 수호자 계층 전체에 확대하는 방식을 취하고 있다는 점이다.[101] 같은 또래의 아이들은 모두 형제자매로 불리고, 나이 든 사람들은 모두 부모처럼 대우 받는다는 것은 이 점을 분명하게 보여 준다. 그런데 플라톤이 이 대화에서 나라의 단일성을 강조하면서 단일한 나라를 한 사람에 비유하고 있는 대목은 그가 국가를 하나의 유기체처럼 생각하고 있다는 해석을 낳았다. 즉 국가는 일종의 유기체이며, 그 구성원들은 단순히 자신의 고유한 독립된 삶을 영위할 수 없는 부분들이라는 것이다. 이런 주장을 하는 사람들은 이와 함께 플라톤의 국가는 일종의 전체주의와 파시즘을 예기하고 있다고 주장한다. 그러나 플라톤이 분명히 개인의 이익을 공동의 좋음에 귀속시킨 것은 분명하지만 '국가'를 그 구성원들 위에 있는 별개의 실체로 생각한 것은 아니다. 나라의 행복은 모든 시민이 산출할 수 있는 이익들을 공유하는 데에서 성립하고, 나라의 좋음은 그 구성원들이 각자에게 적합한 일을 해냄으로써 전체적으로 성립하는 것일 뿐이다.[102]

### 3) 세 번째 파도 : 훌륭한 나라의 실현 가능성(철인정치론)

세 번째 파도는 가장 '훌륭한 나라'의 실현 가능성에 대한 것이다. 이와 연관해서 철인정치론에 대한 언급이 있게 된다. 그런데 소크라테스는 철인정치론에 대해 언급하기에 앞서 '훌륭한 나라'의 수립이 '본(파라데이그마 paradeigma)'을 위한 것임을 강조하고 있기 때문에 이에 대해 먼저 생각해 볼 필요가 있다. '파라데이그마'는 '예'의 뜻도 있지만 '본' 또는 '기준'을 뜻하기도 한다. 이 대화에서 논의를 통해 만들어진 '훌륭한 나라의 본'을 '가장 아름다운 인간에 대한 그림'에 비유하고 있음을 볼 때, 여기에서 '본'이란 말은 하나의 이상적 기준을 나타내기 위해 사용한 표현이라고 보아야 한다.[103] 즉 여기에서 말하는 '훌륭한 나라의 본'은 '올바름'의 형상을 가능한 한 완전하게 보여 주고 있는 본보기로서 제시되고 있다. 한편 여기에서 언급되고 있는 '본'으로서의 '훌륭한 나라'는 나중에(527c) '아름다운 나라(kallipolis)'라고 일컬어지는데, 플라톤이 과연 이런 나라가 실현 가능하다고 보았는지는 연구자들 간에 하나의 논쟁거리가 되고 있다. 일부 학자들은 플라톤이 그것의 실현 가능성을 믿지 않았다고 주장하지만 텍스트에 제시된 내용으로 볼 때 플라톤이 남녀평등, 가족의 공유, 철인 왕을 포함하는 '아름다운 나라'를 원리적 차원에서 볼 때 실현 불가능한 것으로 생각했다고 볼 수는 없다(450d, 456c, 458b, 499c, 540d).[104] 그는 이런 나라를 이 지상에서는 결코 실현할 수 없는 단지 상상 속의 '이상 국가(Utopia)'[105]로서 생각한 게 아니다. 그러나 실현 가능성의 문제보다 더 중요한 것은 '아름다운 나라'를 구성하는 원리에 대한 '철학적 이해'이다.[106] '가장 아름다운 인간'이 어떤 것인지를 그린 화가가 실제로 이런 인물이 있을 수 있음을 보여 줄 수 없다고 해서 덜 훌륭한 화가라고 볼 수 없듯이(472d) '본'은 실현 가능성 유무와 관계없이 가치가 있다.

정치권력과 철학의 결합을 주장하는 철인정치론의 성격에 대해서는 현대에 있어서 많은 논쟁이 있었다. 일부 학자들은 '철인정치론'을 정치권력의 독재화나 전체주의의 연원이 되는 것으로 해석하기도 하고[107] 그를 위험한 이상주의자로 간주하기도 했지만, 플라톤을 변호하는 연구자 또한 많은

게 사실이다. 여기에서 우리는 이와 관련된 논쟁을 다룰 필요는 없다. 단지 앞으로의 대화를 이해하기 위하여 그가 '철인정치론'을 제안하면서 이것이 '역설적인 주장(paradoxos logos : 472a, 473e)'[108]임을 강조하고 있는 이유에 대해 간단히 고찰할 필요가 있다. 우선 당시 사람들의 철학자에 대한 평가를 염두에 두고 이 표현을 썼다고 이해해 볼 수 있다. 당시 사람들은 철학자를 '나라에 쓸모없는 사람들'로 간주하고 있는데, 이런 사람들이 나라를 다스리기 전에는 나라의 나쁜 것의 종식은 불가능하다는 주장이 얼마나 역설적인지를 알 수 있다.[109] 사실상 이 제안은 소크라테스가 예상했듯이 대화자들의 강한 반발을 불러일으키는데, 우리가 소크라테스와 같은 철학자의 운명을 생각해 보면 당시 사람들에게 이런 제안이 얼마나 받아들이기 힘든 것인지를 짐작할 수 있다. 철인정치론은 또 다른 측면에서 역설적인 성격을 지니고 있다. 플라톤은 『국가』 곳곳에서 철학자들은 진리 탐구를 좋아할 뿐 실제 정치를 할 의사가 없는 인물로 묘사한다. 이런 철학자들이 현실 정치를 담당하지 않으면 '훌륭한 나라'가 성립할 수 없다는 주장은 매우 역설적일 수밖에 없다. 그는 정치하기를 원하지 않는 철학자들을 정치를 하도록 '설득'하고 '강제'해야 함을 주장하는데, 이는 철학자들에게 자신의 행복을 버리고 희생을 요구하는 것으로 비칠 수도 있고, 구성원 모두의 행복을 지향하는 '훌륭한 나라'의 지향점과 배치되는 것으로도 보일 수 있기 때문이다. 이후 플라톤은 우선 철학자가 어떤 사람인지를 밝히고 앞에서 제기된 문제에 대한 대화를 이어 나가는데, 이 문제에 대해서는 7권 '동굴의 비유'와 관련된 대목에서 좀더 고찰해 볼 것이다.

# 철학자에 대한 정의와 이데아설

(5권 473e~480a)

 

[소크라테스가 통치는 철학자가 해야 한다고 주장하자, 대화자들은 이런 주장에 많은 사람이 반발할 것이라고 말한다. 이에 소크라테스는 철학자가 어떤 사람인지를 이들한테 정의(定義)해 주면 철인정치에 대한 비판을 막아 낼 수 있을 것으로 생각하고, 이에 대해 논의한다(473e~474c).

그는 우선 뭔가를 사랑하는 사람은 자기가 사랑하는 것 전부를 사랑한다는 점을 지적한다. 예를 들어 소년을 사랑하는 사람은 온갖 핑계를 다 갖다 대며 한창 꽃피는 나이의 소년 어느 하나도 거부하지 않는다. 이와 마찬가지로 "철학자도 지혜(sophia)를 욕구하는 사람으로서, 어떤 지혜는 욕구하고 어떤 지혜는 욕구하지 않는 자가 아니라 모든 지혜를 욕구하

는 자"로 규정한다. 한마디로 철학자는 모든 배움을 좋아하
는 사람이다. 그러자 글라우콘은 '구경을 좋아하는 사람들'
과 '지혜를 사랑하는 사람들'을 구분할 수 없게 된다는 문제
를 제기한다. 이에 소크라테스는 단서를 붙여 철학자를 "진
리를 구경하기 좋아하는 사람들"로 한정한다. 이 뜻을 설명
하기 위해서 소크라테스는 '아름다움'과 '추함'은 반대되는
것으로서 각각 하나임을 밝힌 뒤, '올바름'과 '올바르지 못
함', '좋음'과 '나쁨' 및 그 밖의 모든 형상(eidos)의 경우에
도 "각각이 그 자체는 하나이지만 여러 행위 및 물체와의 결
합(koinōnia)이나 그것들 상호간의 결합에 의해서 어디에나
나타남으로써 그 각각이 여럿으로 보인다"는 점을 지적한다.
그는 또 철학자와 달리 "듣기를 좋아하는 사람이나 구경을
좋아하는 사람들은 아름다운 소리나 빛깔 및 모양을, 그리고
이와 같은 것들로 만들어진 온갖 것을 반길 뿐, 이들의 사고
는 아름다움 자체(auto to kalon)의 본성을 [알아]볼 수도 반길
수도 없을 것"이라고 언급한다. 아름다움 자체와 아름다운
사물을 구분하지 못하는 사람은 꿈꾸는 상태로 살고 있으며,
반면에 이 둘을 구분하고 아름다운 사물을 아름다움 자체에
'관여하고 있는 것들'로 생각하는 사람은 '깬 상태로' 살고
있는 것이다. 소크라테스는 후자의 사고는 인식(gnōmē)이지
만, 전자의 사고는 의견(doxa)이라 부르는 게 옳다고 주장한

다(474c~476d).

소크라테스는 이런 견해에 반대할 사람들을 설득하는 논증을 다음과 같이 전개한다. 먼저 인식하는 자는 아무것도 인식하고 있지 않은 것이 아니라 뭔가를 인식하고 있다. 그 뭔가는 '있는(~인 : on)' 것이다. '완벽하게 있는 것(완벽하게 ~인 것 : to pantelōs on)' 은 완벽하게 인식될 수 있지만, '어떤 식으로도 있지 않은 것(어떤 식으로도 ~이지 않은 것)' 은 무슨 방법으로도 인식될 수 없다. 어떤 것이 '있으면서(~이면서)' '있지 않기도(~이지 않기도)' 하는 그런 상태의 것일 때, 그것은 '순수하게 있는 것(~인 것)' 과 '어떤 식으로도 있지 않은 것(~이지 않은 것)' 의 '중간에' 위치한다. '있는 것(~인 것)' 에는 인식, '있지 않은 것(~이지 않은 것)' 에는 무지가 각각 상관하고, 이것들 '사이의 것' 에는 '의견' 이 상관한다(476d~477b).

그런데 의견과 인식은 다른 능력이며, 별개의 다른 대상에 관계한다. 이를테면 시각과 청각은 다른 능력이다. 능력의 경우에 그것이 '관계하는 대상' 과 '해내는 작용' 만을 주목할 뿐인데, "동일한 대상에 관계하며 동일한 작용을 해내는 것을 동일한 능력으로 부르되, 다른 대상에 관계하며 다른 작용을 해내는 것을 다른 능력으로 부른다." 그런데 인식은 '잘못할 수 없는 것' 이지만, 의견은 '잘못할 수 없는 것이 아닌 것' 이다. 따라서 "이들 각각은 본성상 상이한 일을 할 수 있는 것이어서, 각기 상이한 대상에 관계"한다. 인식은 '있는 것(~인 것)'에 관계하고 무지는 '있지 않은 것' (~이지 않은 것)에 대응하는 것이기 때문에, 의견은 무지와 인식의 중간 것에 관계한다. 결국 '있음(~임 : einai)'과 '있지 않음(~이지 않음 : mē einai)'의 양쪽 모두에 관여하는 것은 '의견의 대상(doxaston)'이라 일컫는 게 옳다(477b~478e).

소크라테스는 이런 것들을 전제하고 나서 다음과 같은 논의를 이어간다. 그는 먼저 '언제나 똑같은 방식으로 한결같은 상태로 있으며' '하나'의 것인 '아름다움 자체'는 인정하지 않고, '많은 아름다운 것'만을 믿는 구경을 좋아하는 사람들에게 다음과 같이 문제를 제기한다. '많은 아름다운 것'은 어느 면에서는 아름다우나 다른 면에서는 추해 보이고, 올바른 것은 올바르지 않은 것으로, 신성한 것은 신성하지 않은 것으로, 두 배인 것은 반으로, 큰 것은 작은 것으로도 각각 보일 수 있다. 따라서 이러한 것들은 '있음(~임)'과 '있지 않음(~이지 않음)'의 중간에 있는 것들이다. 그는 이런 논의를 근거로 "아름다움이나 다른 여러 가지와 관련된 다중의 많은 관습(ta nomima)이 '있지(~이지) 않은 것'과 '순수하게 있는(~인) 것'의 중간 어딘가에서 맴돌고 있다는 사실을 발견한 것 같다"고 언급한다. 그런데 이러한 것들은 인식이 아니라 의견의 대상이라고 동의한 바 있다. 따라서 "많은 아름다운

섯(사물)을 보되 '아름다운 것(아름다움) 자체'는 못 보고 자신을 아름다움 자체로 인도하는 사람을 따라갈 수 없는 사람들, '많은 올바른 것'을 보되 '올바른 것(올바름) 자체'는 못 보는 사람들, 일체의 것에 대해서 그러는 사람들을 가리켜 우리는 그들이 모든 것에 대해 의견은 갖지만 자기들이 의견을 갖는 것들에 대해서 아무것도 인식하지 못하고 있다"라고 말할 수 있다. 이에 반해 "언제나 똑같은 방식으로 한결같은 상태로 있는 것들"을 보는 사람들은 인식을 지니고 있다. 결국 아름다움 자체를 인정하지 않고 아름다운 소리나 빛깔 또는 이와 같은 것들만을 사랑하는 사람은 '의견을 사랑하는 사람'이라 불러야 하고, '각각의 실재 자체'를 반기는 사람들은 '지혜를 사랑하는 사람들(철학자들)'로 불러야 한다며 이야기를 맺는다(479a~480a).]

『국가』 5권의 끝 부분에서 철학자를 정의하는 과정에서 이른바 플라톤의 '이데아설(형상 이론)'이 처음으로 제시되고 있다. 철학자는 무엇보다 진리를 추구하는 사람으로 규정되는데, 이들과 '구경을 좋아하는 사람들'로 일컬어지는 일반 식자(識者)들은 이데아의 존재를 인정하느냐 하지 않느냐에 따라 구분된다. 플라톤은 철학자는 이데아를 앎의 대상으로 보기 때문에 지식을 지니지만, '구경을 좋아하는 사람들'

은 이데아를 인정하지 않고 다수의 사물만을 반기므로 의견(doxa)만을 가질 뿐이라고 주장한다.

플라톤은 우리가 '형상(形相)'이라고 번역하는 것을 지칭하기 위해 '에이도스(eidos)' '이데아(idea)' '각각인 것 자체'란 표현 등을 사용한다. 일반적으로 형상을 대표하는 표현으로 알려져 있는 '이데아'란 말은 영어의 '관념(idea)'과는 다르다. '관념'은 우리의 마음을 떠나 존재할 수 없는 것이지만, '이데아'는 우리의 마음과 독립적이고 객관적으로 실재하는 것으로 상정되기 때문이다. 그런데 그는 이데아를 '각각인 것 자체'라고도 표현하고 있는데, 이런 표현법은 이데아의 기본 성격을 이해하는 데 중요한 실마리를 제공한다. 이른바 소크라테스적 대화편들로 불리는 초기 대화편에서 소크라테스는 우정 · 절제 · 분별 · 용기 · 경건함 등 윤리적 개념들의 의미에 대한 정의 작업을 시도한다. 소크라테스의 물음은 '그것은 무엇인가'란 형태로 제시된다. '각각인 것 자체'란 표현은 소크라테스가 정의 작업을 하면서 묻고 있는 '그것은 무엇인가'란 질문의 답으로 제시되는 정의의 본질에 대한 언어적 표현이다.[110] 우리가 플라톤의 형상 개념을 이해하기 위해서는 그의 형상 이론이 무엇보다 정의(定義)의 문제와 연관해서 제시되었다는 점에 유념할 필요가 있다. 정의는 용기 · 경건함 · 올바름 · 아름다움 등과 같은 가치와 관련된 것들에 대해서뿐만 아니라 삼각형·사각형·침상과 같은 특정한 대상들에 대해서도 물을 수 있다. 이런 관점에서 보면 정의에 대한 물음이 가능한 모든 영역에 플라톤은 형상을 상정하고 있다고 볼 수 있다. 이러한 정의의 본질인 형상은 무엇보다 "언제나 똑같은 방식으로 한결같은 상태로 있는 것 (aei kata tauta kai hosautōs echei)"으로 규정된다.[111] 이에 반해서 감각에 의해 지각할 수 있는 것들은 "때에 따라서 다르고 결코 한결같지 못한 것"(『파이돈』78c6)으로서 생성 변화하는 것으로 제시된다. 그런데 형상 개념이 정의의 문제와 밀접하게 연관된다는 점과 연관해서 우리가 유의해야 할 것은 '그것은 무엇인가'란 물음이 단순히 언어적 의미 규정 차원에서 제기된 것이 아니라는 점이다. 예를 들어 우리가 '건강은 무엇인가'라는 물음을 제기할 때 '건강은 육체적으로 좋은 상태'라고 대답하는 것은 단순히 언어적 의미만 규정할 뿐이다. 그러나 플라톤이 관심을 갖는 것은 이런 것이 아니다. 이런 물음은 인간이나 다른 동물들에 있어서 육체적 훌륭함을 무엇에 근거해서 판단할 수 있는지 묻는 것이다. 이런 판단의 기준 역할을 하는 것이 건강의 본질(ousia)이다. 이것은 때와 관점에 따라서 바뀌는 게 아니고 감각에 의해 지각될 수 있는 것도 아니며, 단지 사유의 힘에 의해 파악될 수 있는 것이다.[112]

플라톤은 이 대화에서 형상의 존재를 위한 어떤 논증도 제시하지 않고 형상을 도입하지만, 여기에서 형상 이론의 중요한 두 가지 특징이 드러난다. 첫째 각각의 형상은 '하나임' 이 강조되고 있다. 예를 들어 '아름다움' 의 형상이 존재한다는 것은 이 형상이 하나임을 의미한다. 우리가 다수의 아름다운 것들만 있다고 주장하면 참으로 '아름다움이 무엇인지' 는 말할 수 없다. 우리는 아름다운 것을 이와 대립되는 추한 것과 대비해서 아름답다고 이야기하는데, 아름다움과 추함을 대립시키기 위해서는 아름다움이 하나이어야만 하기 때문이다. 그리고 이런 아름다움 자체에 대해서만 엄밀한 의미에서의 인식(epistēmē)이 성립할 수 있다. 둘째 우리가 지각하는 감각적인 것들은 형상들에 근거해서 성질을 갖게 되고, 둘은 존재론적으로 완전히 다른 것이다. 플라톤은 이런 관계를 설명하기 위해서 한쪽이 다른 쪽에 '관여한다(methechein)' 거나 '나누어 갖는다(koinonein)' 는 표현을 쓴다. 따라서 아름다운 사물은 '아름다움 자체' 에 '관여하는 것' 으로 일컬어진다. 그는 형상과 감각적인 것을 구분할 수 없는 사람은 '꿈을 꾸는 상태로' 살고 있는 자와 마찬가지라고 말한다. 우리가 꿈꾸는 상태에서는 어떤 영상들이 어떤 것의 영상이라는 사실을 인지하지 못한 채 경험하기 때문이다.

플라톤의 이런 주장은 일반적으로 쉽게 납득할 만한 것이 아니다. 그가 이 점을 잘 알고 있다는 것은 앞의 대화에서 분명히 드러난다. 그래서 그는 인식은 형상에 대해서만 성립하며, 형상을 인정하지 않는 사람은 단지 의견만을 가질 뿐이라는 자신의 주장에 반발하는 사람들을 납득시킬 방도를 찾고 있다. 그는 '형상'이란 전문 용어를 사용하지 않고, 인식과 의견이 전적으로 다른 것이며 결국 인식은 감각적으로 지각되는 대상과 다른 차원에서 성립되는 것임을 보여 주는 접근 방법을 채택한다. 그는 형상과 감각적인 것들의 존재론적 구분을 전제하지 않고, 대화자들이 일반적으로 참이라고 믿고 받아들일 만한 주장들에 근거해서 논의를 전개한다. 이런 관점에서 476e~480a에서 전개되고 있는 인식과 의견을 구분하는 논증은 크게 세 부분으로 나눌 수 있다. 첫째 부분은 '있음(~임 : to on)'이라는 일반 용어를 사용하여 인식과 의견의 정의를 내리고 이를 구분하는 과정이다(476d~477b). 둘째 부분은 이를 뒷받침하기 위해 능력(dynamis)과 그 대상의 상관관계를 이용해서 지식과 의견의 대상을 구분하는 논증이다(477b~478e). 마지막으로 앞의 논증에서 규정한 '의견'의 성격이 일반 식자(識者)들이 지니고 있다고 생각하는 '앎'과 일치하는 것임을 보여줌으로써, 그들이 철학자와 달리 '인식'을 지니고 있지 못함을 입증하는 내용이다(479a~480a).

(1) 476d~477b : 인식은 '있는(~인 : on)' 것에 대한 것이지
    만, 의견은 '있는 것' (~인 것)과 '있지 않은 것(~이지 않
    은 것)' '사이의 것' 에 상관한다.

이런 주장에서 무엇보다 문제가 되는 것은 헬라스 말 '온
(on)' 과 '에이나이(einai)' 의 의미이다. einai는 영어의 'to be'
에 해당되고, on은 'being' 에 해당되는 중성 분사이다. 그런
데 einai는 영어의 경우와 마찬가지로 다양한 방식으로 사용
된다. einai는 존재적 용법( '있다' ), 술어적 용법( '~이다' ), 진
위적 용법( '참이다' ) 등으로 활용될 수 있다. 따라서 이 주장
은 셋으로 구분해서 이해할 수 있다. 즉 (a) 존재적 용법 : 인
식은 '있는' 것에 대한 것이며, 의견은 '있는 것' 과 '있지 않
은 것' 사이에 있는 것에 상관한다. (b) 인식은 '~인 것' 에 대
한 것이며, 의견은 '~인 것' 과 '~이지 않은 것' 에 상관한다.
(c) 인식은 '참인 것' 에 대한 것이며, 의견은 '참이면서 참이
아닌 것' 에 상관한다. 플라톤이 이런 용법들 가운데 어떤 용
법을 염두에 두고 on이나 einai란 표현을 사용하고 있는지는
큰 논란거리이자 간단하게 다룰 수 있는 문제가 아니다. 여기
에서는 단지 문제의 핵심이 어디에 있는지만을 간단히 밝히
기로 한다. 우선 이 대화를 해석함에 있어서 소크라테스가 형
상을 인정하지 않는 대화 상대자들이 납득할 수 있는 주장들

에 근거해서 논의를 전개하고 있나는 사실을 중요하게 고려해야 한다.[113] 이런 관점에서 볼 때 존재적 용법은 심각한 문제에 부닥친다. 존재적 용법으로 이 주장을 해석하면 인식의 경우에는 문제가 없지만 의견의 대상은 '존재하면서도 존재하지 않는 것'으로 보아야 하는데, 이것은 보통 사람들이 납득하기 어렵기 때문이다. 술어적 용법도 마찬가지 난점이 있다. 술어적 용법에 따라 해석할 경우 이 주장은 우리가 어떤 것이 F이면서 not~F(예를 들어 같거나 같지 않은 것)에 대해서는 의견만을 갖고 있음을 의미한다. 그러나 '어떤 사물이 같은 크기를 갖는 것과는 동일하고(F) 다른 크기를 갖는 것과는 동일하지 않음(not~F)'을 아는 것이 단지 '의견'에 불과하다고 '구경을 좋아하는 사람들'을 선뜻 납득시킬 수는 없을 것이다. 마지막으로 생각할 것은 '진위적 용법'이다. 이 해석에 따르면 인식은 참인 것에 대해서만 성립하지만, 의견은 참이기도 하고 거짓된 것일 수 있음을 의미한다고 볼 수 있다. 플라톤은 인식과 의견의 차이를 무엇보다 '잘못할 수 없는 것'과 '잘못할 수 없는 것이 아닌 것'으로 구분하고 있고(477e), 인식이 진리를 함축한다 함은 보통 사람들이 이의 없이 받아들일 수 있는 기본 조건임을 고려할 때 이 주장은 진위적 관점에서 이해하는 편이 가장 적절하다. 결국 이 주장은 인식만이 진리를 함축한다는 것을 의미한다.[114]

(2) 477b~478e : 인식과 의견은 다른 능력이며, 이들 대상
은 서로 다르다.


소크라테스는 인식과 의견을 일종의 능력이라고 보고, 능
력을 '그것이 관계하는 대상과 해내는 작용'에 따라 구분한
다. 그는 인식과 의견이 해내는 작용이 다르다고 주장한다.
즉 인식이 '잘못할 수 없는 것'인 반면에 의견은 '잘못할 수
없는 것이 아닌 것'이어서 두 능력은 다른 것으로 보아야 한
다. 이런 추론은 논리적으로 타당하다. 그런데 플라톤은 이
어서 이 능력들이 다른 작용을 하는 것이기 때문에 그것들이
관여하는 대상도 다르다고 주장한다. 그러나 일반적으로 우
리는 두 능력이 다른 작용을 한다는 사실로부터 이것들이 다
른 대상에 관여한다는 것을 필연적으로 도출할 수 없다. 우
리는 같은 대상에 대해 서로 다른 작용을 하는 경우를 얼마든
지 생각할 수 있기 때문이다. 예를 들어 가축을 돌보는 기술
과 가축을 도살하는 기술은 같은 대상에 대해 다른 작용을 하
는 것이다.[115] 논리적 측면에서 우리는 이러한 문제 제기를 할
수 있지만, 다른 작용을 하는 능력들이 그에 상응해서 다른
대상을 갖는 경우도 분명히 있다. 소크라테스가 예로 들고
있듯이 시각과 청각이 그러한 종류이다. 소크라테스는 '인
식'과 '의견'이 이와 같은 방식으로 능력도 다르고 대상도

다르다고 본다. 이런 논증에는 플라톤의 중요한 생각이 반영되어 있다. 우선 인식은 정의상 결코 거짓이 될 수 없기 때문에, 그것의 대상도 그것에 상응하는 성격의 것이어야만 한다. 그런데 그는 인식이 '잘못할 수 없는 것'이기 때문에 그 대상은 변화를 겪는 것이어서는 안 된다고 생각한다. 반면에 의견은 참일 수도 있고 거짓일 수도 있어서 본래적으로 바뀔 수 있다. 이것은 그 대상이 변화를 겪을 수 있음을 함축한다.[116] 소크라테스는 이런 구분에 근거해서 의견을 인식과 무지 사이에 있는 것으로 규정한다.

(3) 479a~480a : 감각에 의해 지각되는 개별적인 것들은 대립적 성질을 보여 주기 때문에 인식의 대상이 아니다.

이 논증은 구경을 좋아하는 사람들은 단지 '의견'만을 지니고 있음을 이들이 추구하는 대상들이 대립적 성질을 보여 준다는 점에 의거해서 밝히고 있다. 소크라테스가 예로 들고 있는 것들(아름다운 것, 올바른 것, 경건한 것, 두 배가 되는 것, 큰 것, 가벼운 것)[117]이 때에 따라 관점에 따라 비교되는 대상에 따라서 대립적으로 보일 수 있다는 점은 쉽게 이해할 수 있다. 예를 들어 이들이 사랑하는 아름다운 노래나 그림 등은 보는 관점이나 때에 따라 비교되는 대상에 따라 추하게 보일 수도 있다.[118] 따라서 이런 종류의 대상은 F이면서 not~F인 것들이다. 소크라테스는 이를 근거로 아름다움이나 다른 여러 가지에 대해 '구경을 좋아하는 사람들'이 지니고 있는 믿음들(ta nomima)이 '~이지 않은 것'과 '~인 것' 사이에 있는 것으로 말한다. 즉 이들의 믿음은 참일 수도 있고 거짓일 수도 있다.[119] 앞에서 제시된 '인식'과 '의견'에 대한 규정에 따를 때 이들이 지니는 것은 '의견'에 불과하다. 이처럼 소크라테스는 감각적 지각의 대상들에 대해서는 인식이 아니라 의견만이 가능함을 밝힌 뒤 마지막으로 인식의 대상은 다른 종류임을 논증한다. 인식이 언제나 '~인 것'에서 성립한다면 이것은 비감각적 종류이어야만 하는데, 플라톤은 이런 종류의 대상을 '각각인 것 자체' 또는 '형상'이라고 말한다.

# 철학자에 대한 오해와 철인정치의 가능성
(6권 484a~502c)

[소크라테스는 철학자들이 어떤 사람인지를 밝힌 다음에 '언제나 똑같은 방식으로 한결같은 상태로 있는 것'을 파악할 수 있는 철학자와 그렇지 못한 사람들 가운데 어느 쪽이 나라의 지도자가 되어야 하는지를 묻는다. 이에 대해 글라우콘이 쉽게 대답하지 못하자, 그는 무엇보다 "나라들의 법률과 관행들을 수호할 수 있을 것으로 보이는 사람들"을 수호자로 임명해야 함을 기본 원칙으로 제시한다. 그런데 각각의 실재를 인식하지 못하는 사람은 눈먼 사람과 다를 바 없고 "그의 혼 속에 아무런 뚜렷한 본(paradeigma)도 지니지 못한 사람들"이기 때문에 아름다운 것, 올바른 것, 좋은 것과 관련된 이 세상의 관습들을 정하는 일을 할 수 없다. 그래서 대화

자들은 각각의 실재를 인식하고 있을 뿐만 아니라 경험에 있어서도 누구에게도 뒤지지 않는 사람을 수호자로 임명함이 당연하다고 동의한다(484a~d).

철학자들이 이런 면들을 갖추고 있는지를 알기 위해서 소크라테스는 먼저 이들의 성향에 대해 고찰한다. 철학자는 무엇보다 생성 소멸하는 것이 아니라 존재(ousia)에 대한 앎을 추구하며, 일체의 존재를 사랑하고 관상하는 사람임이 다시 확인된다. 지혜를 사랑하는 사람은 진리를 좋아하기 때문에 이에 대한 욕구가 증대되면 그만큼 육신에 대한 즐거움의 추구는 줄어들 것임이 강조된다. 이들은 또한 절제 있고 재물을 좋아하는 사람들이 아니며, 신적이고 인간적인 모든 것에 언제나 전체적으로 접근하려는 마음을 지니고 있기 때문에 저속하지 않다. 이들은 고매하고 "일체의 존재에 대한 관상"을 갖는 마음을 지니고 있어서 인간적 삶을 대단한 것으로 생각하지도 않으며 죽음도 무서운 것이라 생각하지 않는다. 이들은 선천적으로 기억력이 좋고 쉽게 배우는 사람들이다. 결국 이런 성향을 지닌 사람들이 교육과 양육을 통해 원숙해졌을 경우에 나라의 지도자가 되어야 한다(485a~487a).

그러나 아데이만토스는 소크라테스의 논리에 반론을 펴기는 힘들지만 실제로는 철학자들이 나라에 쓸모없는 사람들로 취급되는 현실을 지적한다. 소크라테스는 철학자들이 현실적으로 그렇게 대접 받는 이유를 설명하기 위해 나라를 배에 비유해서 이야기한다. 이는 항해하는 데 필요한 기술적 지식을 지니지 못한 선원들이 선주를 설득하거나 강제해서 배를 장악하고, 조타술에 대한 앎을 지니고 있는 참된 키잡이를 쓸모없는 사람이라고 배척하는 상황과 같다고 설명한다. 결국 철학자가 다중에게 쓸모없는 사람이라고 평가 받는 이유는 그들을 이용하지 않는 사람들 때문이다(487a~489d).

이어서 철학자의 자질을 지닌 사람이 현실적으로 타락하게 되는 이유를 언급한다. 이를 위해 소크라테스는 진리를 추구하는 철학자들의 성향을 재론하고, 이런 성향을 갖춘 사람들은 소수일 수밖에 없음을 지적한다. 그러나 이들을 파멸시키는 요인은 대단히 많다. 우선 용기 · 절제 등 철학자가 갖추어야 할 성향이나 아름다움과 부, 체력과 세도 가문 등 '이른바 좋은 것들'이 역설적으로 이들을 철학에서 떼어 놓는 요인이 될 수 있다고 강조한다. 최선의 성향이 그것에 맞지 않은 양육 상태에 있게 될 경우 평범한 성향보다 더 못하게 될 것은 당연하기 때문이라는 이유에서다. 이들을 타락시키는 사람들로서 '개인적인 소피스테스들'과 민중선동가에 의해 조종되는 '막강한 소피스테스들'인 대중의 행태에 대해서도 언급한다. 즉 대중은 민회나 법정 등 공공집회 장소에서 비난과 칭찬을 통해 자신들과 다른 생각을 못하게 하고 나아가 강제적인 제재 방법까지 동원해서 훌륭한 젊은이들에게 영향을 끼친다. 대중이 소피스테스라 부르는 사람들도 대중의 신념과 다른 것을 가르치지 않을 뿐만 아니라 대중의 환심을 사는 방법을 아는 것을 지혜라 일컬으면서 젊은이들을 오도한다. 이들은 어떤 것이 진실로 훌륭하며 좋은 것이고 올바른 것인지를 모르는 이상한 교육자이다. 또한 소크라테스는 대중이 "많은 아름다운 것 아닌 아름다운 것 자체, 또는 많은 각각의 것 아닌 각각의 것 자체가 있다"는 것을 인정하지 않는다면 이들이 지혜를 사랑하는 사람이 되는 것은 불가능하며, 철학을 하는 사람들이 이들한테서 비난을 받게 되는 것은 필연적이라고 지적한다. 이런 상황에서 철학적 성향을 지닌 훌륭한 젊은이들은 대중의 아부와 칭찬으로 인해 '지성을 갖추지 못한 채' 공허한 자만심으로 충만해져서 철학으로부터 이탈하게 된다. 대신 철학에 자격 없는 다른 사람들이 철학에 접근해서 참된 지혜와는 관계없는 궤변으로 철학을 수치스럽게 만듦으로써 갖가지 비난을 받게 한다. 이로 인해 고귀하고 훌륭하게 양육된 성격의 소유자들 가운데 소수의 부류만이 겨우 철학을 할 수 있게 된다. 이들 소수자는 다중의 광기가 지배하는 나라에서는 폭풍우 피하듯 국사를 멀리하고 조용히 자신의 일을 하는 데 만족할 것이다. 이런 삶은 이승에서 작은 걸 성취한 것은 아니지만, 자신에게 어울리는 정체를 만나지 못했기 때문에 최대의 것을 성취한 것도 아니다. "자신과 어울리는 정체에서는 자신도 성장하지만, 개인적인 것들과 함께 공동의 것들도 보전할 것이기 때문이다."(489d~497a)

소크라테스는 철학이 사람들한테서 비방을 받게 된 이유를 언급한 뒤 당대의 어떤 나라 체제도 최선의 정체가 아님을 지적하고, 나라가 철학을 어떤 식으로 대할 때 파멸하지 않을 수 있는지에 대해 말한다. 그는 철학을 젊었을 때만 잠시 맛보고 이를 통달한 체해서는 안 된다고 지적한다. 이와 반대로 청소년 시기에는 그에 걸맞은 교육과 철학을 받아들이고 육신들을 잘 보살핀 뒤 원숙해지는 나이가 되면 '혼의 단련'을 증진하고, 정치와 군 복무에서 물러나게 되면 철학적인 삶을 살아야 한다고 역설한다. 또 다중은 "말과 행동에 있어서 가능한 한도까지 훌륭함을 완벽하게 닮고 그것에 동화된 사람"인 철학자의 참된 모습을 보지 못했다면서 철인치자(哲人治者)의 가능성을 역설한다. 그리고 다중에게 참된 철학자의 모습을 납득할 수 있게 설명해 준다면 철학자에 대한 생각이 바뀔 것이라고 언급한다. 다중이 철학을 비난하게 된 까닭은 철학에 적합하지 않은 자들이 상호간에 욕설을 해대고 싸움을 즐기면서 '철학'을 찬탈했기 때문이다. 이에 반해 진정한 철학자의 모습을 다음과 같이 언급한다. "그는 질서 정연하며 언제나 똑같은 방식으로 있는 것들을 보고 관상하면서 서로 올바르지 못한 짓을 행하거나 당하는 일도 없이 모두가 질서 있고 이성에 따르는 그런 것들을 본받고 최대한 닮느라 여념이 없을 걸세. …… 철학자는 신적이며 절도 있는 것과 함께 지냄으로써 그 자신이 인간으로서 가능한 한도까지 절도 있고 신과도 같은 사람이 되네."(500c~d) 그는 이런 사람이 실재에 대한 인식을 어떤 필연성에 의해서 나라 개혁에 사용한다면 훌륭하게 해낼 것이라고 강조한다. 철학자들은 나라와 인간의 성격들을 마치 화판(畵板)처럼 다루어 이를 깨끗하게 하여, 신적 본을 바라보고서 정체의 형태를 윤곽으로 그리고 난 뒤 인간의 성격들을 할 수 있으면 최대한으로 신들의 마음에 들도록 훌륭하게 만들 것이라는 것이다. 그는 다중이 이러한 철학자들의 참된 모습을 납득하게 될 수 있을 것이고, 그렇게 되면 철인치자의 이념에 동의할 것이라고 본다. 소크라테스는 이런 일은 현실적으로 불가능한 것이 아님을 강조하는 것으로 철인정치의 실현 가능성 문제에 대한 이야기를 매듭짓는다(497a~502c).]

이 대화는 먼저 누가 나라의 수호자가 되어야만 하는가 하는 문제에 초점이 맞추어져 있다. 소크라테스는 "나라들의 법률과 관행들을 수호할 수 있을 것으로 보이는 사람들"이 수호자가 되어야 한다고 주장한다. 이 기준을 충족시키기 위해서는 무엇보다 수호자들은 실재에 대한 인식을 토대로 실천적인 문제들을 올바르게 처리할 수 있는 뚜렷한 기준(본)을 세워 놓고 있어야만 한다. 그러나 이것만으로는 충분하지 않다. 실재에 대한 인식은 이론적인 영역에 속하는데, 실제적인 문제들과 관련해서는 이론적 지식만을 갖추고 있는 사람보다 경험이 풍부한 사람이 더 성공적으로 일을 처리할 수 있기 때문이다. 소크라테스가 "각각의 실재를 인식하고 있을 뿐만 아니라 경험에 있어서도 누구에게도 뒤지지 않는 사람"이라고 덧붙이는 이유는 이런 점을 염두에 두었기 때문이다. 소크라테스가 생각하는 철인치자는 단순히 실천적 경험이 풍부한 사람도 아니고, 실천적 경험은 없이 실재에 대한 인식만을 지니고 있는 사람도 아니다. 철인치자는 이론적 인식만이 아니라 실천적 경험도 풍부하게 갖춘 사람을 말한다.

이어서 자연스럽게 제기되는 것은 철학자들이 이론적 인식과 경험의 양면을 지닐 수 있는지 하는 문제다. 그러나 소크라테스는 여기에서 이 문제를 충분히 해명하지 않는다. 단지 그는 철학자를 무엇보다 진리를 사랑하는 사람으로 규정하고 이런 사람은 세속적 욕망을 추구하지 않으면서 도덕적 품성을 겸비하고 있을 거라는 점만 밝히고 있다. 우리는 일반적으로 진리 인식과 도덕적 품성의 문제를 분리시켜 생각하는 경향이 있지만, 이 대화에서 분명히 나타나듯이 플라톤은 그렇게 생각하지 않는다.[120] 그러나 철학자가 설령 진리를 사랑하고 도덕적으로 훌륭한 사람이라 하더라도 통치하기에 적합한 사람인지 하는 문제는 더 따져 보아야 할 문제이다. 이 대화에서 철학자는 인간적인 삶을 대단한 것으로 생각하지 않는 사람으로도 언급되고 있는데, 이런 태도를 지닌 사람이 과연 실천적 문제에 대해 얼마나 관심을 기울일지는 의문이기 때문이다. 이러한 문제는 여기에서 해명되지 않고 있다. 우리는 7권의 '동굴의 비유'에서 소크라테스가 철학자가 동굴 밖으로 나가 진리 인식을 한 뒤 동굴 안으로 되돌아가야 하는 이유에 대해 언급할 때 이와 관련한 문제가 제기됨을 볼 수 있을 것이다.

소크라테스는 철학자들이 실제 현실에서 대중에 의해 '쓸모없는 이들'로 간주된다는 문제 제기에 대해 '배의 비유'를 들어 철학자를 옹호한다. 이 비유에서 선주는 민주 정체의 주인인 민중(dēmos), 키의 조종과 관련해서 서로 다투는 선원들은 민중 선동가인 현실의 정치가, 다른 선원들을 죽이거나 배 밖으로 내던진다는 것은 정적(政敵)의 처형이나 국외 추방을 각각 가리킨다. '키의 조종'은 나라의 경영, 즉 통치를 빗대는 말이다.[121] 이 비유는 당시 아테네의 민주 정체에 대한 통렬한 풍자를 담고 있을 뿐 아니라 플라톤의 정치철학적 입장을 잘 보여 준다. 그가 당시 민주 정체를 부정적으로 평가한 것은 잘 알려져 있지만, 이 비유의 내용을 자세히 살펴보면 그의 민주 정체에 대한 비판은 '민중' 보다 '민중선동가들' 에게 초점이 맞추어져 있음을 알 수 있다. 그는 민중을 상징하는 선주는 "덩치나 힘에 있어서 그 배에 탄 모든 사람보다 우월하지만, 약간 귀가 멀고 눈도 마찬가지로 근시인데다 항해와 관련한 다른 것들에 대해 아는 것도 고만하다"라고 낮게 평가하기도 하지만, 선원들(민중선동가들)이 "점잖은 선주를 최면제나 술 또는 그 밖의 다른 것으로 옴짝달싹 못하게 한 다음 배 안에 있는 것들을 이용해서 배를 지휘한다"고 언급함으로써, 선원들을 항해에 있어서 결정적으로 위험한 존재들로 평가한다. 한편 항해술이나 조타술에 능한 사람은 참된 철학자들을 가리키는데 플라톤은 정치를 일종의 기술, 즉 치술(治術)로 간주한다. 이런 기술은 지식에 바탕을 두고 있는 것이기에, 여기에서 조타술에 대한 언급은 철인치자 이념에서 지식의 중요성을 잘 보여 준다. 배의 비유에서 조타술을 배운 적도 없으면서 날뛰는 선원들에 의해 지배된 배는 당시 그리스의 나라들을, 참된 키잡이에 의해 인도되는 배는 '이상 국가' 의 훌륭한 이미지로 각각 볼 수 있다.[122]

이와 같은 비유를 통해서 철학자들이 현실에서 '쓸모없는' 사람들로 취급되는 이유는 설명되었지만, 나아가 철학을 하는 대다수의 사람들이 나쁜 사람으로 전락한다는 문제 제기(487d, 489d)에 대해서도 그 까닭이 설명되어야 한다. 이 문제에 대해 소크라테스가 지적하고 있는 핵심은 예외적으로 뛰어난 자질을 지닌 사람은 가장 훌륭한 것을 성취할 수 있지만, 이런 자질이 잘못 양육될 경우에는 큰 불의의 원인이 될 수도 있다는 것이다. 그런데 그가 뛰어난 자질을 지닌 젊은이들을 타락시키는 원인을 지적하면서 두 부류의 소피스테스를 구분하고 있는 점은 흥미롭다. 소피스테스는 '개인적인 소피스테스들'과 '막강한 소피스테스들'로 구분되는데, 전자는 개인적으로 젊은이들을 상대로 돈을 받고 변론술을 가르치는 사람들을 일컫는다. 플라톤이 이들에 대해 매우 부정적인 평가를 내린 것은 잘 알려져 있는 사실이다. 반면에 '막강한 소피스테스들'은 잘못된 신념을 지니고 있는 대중을 가리키는데, 그는 이들이야말로 젊은이들의 타락에 가장 큰 영향을 미치는 존재라고 말한다. 여기에서 대중에 대한 평가와, 앞에서 든 '배의 비유'에서의 대중에 대한 평가는 차이가 있다. '배의 비유'에서 대중은 '점잖은 선주'라는 표현에서 알 수 있듯이 대중이 그렇게 부정적으로만 묘사된 것은 아니었다. 그러나 여기에서의 대중은 막강한 힘을 지니고서 절대적 영향력을 행사하는 '큰짐승'에 비유되면서 매우 부정적으로 평가된다. 두 비유가 대중에 대한 평가에 있어서 차이가 나는 것은 논의되는 맥락이 다르기 때문이다. '배의 비유'는 철학자들이 '쓸모없는' 사람들로 평가 받는 이유를 설명하기 위해 도입됐는데, 이런 비난을 하는 사람들은 대중이 아니라 권력을 지향하는 민중선동가들이었다. 반면에 여기에서 이야기되는 대중은 민중 선동가들에 의해 조종되면서 민회나 법정 등 공공 집회에서 영향력을 행사하는 사람들을 가리킨다. 그러나 대중에게 철학자의 참모습을 보여 줄 수 있다면, 이들은 철학자를 비난하지 않으며 달리 생각할 것이라는 나중의 소크라테스의 언급(499e~500a)을 고려하면 플라톤이 대중을 무조건 부정적으로 평가했다고 보는 것은 정확한 견해가 아니다. 중요한 것은 대중을 어떻게 교육시키고 올바른 방향으로 이끄느냐 하는 것이다. 철학적 자질을 지닌 훌륭한 젊은이들이 철학에서 이탈해 타락하게 되는 것은 철학 탓이 아니라 타락한 정치 현실 때문이라는 것이 소크라테스의 논지이다.[123] 소크라테스는 철학이 비난을 받는 이유가 철학에 자격 없는 자들 때문임을 지적하고 타락한 정치 현실에서는 철학적 자질을 지닌 사람들 가운데 소수의 부류들만이 진정으로 철학을 할 수 있다고 주장한다. 소크라테스는 다중의 광기가 지배하는 현실 속에서 철학자들이 정치에 참여하기가 불가능하다는 판단을 내리면서도, 철학자들에게 최선의 삶은 자신만을 돌보는 것이 아니라 현실 정치에 참여해서 공동의 것을 도모하는 것이라고 언급함으로써 철학자의 현실 참여가 왜 필요한가 하는 문제에 대한 단서를 제공한다. 즉 철학자가 그에게 어울리는 정체에서 나라를 다스림으로써 공동체에 좋음을 구현하는 것은 결국 자신의 성장에 기여할 수 있는 것이므로, 철학자의 정치 참여는 진리를 추구하는 삶을 희생하는 것이라고 볼 수는 없다.

이어지는 대화의 주제는 철인정치의 실현 가능성 문제이다. 소크라테스는 대중이 철학자들의 본성을 알게 되면 나라를 맡길 것이며 '아름다운 나라'는 실현 가능하다는 점을 보여 주고자 한다. 먼저 철학자란 어떤 존재인지에 대한 좀더 적극적인 해명이 제시된다. 이와 관련한 500c~d의 언급은 플라톤 철학의 중요한 특징을 잘 보여 준다. 철학자들은 자기 자신의 지성의 힘을 통해 파악할 수 있는 신적 질서를 인식하고 그것에 동화되도록 이끌린다. 즉 이들은 존재하는 것들이 어떤 방식으로 있는 것이 최선인지를 파악함으로써 이를 자신 속에서도 실현하려고 하는 사람들이다. 다시 말해서 이들은 욕망들을 질서 지음으로써 인간으로서의 훌륭함을 이루고자 한다. 이처럼 형이상학적 이해는 윤리적 삶의 문제와 밀접하게 연관된다. 플라톤이 생각하는 철학자는 단순히 진리를 인식하는 데에 그치는 것이 아니라 진리 인식과 함께 도덕적 덕을 동반한다. 나아가 이들은 진리를 인식하여 '자신을 형성'할 뿐 아니라 다른 시민들로 하여금 '평민적 덕'을 갖추게 하는 데 있어서도 능할 것이라는 점을 강조한다. 그러면 플라톤이 철인정치의 실현 가능성을 어느 정도로 생각했는지 하는 문제를 생각해 보자. 우리는 이 문제와 관련한 중요한 단서를 499c~d에서 찾을 수 있다. 여기에서 소크라테스는 우선 철인정치의 실현 가능성이 없다고 한다면 그것은 단순히 기원(euchē)에 불과하고 비웃음을 살 것임을 명백히 하고 있다. 이 점을 고려할 때 그가 단순히 상상 속에서만 철인정치를 꿈꾸고 있었다고 볼 수는 없다.[124] 그는 "철학에 있어서 정상급인 사람들로 하여금 나라를 관리토록 하는 일이 어떤 필연성에 의해서 한없이 먼 과거에 일어났다면, 또는 오늘날에 있어서라도 우리의 시야가 미치지 못하는 멀리 떨어져 있는 어느 이방 지역에서 일어나고 있거나 나중에라도 일어난다면"(499c~d), 철인정치는 실현 불가능한 것이 아니라고 말한다. 이 점을 고려할 때 그의 철인정치의 실현 가능성에 관한 주장은 시간적으로나 지리적으로나 중립적 관점에서 제시된 것이며 인간 본성 자체에 근거하고 있다.[125] 이 대화 마지막 부분에서(502a~c) 소크라테스는 철인정치가 가능함을 보여 주기 위해 다음과 같이 논증한다. 군왕이나 최고 권력자의 자손들이 철학자가 될 성향을 지니고 태어나는 것이 불가능하다고 말할 수는 없다. 이들 중 한 사람이라도 타락하지 않으리라는 점 또한 불가능하지 않다. 이런 사람이 하나라도 생겨나서 그를 따르는 나라를 갖는다면 그는 오늘날 믿기지 않는 모든 일을 이룰 것이다. 통치자가 법률과 언급된 관례들을 정하고, 시민들이 이를 이행하는 것은 불가능하지 않다. 우리가 생각하듯이 다른 사람들도 생각하는 것은 불가능한 것이 아니다. 그의 이런 논증을 고려할 때 우리는 플라톤이 철인정치의 실현 가능성을 매우 진지하게 생각하고 있었음을 알 수 있다.

# 좋음의 이데아

: 태양의 비유, 선분의 비유, 동굴의 비유(6권 502d~7권 521b)

## 태양의 비유(502d~509c)

　[소크라테스는 이제 나라의 수호자가 될 철학자들이 어떤 방법으로, 어떤 교과들과 무슨 활동들로 생기게 되는지 하는 문제를 검토한다. 그는 통치자가 될 사람들은 쾌락이나 고통, 힘든 일이나 두려운 일 등을 통해서 시험되어야 할 뿐만 아니라 많은 교과를 통해서도 단련을 받고, 가장 중요한 교과들도 감당해 낼 수 있는 자질을 지니고 있는지를 살펴보아야 한다고 말한다. 그리고 앞에서 검토한 올바름 · 절제 · 용기 · 지혜를 "가장 훌륭하게 알아볼 수 있게 해 주는 더 먼 우회로"가 있다고 말한 것을 상기시키면서, 이것들에 대한 앞에서의 언급이 정확성에 있어서 부족했다고 덧붙인다. 그는

"나라와 법률의 수호자"는 정확성이 결여된 것에 만족해서는 안 된다는 점을 강조하면서 '가장 중요한 배움'의 목표에 대해 언급한다. '가장 중요한 배움'은 '좋음의 이데아(hē tou agathou idea)'에 대한 것인데, 소크라테스는 "이 이데아 덕분에 올바른 것들도 그 밖의 다른 것들도 유용하고 유익한 것들로 된다"(505a)는 점을 대화자가 여러 차례 들었을 거라고 언급한다. 이것을 모른다면 다른 것들을 아무리 많이 안다하더라도 그건 우리에게 덕이 되지 않는다. 어떤 것을 소유함이 '좋음'이 아니라면 아무 소용이 없기 때문이다(502d~505b).

이어서 '좋음'에 대한 두 가지 견해가 간단하게 반박된다. 다중은 그것을 '즐거움'이라고 생각하지만 한결 세련된 사람들은 '지혜(사려 분별 : phronēsis)'라고 생각한다. 후자는 순환적으로 논증하고 있는데, 이들은 그것이 무엇에 대한 지혜인가 하고 물으면 결국엔 좋음에 대한 지혜라고 말할 수 있을 뿐이다. 또한 즐거움을 좋은 것으로 규정하는 사람들은 나쁜 즐거움이 있음에 동의할 수밖에 없을 것이기 때문에 이들의 주장을 받아들일 수가 없다. 그리고 소크라테스는 많은 사람이 올바르고 아름다운 것들의 경우에는 사실이 그렇지 않다 하더라도 그런 것으로 '생각되는 것들(ta dokounta)'에 만족하지만, 좋은 것들의 경우에는 '사실로 그런 것들(ta onta)'을 추구한다는 점을 지적한다. 좋음은 "모든 혼이 추구하는 바로 그것이며, 그것 때문에 모든 것을 행하게도 되는 것"이지만 사람들은 그것이 무엇인지를 정확히 알지 못하고 있다. 그러나 나라의 수호자들은 나라를 완벽하게 다스리기 위해서 반드시 그것을 알아야만 한다(505b~506a).

소크라테스는 '좋음' 자체가 무엇인지에 대한 '인식'을 지니고 있음을 부인하면서, 지금으로서는 좋음의 소산(자식 : ekgonos) 같고 그것을 가장 닮아 보이는 것을 언급하는 것으로 만족하자고 제안한다. 그는 우선 가시적인 것과 비가시적이고 지성에 의해 인식되는 것들 사이의 기본적인 구분을 상기시킨다. 그리고 그는 눈이 시각으로써 가시적 대상을 보기 위해서는 제3의 것으로 빛이 있어야만 가능하며 이 빛은 태양으로부터 유래한다고 지적한다. 또한 눈이나 시각 자체는 태양이 아니지만 감각기관 가운데 눈이 태양을 가장 많이 닮은 것이고, 태양은 시각 자체에 의해 보인다는 점이 언급된다. 이런 설명을 한 뒤에, 그는 "'좋음'이 '지성에 의해서 알 수 있는 영역(ho noētos topos)'에 있어서 지성과 지성에 의해서 알려지는 것들에 대해 갖는 바로 그런 관계를 태양은 '가시적 영역(ho horatos topos)'에 있어서 '시각'과 '보이는 것들'에 대해서 갖는다"는 것을 말한다. 그리고 이를 더 자세히 말해 달라는 요구에 응해서, 다음과 같은 설명을 덧붙인다. "태양이 대상들의 빛깔을 비출 때에는 눈은 또렷이 보게 되고, 같은 눈 속에도 맑은 시각이 있는 것처럼 보일 것"이며, 이와 마찬가지로 혼의 경우에도 "진리와 실재(to on)가 비추는 곳, 이곳에 혼이 고착할 때는 이를 지성에 의해 대뜸 알게 되고 인식하게 되어 지성을 지니고 있는 것으로 보이네. 그러나 어둠과 섞인 것, 즉 생성되고 소멸되는 것에 혼이 고착할 때는 '의견'을 갖게 되고 이 의견들을 이리저리 바꾸어 가짐으로써 혼은 침침한 상태에 있게 되어 이번에는 지성을 지니지 못한 이처럼 보인다"고 설명한다. 이런 설명을 근거로, 그는 "인식되는 것들에 진리를 제공하고 인식하는 자에게 그 힘을 주는 것은 '좋음의 이데아'라고 선언"한다. 즉 좋음의 이데아는 인식과 진리의 원인이다. 나아가 그는 "인식과 진리를, 마치 가시적 영역에 있어서의 빛과 시각을 태양과도 같은 것으로 간주하는 것은 옳지만 태양으로 믿는 것은 옳지 않듯이, 마찬가지로 여기에서도 이들 둘을 '좋음'을 닮은 것으로 간주하는 것은 옳지만 어느 쪽도 [바로] '좋음'이라 믿는 것은 옳지 않다"고 진술한다. 또한 그는 태양은 보이는 것들에 사물을 보이게끔 할 뿐 아니라 그것 자체는 생성이 아니면서 그것들에 생성 및 성장과 영양을 제공한다는 점을 지적한다. 이와 마찬가지로 '좋음'은 인식되는 것들의 '인식됨'을 가능하게 할 뿐 아니라 그것들이 존재하게 하고 그 본질(우시아 : ousia)을 갖게끔 하지만, "좋음은 [단순한] 우시아가 아니라, 지위와 힘에 있어서 '우시아'를 초월하여 있는 것"이라고 언급하면서 설명을 마친다(506b~509b).]

　『국가』 6~7권에서 플라톤은 그의 철학의 최고 원리인 '좋음의 이데아'에 대해 언급한다. 그가 이런 탐구 과정을 "더 먼 우회로"라고 표현하고 있듯이 이에 관한 논의는 매우 길고 따라가기가 쉽지 않다. 그의 설명은 비유에 비유를 거듭한다. '좋음의 이데아'는 우선 '태양'에 비유해서 설명되고, 선분의 비유와 동굴의 비유를 통해 이에 대한 인식이 좀더 구체적으로 언급된다. 그리고 7권에서 변증술을 위한 예비교육과 변증술에 대한 언급을 통해서 이에 대한 인식 과정을 설명하는 것으로 끝이 난다. 따라서 우리가 '좋음의 이데아'의 성격을 이해하기 위해서는 이 모든 과정을 따라갈 때에만 가능하다. 이 길은 단순히 긴 길이 아니라 매우 험한 길이며, 그 끝에 이르러서도 '좋음의 이데아'의 성격을 명확히 이해하기가 힘들다. 이는 무엇보다 플라톤이 '좋음의 이데아'에 대한 인식의 중요성을 강조하면서도 비유들에 의존할 뿐 이를 명확하게 설명하고 있지 않기 때문이다. 따라서 '좋음의 이데아'는 플라톤 철학에 있어서 최대 난문으로 평가되어 왔다.

　이 대화에서 우리가 주목해야 할 것은 '좋음의 이데아'에 대한 앎의 필요성이 4권에서 제시된 올바름 · 절제 · 용기 ·

지혜에 대한 탐구 방식의 한계를 지적하면서 제기되고 있다는 점이다. 따라서 우리는 4권의 설명 방식에서 무엇이 문제인지를 생각해 볼 필요가 있다. 4권에서 소크라테스는 나라의 구성원을 세 부류로 나누어 올바름을 이들 부류가 각자 "제 일을 하는 것"으로 규정한 뒤, 개인의 혼의 경우도 나라와 같은 방식으로 탐구할 수 있을 것이라고 판단하고 나라의 부류에 상응하는 세 종류가 혼에도 있는지를 살펴보았다. 그런데 그는 이런 고찰을 하기에 앞서 이 대화 504b에서 상기시키고 있는 다음과 같은 언급을 했다. "그리고 잘 알고 있게나, 글라우콘! 내 판단대로 이제까지의 논의를 통해서 이용한 그런 방법들로는 이 문제를 우리가 결코 정확하게 이해하지 못할 것이란 걸. 이 문제의 고찰에 이르는 길은 더 길고도 먼 또 다른 길일 테니까 말일세."(435c~d) 그는 이런 언급을 한 뒤 혼에도 나라의 세 부류에 상응하는 세 부분이 있음을 밝히고 덕들을 나라와 같은 방식으로 규정하였다. 그렇다면 이런 탐구 방식의 한계는 어디에 있는가? 이 같은 설명에서 근본적인 것은 나라의 경우든 혼의 경우든 이성적인 부분(요소)이 다른 부분들을 지배하는 내적 구조를 지닐 때에만 그것이 훌륭한 상태에 있을 수 있고 덕들이 가능하다는 점이다. 그리고 이성적인 부분이 다른 부분들을 지배해야만 하는 이유는 그것만이 좋음에 대한 앎을 지닐 수 있기 때문이다(442c). 그러나 4권에서는 이성적인 부분이 추구하는 좋음에 대한 앎이 정확히 어떤 것인지 하는 문제는 다루어지지 않았다.

소크라테스는 이제 이 문제에 대한 본격적인 논의를 "좋음의 이데아 덕분에 올바른 것들도 그 밖의 다른 것들도 유용하고 유익한 것들로 된다"(505a)면서 시작한다. 그는 자신의 생각을 우선 상식적인 사고방식에 근거해서 설명한다. 그가 언급하고 있듯이, 좋음에 대한 앎이 없이는 어떠한 소유나 앎도 유익하지 못하다는 것은 우리가 어떤 행위를 하거나 추구할 때 언제나 '좋은 것'을 목표로 한다는 것을 생각하면 쉽게 이해할 수 있다. 그러나 '좋음의 이데아'가 있다는 주장은 우리가 일반적으로 '좋음'을 추구한다고 말할 때 염두에 두는 것 이상을 의미한다. 플라톤의 이데아설에 따르면 현상계의 성질들은 객관적 실재인 '이데아'에 근거해서 설명된다. 존재하는 모든 것의 유익함, 즉 좋음이 '좋음의 이데아'에 근거한다는 주장은 어떤 것의 '좋음'이 주관적 판단에 근거해서 결정되는 것이 아니라 객관적 사태나 이치에 근거해서 결정됨을 함축한다.

'좋음의 이데아'에 대한 설명에 앞서 제시되고 있는 '좋음'에 대한 당시 사람들의 두 가지 견해에 대한 비판의 의미를 생각해 보자. 한편으로 사람들은 일반적으로 가능한 한 많은 쾌락을 누리는 삶을 행복한 삶으로 보기 때문에 쾌락과 좋음을 동일시하기도 한다. 그러나 소크라테스는 나쁜 쾌락도 있음을 지적함으로써 이런 견해의 문제점을 드러낸다. 여기에서 나쁜 쾌락이 구체적으로 어떤 것인지는 언급되지 않지만 우리는 이를 쉽게 이해할 수 있다. 예를 들어 입에는 달콤하고 쾌감을 주지만 몸에 해로운 과자류 등을 탐하는 것은 나쁜 즐거움으로 간주할 수 있다. 이처럼 나쁜 즐거움을 인정할 경우, 쾌락이 곧 좋음이 아님을 알 수 있게 된다. 이로부터 쾌락의 좋고 나쁨을 판별할 기준이 필요하게 된다. 다른 한편 지혜(사려 분별)를 '좋음'이라고 보는 사람들에 대한 비판은 다음과 같이 이해할 수 있다. 어떤 사람이 '지혜'를 '좋음'과 동일시하면 우리는 어떤 종류의 지혜는 우리에게 나쁠 수 있음을 지적하고 이의를 제기할 수 있다. 이 경우에 지혜는 좋은 것이기도 하고 나쁜 것이 되기도 하기 때문에 쾌락주의자들에게 제기된 것과 동일한 비판에 직면하게 된다. 결국 지혜를 좋음에 대한 것이라고 말하지 않을 수 없게 되는데, 이렇게 되면 설명해야 할 것을 가정하기 때문에 좋음이 무엇인지 설명할 수 없게 된다.

사람들이 '올바른 것들'이나 '아름다운 것들'의 경우에는 단지 그런 것들로 '생각되는 것들'로 만족하지만, 좋음의 경우는 그렇지 않고 '사실로 그런 것들'을 추구한다는 소크라테스의 언급은 '좋음'이 다른 가치들과 근본적으로 다른 위상을 갖고 있음을 잘 보여 준다. 우리는 앞서 2권에서 아데이만토스가 실제로 올바른 것보다 '올바른 것으로 보이는 것'이 이득이 된다는 견해를 대변하고 있음을 보았다. 과연 이런 경우가 참으로 좋은 것인지는 별개의 문제이다. 사람들은 일반적으로 어떤 것을 욕구할 때 나름대로 그것이 '좋은 것'이라는 확신을 갖고서 욕구한다. 그러나 사람들은 모두 '좋은 것'을 욕구하지만 욕구하는 것이 곧 좋은 것은 아니다. 우리는 어떤 것이 좋은 것인지를 판단하는 데에서 오류를 범할수 있다. 따라서 사람들은 자신이 욕구하는 것이 참으로 자신에게 유익한 것인지를 확신하기 위해서는 '좋음'에 대한 앎이 있어야 한다. 이 점은 각 개인의 삶에서 뿐 아니라 나라전체의 경우에도 똑같이 적용된다. 소크라테스가 강조하는 "나라와 법률의 수호자"인 통치자가 될 사람은 가장 중요한 배움인 '좋음의 이데아'를 인식해야 함은 바로 이런 이유 때문이다. 이는 통치자들이 나라를 다스리면서 법률을 제정하거나 제반 조치를 취할 때, 이러한 조치들이 왜 좋은지를 명확히 인식하고 있어야 함을 의미한다.

이처럼 소크라테스는 '좋음의 이데아'에 대한 인식의 중요성을 강조하지만, 정작 그는 여기에서 '좋음 자체'가 무엇인지를 직접적으로 말하지 않고 단지 비유들에 의존해서 자신의 생각을 밝히고 있다. 그는 우선 감각에 지각되는 사물들과 이데아, 즉 '지성에 의해 알려지는 것들(가지적인 것들 : ta noēta)'을 구분한 뒤 '좋음의 이데아'를 '태양'에 비유해서 설명한다. 이를 이해하기 위해서 우선 '좋음의 이데아'와 '태양'이 어떻게 유비되는지를 분명히 알 필요가 있다. 둘의 유비 관계는 다음과 같이 정리할 수 있다. 먼저 가시적인 것들의 영역에서 시각이 볼 수 있고 가시적인 것들이 보이기 위해서는 제3의 것인 빛이 있어야만 하며, 빛은 태양에서 유래한다. '가지적(可知的) 영역'에서 '좋음의 이데아'는 태양, '지성'은 '시각', '가지적인 것들'은 '가시적인 것들'에 각각 대응한다. 이런 유비 관계를 소크라테스가 처음에 밝힐 때는 가지적 영역에서 태양에서 유래하는 '빛'에 대응하는 것이 빠져 있는데, 이 점은 곧바로 좀더 자세히 설명되고 있다. 이를 위해 그는 눈의 시각으로 대상을 볼 때의 상황을 설명한다. 소크라테스가 언급하고 있듯이 눈은 낮의 빛이 그 대상들에 비추어지지 않으면 눈먼 것과 같은 처지에 있게 된다. 지성과 가지적인 것들의 관계도 같은 방식으로 설명된다. 혼이 '진리와 실재가 비추는 곳'에 고착할 때에는 지성(nous)을 지니게 되지만, 반면에 생성되고 소멸되는 것에 혼이 고착할 때에는 의견만을 갖게 되고 지성은 지니지 못하게 된다. 이런 언급을 통해 알 수 있듯이, '진리와 실재가 비추는 곳'이란 표현은 가시적 영역에서 빛이 대상에 비추는 것에 대응한다. 그러나 소크라테스가 왜 여기에서 '진리'와 '실재'를 병기해서 표현하고 있는지, 이것이 '지성' 개념과 어떻게 관계되는지는 이러한 언급만으로 분명치 않다. 이 점을 이해하기 위해서는 지성 개념에 대한 490b의 다음과 같은 언급을 고려할 필요가 있다. "각각인 것 자체의 본성을 포착하기에 적합한 혼의 부분으로써 …… 혼이 그 부분에 의해서 참으로 있는 것(to on ontōs)에 접근하여 그것과 교합하여서 지성과 진리를 낳고 앎에 이르게 되어 진실하게 살며 양육되는데 ……." 여기에서 '각각인 것 자체'나 '참으로 있는 것'은 실재하는 형상, 이를 인식하는 혼의 부분은 혼의 이성적인 부분을 각각 가리킨다. 이런 언급에서 알 수 있듯이 혼은 실재(to on)인 형상과 관계를 맺을 때에만 지성을 지닐 수 있고[126] 진리를 파악할 수 있다. 따라서 소크라테스가 '진리와 실재가 비추는 곳'이란 표현을 사용한 까닭은 실재에 대한 인식 없이는 '진리'가 성립할 수 없기 때문이라고 볼 수 있다.

　소크라테스는 이와 같은 유비에 의거해서 '좋음의 이데아'를 가지적인 것들의 인식론적 근거뿐 아니라 존재론적 근거로도 제시한다. 여기에서 제시된 언급만으로는 이를 만족스럽게 이해하기란 매우 힘들다. 플라톤의 사고방식을 이해하기 위해서는 우선 『파이돈』편에서 제시되고 있는 설명 방식을 참고하는 것이 도움이 될 수 있다. 그는 여기에서 '좋음'의 측면이 사물의 상태를 설명하는 참된 원인이라는 견해를 제시한다. 예를 들어 지구의 형태나 위치 및 다른 천체들의 운행 방식 등에 관해서 참된 설명을 하려면 "이것들이 현재 있는 그런 상태로 있는 것이 가장 좋다고 하는 것"을 원인으로 생각해야 함을 강조한다(『파이돈』97d~98a). 그의 이런 생각은 다음과 같은 언급에서 가장 분명하게 드러난다. "누군가가 각각의 것과 관련해서 그것이 어떤 식으로 생성되거나 소멸되며 또는 존재하는지 그 원인을 찾아내고자 한다면, 그는 각각의 것과 관련해서 그것이 어떤 식으로 있는 것이, 또는 다른 어떤 일을 겪거나 작용을 하는 것이 그것에 가장 좋은지를 알아내야만 한다."(『파이돈』97c6~d1) 우리가 이런 언급을 통해서 알 수 있듯이 어떤 사태가 그렇게 존재하는 까닭은 '좋음'에 의거해서 설명되고 있을 뿐만 아니라 '인식'은 근본적으로 어떤 사태와 관련해서 '좋음'을 파악하는 것으로 제시된다. 그러면 이런 설명 방식이 가지적인 것들(형상들)의 영역에 어떻게 적용될 수 있는지를 생각해 보자. 이해를 쉽게 하기 위해서 우선 인공물의 형상들에 초점을 맞추어 본다. 하나의 이상적인 의자를 예로 들어 보자. 의자 등과 같은 도구는 고유한 기능(ergon)이나 쓰임새(chreia)를 지니고 있다. 어떤 것의 기능이나 쓰임새는 그것의 존재를 좌우하는 것이므로 기능 또는 쓰임새는 곧 그것의 본질(ousia)이기도 하다.[127] 이런 기능을 구현하고 있는 도구들은 감각에 의해 지각할 수 있으나 기능 자체는 감각이 아니라 사유에 의해서만 파악된다. 플라톤은 이를 지성에 의해 인식되는 것으로 말한다. 그런데 가장 이상적인 의자는 고유의 기능을 실현하기 위해서 인체공학적으로 설계되어 있을 것이고, 구조는 수학적으로 표현되고 파악할 수 있을 것이다. 우리가 왜 이것이 그런 구조를 갖고 있는지 묻는다면 이것들이 그런 방식으로 존재하는 것이 그 기능을 가장 잘 발휘할 수 있기 때문이라고 답할 수 있을 것이다. 다시 말해서 이것들이 그런 방식으로 있는 것이 좋기 때문에 그런 구조를 갖고 있는 것이다. 이런 방식으로 생각하면 우리는 '좋음'이 사물들의 본질을 이해하는 데 있어서 근본적일 뿐 아니라 그것들의 존재 방식을 결정한다고 말할 수 있다.[128] 이런 방식의 설명은 '올바름' 등의 덕에 대해서도 가능하다. 앞에서 소크라테스는 '올바름'을 행위가 아니라 '혼의 내적 상태'에 근거해서 규정하였다. 이런 혼의 상태는 일정한 질서 또는 구조를 지니고 있는 것으로 제시된다. 그는 '올바름'이 혼의 세 부분을 음계의 세 음정(최저음·최고음·중간음)처럼 전체적으로 조화시키는 데서 성립함을 밝힌 바 있다(443~e).[129] 혼의 이러한 질서는 그것이 '좋은 상태'이기 때문에 그런 방식으로 있는 것이고, 이러한 상태는 '좋음'에 의거해서만 이해할 수 있다. 이런 설명 방식에서 우리가 주목할 수 있는 것은 플라톤의 '인식(앎 : epistēmē)' 개념이 우리가 사용하는 '지식(knowledge)' 개념과 다르다는 점이다. 'knowledge'가 일반적으로 어떤 사태에 대해서 사실이 그러하다고 아는 데서 성립하는 앎이라면 이에 반해서 '에피스테메(epistēmē)'에서는 무엇보다 좋고 나쁜 상태를 구별하는 능력이 강조된다. 그는 '좋음'과 '나쁨'의 개념을 도덕적 맥락에서만 사용하고 있지 않다. 그는 어떤 사태와 관련해서 좋고 나쁜 상태를 객관적으로 구분할 수 있는 경우에는 언제나 '에피스테메'가 가능하다고 보았다. 그가 나중에 『국가』 10권(601c~602a)에서 아울로스란 악기를 예로 들면서 '사용하는 자'만이 '좋은 악기'와 '나쁜 악기'를 구별할 수 있고, 이에 대한 인식을 가진다고 언급한 것은 하나의 좋은 예가 될 수 있다. 이처럼 우리가 사용하는 도구들만이 아니라 신체적 상태, 혼의 상태 등에도 모두 좋고 나쁜 상태를 상정할 수 있으며 이런 것들과 관련해서 각각 '인식'이 성립할 수 있다.[130] 인간의 이성은 존재하는 것들의 최선의 상태를 알고자 하는 근본적인 욕구를 지니고 있는데, '좋음'이 진리와 인식의 원인이라고 말하는 것은 바로 이런 관점에서 세계의 본성을 파악하는 방식을 나타내는 것으로 볼 수 있을 것이다.

이 대화 마지막 부분에서 '좋음'은 가지적 대상들(형상들)의 존재(einai)와 본질(ousia)을 부여하는 것이지만, 우시아가 아니라 지위와 힘에 있어서 우시아를 초월하여 있다는 언급이 어떤 의미를 지니는지에 대해서 논란이 많다. 그러나 이런 언급을 근거로 '좋음의 이데아'를 초월적인 어떤 것으로 볼 필요는 없다. 그렇게 이해하면 더 이상의 설명이 불가능할 것이고, '좋음의 이데아'는 신비스러운 것으로 남게 될 것이다. '우시아'란 말은 어떤 사물을 그런 사물이게끔 해 주는 것, 즉 '본질' 또는 '실재성'을 의미한다.[131] 앞에서 살펴보았듯이 어떤 사물을 '좋음'으로 인해 그런 상태로 존재하는 것이라고 상정하면, 이런 언급은 단지 실재의 영역을 구성하는 가지적 대상들과 이것들의 본질을 부여하는 위치에 있는 것이 같은 차원에 있을 수 없다는 것만을 의미하려는 것으로 볼 수 있다.

## 선분의 비유(509d~513e)

[소크라테스는 태양의 비유에서 태양은 '가시적 부류'를, '좋음'은 '지성에 의해서 알 수 있는 부류(가지적 부류)'를 각각 지배한다는 것이 언급되었음을 확인한 뒤, 이 두 부류가 마치 같지 않은 두 부분으로 나뉜 하나의 선분을 취한 것처럼 상정하고 이 두 부분을 다시 같은 비율로 나눈다. 이렇게 나

누어진 가시적 부류는 '상대적인 명확성과 불명확성에 의해서' 영상들(그림자와 상들)과 실물들(동식물 및 일체의 인공물)로 구분된다. 또한 그는 이렇게 해서 구분된 것들은 진리와 진리 아님의 관점에서 원래의 구분인 "'의견의 대상인 것(to doxaston)'이 '인식 가능한 것(인식 대상 : to gnōston)'에 대해 갖는 관계"와 같은 방식으로 나누어졌음을 확인한다. 한편 그는 '지성에 의해서 알 수 있는 것(to noēton)'의 부분 구분에 대해서는 다음과 같이 언급한다. "이것의 한 부분에서는 앞에서 모방(닮음)의 대상들로 된 것들을 혼이 이번에는 영상(모상)들로 취급하고서, 가정(hypothesis)들에서 원리(archē)로 나아가는 식이 아니라 결론으로 나아가는 식으로 탐구하지 않을 수 없게 되네. 반면에 다른 한 부분에서는 '무가정 원리(archē anypothetos)'로 나아가는 것으로서, 가정에서 나아가서 앞부분의 영상들도 없이 형상 자체를 이용하여 이들을 통해 탐구를 진행하네." 이런 언급을 대화자가 충분히 이해하지 못하겠다고 하자 소크라테스는 '지성에 의해서 알 수 있는 것'의 한 부분에 대해 수학자들을 예로 들어 설명한다. 첫째 이들은 홀수와 짝수, 도형들, 세 종류의 각 등을 이미 모두 알고 있는 것으로 가정하고 이 가정들에서 출발하여 논증의 단계들을 거쳐 일관성 있게 결론을 내린다. 둘째 이들은 눈에 보이는 도형들을 추가로 이용하여 논의하지만 그들의 논의 대상은 정사각형 자체나 대각선 자체와 같은 것들이고, 이런 것들은 '지성에 의해서 알 수 있는' 종류이다. 이제 마지막으로 그는 '지성에 의해서 알 수 있는 것'의 다른 부분에 대해 다음과 같이 언급한다. "이는 이성 자체가 '변증술적 논변'의 힘에 의해서 파악하게 되는 것으로서, 이때의 이성은 가정들을 원리로서가 아니라 문자 그대로 '밑에 놓은 것'들로서 대하네. 즉 '무가정의 것'에 이르기까지 '모든 것의 원리'로 나아가기 위한 발판이나 출발점들처럼 말일세. 이성 자체가 이를 포착하게 되면 이번에는 이 원리에 의존하고 있는 것들을 고수하면서 이런 식으로 다시 결론(종결) 쪽으로 내려가되, 그 어떤 감각적인 것도 전혀 이용하지 않고 형상들 자체만을 이용하여 이것들을 통해서 이것들 속으로 들어가 형상들에서 또한 끝을 맺네." 이처럼 네 가지 지적인 상태를 구분한 뒤 맨 윗 것에 대해서는 '지성에 의한 앎(지성적 인식 : noēsis)', 둘째 것에 대해서는 '추론적 사고(dianoia)', 셋째 것에 대해서는 '믿음(pistis)', 마지막 것에 대해서는 '상상(eikasia)'이라고 각각 부르게 된다(509d~513e).]

'태양의 비유'에 이어 소크라테스는 '선분의 비유'를 통해 '가시적인 것들'과 '지성에 의해서 알 수 있는 것들'(가지적인 것들)의 구분을 더욱 자세하게 언급한다. 이 비유는 우리의 인식 상태를 설명하기 위해서 같지 않은 네 부분으로 분할된 선분을 상정하고 있다. 그런데 여기에서 제시된 네 부분의 관계들에 대한 언급만으로는 분할된 선분을 한 가지 방식으로만 그릴 수 없다. 예를 들어 우리는 다음과 같은 두 가지 방식으로 선분을 그릴 수 있다.

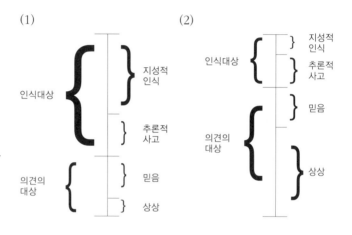

(1)　　　　　　　　　　(2)

소크라테스가 언급하고자 하는 내용을 이해하기 위해서는 이 도표를 어떤 방식으로 그려도 상관없다.[132] 그는 이런 불균등한 분할로써 한 영역이 다른 영역보다 우월한 것임을 표현하고자 하는데, 그가 본문에서 이런 구분과 관련해서 '상대적인 명확성과 불명확성' 또는 '진리와 진리 아님'에 의해 구분한다고 언급하는 것에 근거할 때 이 구분은 진리성의 정도에 따른 것이라 볼 수 있을 것이다.[133] 선분의 네 부분에 상응하는 지적인 상태는 밑에서부터 단계가 올라갈수록 진리를 더 명확하게 파악할 수 있는 것으로 상정되고 있다. 그러면 네 가지 지적인 상태와 그 대상들의 관계에 관해 살펴보자.

첫 번째 '상상'은 진리 인식에 있어서 가장 낮은 단계로 이것은 영상들과 관련된다. 이 단계를 영상과 관련되는 것으로 말하는 이유는 우선 그림자나 거울에 비친 영상들이 그것들의 실물들에 비해 명확하지 못하기 때문이다. 이 점을 분명히 이해하기 위해서는 청동을 매끄럽게 만들어서 만든 고대의 거울이 요즈음의 거울과는 달리 명확하게 실물을 반영하지 못한다는 점을 염두에 둘 필요가 있다.[134] 그런데 실물에 비해 불명확한 영상들을 실물들과 연관해서 파악하지 못하는 정신 상태는 실물들을 파악하고 있는 정신 상태보다 진리 인식에 있어서 낮은 단계일 수밖에 없다. '상상'은 이런 측면에서 단지 '추측'이나 '짐작'에 불과한 것인데, 이 단계는 영상과 그것을 생기게 한 실물들을 구분하지 못하는 상태에서 영상들을 바라보는 정신의 상태를 나타낸다.

두 번째 '믿음'의 단계는 가시적 실물들(동식물 및 일체의 인공물)에 관련된 것들이다. 이 단계에서는 그림자와 실물을 구분할 수는 있지만 그것이 단지 '믿음' 또는 '확신'에 불과한 것으로 이야기되는 이유를 다음과 같이 생각해 볼 수 있다. 예를 들어 '사각형이란 무엇인가' 란 물음에 대해서 '상상' 단계에서는 사각형의 그림자를 사각형이라고 생각하는 데 비해, '믿음' 의 단계에서는 칠판에 그려진 사각형이나 눈으로 볼 수 있는 입체적 형태가 바로 사각형이라고 믿는다. '믿음' 은 사각형의 그림자가 실물로서의 사각형의 불완전한 모사물이라는 것을 알고 있다는 점에서 '상상' 보다 높은 단계에 있지만, 이 단계는 가시적 실물들에 대해 '상상' 과 같은 잘못을 범하고 있다. 즉 이 단계에서는 가시적 실물들이 '가지적인 것들' 의 영상임을 알지 못하는 정신 상태를 보여 주고 있다. 믿음의 단계는 우리가 눈으로 볼 수 있는 실물로서의 사각형과 그 본질을 구분하지 못하고, 사각형의 본질이 사고의 힘에 의해서만 파악될 수 있다는 사실을 알지 못하는 지적 상태이다. 선분의 비유에서 크게 둘로 나뉜 부분 가운데 아랫부분이 '의견의 대상' 으로서 그 윗부분인 '인식 대상' 의 가시적 '영상' 으로 언급(510a)되고 있는 데에서 알 수 있듯이, 플라톤은 가시적인 것들을 이해하기 위해서는 '가지적인 것들' 에 근거해야 한다고 생각하고 있다.

세 번째와 네 번째 단계는 선분의 아래 두 단계와는 다른 차원의 것으로 간주된다. 세 번째 단계인 '추론적 사고' 는 수학자들의 지적 상태, 네 번째 단계인 '지성적 인식' 은 철학자의 지적 상태를 각각 가리킨다. 이러한 두 가지 지적 상태의 차이점을 이해하기 위해서는 다음과 같이 두 단계를 비교해서 이해하는 편이 좋을 듯하다. (1) '추론적 사고'는 가시적 실물들을 '영상들'로 취급하고 사유한다. 수학자들은 가시적 도형들을 이용해서 사유하지만, 그들이 탐구하고자 하는 것은 '정사각형 자체'나 '대각선 자체'에 대한 것이다. 반면에 '지성적 인식'은 가시적인 것들을 전혀 이용하지 않고 형상들만을 이용하여 사유한다. (2) '추론적 사고'는 가정에서 원리로 나아가는 것이 아니라 가정에서 결론으로 나아가는 사유를 한다. 반면에 '지성적 인식'은 가정에서 원리로 나아가는 사유를 한다. (1)에서 지적한 '추론적 사고'의 특징은 다음과 같이 이해할 수 있다. 예를 들어 기하학자가 칠판에 그려진 직각삼각형을 이용해서 피타고라스 정리를 증명하고자 할 때, 이들은 그려진 직각삼각형에 대해 증명하고 있는 것이 아니다. 피타고라스 정리는 우리의 사고의 힘에 의해서만 파악할 수 있는 이상적 직각삼각형에 유효한 법칙일 뿐이다. 이런 점에서 플라톤은 이 대화에서 기하학자들이 가시적 도형들을 이용하기는 하지만, 그들이 생각하는 것은 '정사각형 자체나 대각선 자체'와 같은 '가지적인 것들'이라고 언급하는 것이다. 그런데 여기에서 언급되고 있는 '정사각형 자체나 대각선 자체'의 존재론적 성격을 어떻게 이해해야 하는지는 큰 논란거리이다. 한쪽 입장은 이것들을 플라톤의 형상을 가리키는 것으로 보지만, 다른 쪽 입장은 이것들을 형상과 감각적으로 지각되는 것들 사이에 있는 중간적인 것들인 '수학적인 것들'<sup>135)</sup>을 가리키는 것으로 보고 있다. 그러나 플라톤이 여기에서 '수학적인 것들'과 '형상'의 구분을 염두에 두고 있었다는 것을 인정한다 하더라도, 그가 선분의 비유에서 제시된 네 단계 지적 상태의 구분에 상응해서 그 대상들도 존재론적으로 구분하고 있는지는 의문이다. 이렇게 상정하면 존재론적 차이를 인정하기 곤란한 경우가 있기 때문이다. 예를 들어 '영상'과 '믿음'의 대상들의 존재론적 차이에 대해 생각해 보자. 가시적인 것들의 경우에는 영상과 그 실물을 구분하는 것이 쉽다. 그러나 플라톤은 분명히 이런 인식의 단계들이 '올바름'과 같은 덕의 경우에도 적용되는 것으로 보고 있음이 분명한데, '올바름'에 대한 인식에 있어서 '영상'과 '믿음'의 대상들이 존재론적으로 차이가 있다고 말할 수는 없다. 따라서 플라톤은 분명히 인식 대상과 의견 대상의 존재론적 차이를 상정하고 있지만, 그가 네 단계의 지적 상태에 상응해서 대상들도 존재론적 차이를 갖고 있다고 생각할 수는 없다. 우리는 '선분의 비유'를 해석함에 있어, 그가 네 단계의 지적 상태를 구분하면서 대상들의 존재론적 차이가 아니라 '진리성'의 측면을 강조(510a)하고 있음에 유념할 필요가 있다.[136] 한편 수학자들은 가시적 도형들을 이용하기는 하지만 '수학적인 것들'을 그 탐구 대상으로 하는데, 이런 탐구 방식은 가시적인 것들을 전혀 이용하지 않고 형상만을 이용하는 '지성적 인식'과 대비된다. 이런 대비를 통해 플라톤이 지적하고 있는 것은 수학자들도 '가지적 대상'들에 속하는 '수학적인 것들'을 탐구하고는 있지만, 이들의 탐구 방식에는 한계가 있다는 점이다. 왜 그런가? 이와 관련해서 '추론적 사고'에서는 "앞에서 모방(닮음)의 대상들로 되었던 것들을 혼이 이번에는 영상들로 취급"(510b)한다는 언급에 주목할 필요가 있다. '추론적 사고'는 가시적 실물들을 영상으로 취급한다는 점에서 가시적 실물들이 가지적인 것들의 영상에 불과하다는 생각을 하지 못하는 '믿음'보다 더 나은 지적 상태에 있다. 이처럼 '추론적 사고'는 가지적인 것을 탐구하지만 가시적인 것들을 이용해서 사고하기 때문에 가시적인 것들을 전혀 이용하지 않는 '지성적 인식'의 단계보다 열등하다. 예를 들어 피타고라스 정리를 가시적 도형들에 의존하지 않는 방식으로 이 정리를 좀더 정확하게 증명할 수 있다는 점을 생각하면 플라톤의 생각을 이해할 수 있을 것이다.[137]

두 단계의 또 다른 차이점을 보여 주는 (2)의 내용은 당시 수학자들에 대한 비판만이 아니라 수학자와 철학자의 사고

방식의 차이를 잘 보여 준다. 플라톤은 수학자들이 '홀수와 짝수' '도형들' '각' 과 같은 것들을 "모두에게 명백한 것들로서 가정" 하고서 결론으로 나아가는 사유를 한다고 비판하고 있는데, 이러한 것들이 수학자들이 생각하는 것처럼 누구에게나 명백하다면 그것들을 '설명' 하거나 '증명' 할 필요가 없다. 그러나 플라톤은 수학자들이 놓고 나가는 것들이 '명백한 것' 이 아니라 그 이상의 설명이 필요한 것으로 본다. 그가 나중에 변증술에 대한 논의 과정에서 "하나 자체가 도대체 무엇인지"(524e)에 대해 물을 수 있고, "수들의 본성에 대한 고찰"(525c)의 필요성을 언급하는 데에서 시사하고 있듯이, 그는 수학자들이 놓고 나가는 가정들에 대해 "그것은 무엇인가" 란 물음을 통해서 "각각의 것의 본질에 대한 설명"(534b)이 가능하다고 생각한다.[138] 그러나 우리가 수학자들이 놓고 나가는 수들이나 도형들과 관련된 가정에 대해 그 이상의 탐구가 가능하다 하더라도 가정에서 원리에로 나아가는 사유인 '지성적 인식' 에 대한 플라톤의 설명은 난해하기 그지없다. 그는 '지성적 인식' 의 단계에서 형상들만을 이용해 '무가정의 원리' 까지 이르러야 함을 주장하는데, 이것이 어떤 방식으로 가능한지 여기에서는 더 이상 언급되고 있지 않기 때문이다. 더욱이 '무가정의 원리' 는 '태양의 비유' 에 제시된 내용에 따를 때 '좋음의 이데아' 일 수밖에 없는데, 어떻게 '좋음'이 '수학적인 것들'의 무가정의 원리가 될 수 있는지는 이해하기가 쉽지 않다.

플라톤은 이에 대해 아무런 설명도 제시하고 있지 않지만, 우리는 다음과 같은 방식으로 이를 이해해 볼 수 있다. 우선 수와 관련된 경우를 생각해 보자. 일반적으로 우리가 하나, 둘로 세는 사물들은 더 나누어질 수 있기도 하며 크기가 완전히 동일한 것들이 아니다. 그런데 수학자들은 그들이 하나, 둘로 부르는 것들이 자신 안에 어떤 부분도 갖고 있지 않으며, 모두에 대해 서로 같다는 것을 가정한다.[139] 그러나 이런 가정에 대해 우리는 더욱더 사유를 진행시킬 수 있다. 어떤 것을 하나 또는 다수의 것으로 세느냐 하는 문제는 우리가 무엇을 세느냐에 달려 있다. 우리가 사람을 센다면, 소크라테스는 하나가 된다. 그러나 사지를 센다면 그는 다수이다. 우리가 어떤 것을 하나로 센다는 것은 그것을 어떤 특성을 갖고 있는 어떤 하나로서 고찰하고 있는 것이다. 사람·사지 등과 같은 특성이 우리가 세는 것과 우리가 어느 지점에서 세는 것을 멈추어야 할지를 결정한다. 따라서 우리가 무엇을 세고 있는지를 결정할 개념들을 갖고 있지 않다면 어떤 계산도 없다는 것은 분명하다. 그러나 또한 모든 것은 함께 세어질 수 없다. 예를 들어 두 사람과 이들의 네 다리를 묶어서 여섯이라고 셀 수는 없다. 이런 예를 통해 알 수 있듯이 계산은 세어질 단위들을 결정할 하나의 방식을 전제한다. 또 우리가 서로 성질이 전혀 다른 것들을 함께 묶어서 셀 수 없다는 사실은 사물들을 적절한 또는 부적절한 방식으로 모으는 방식이 있음을 보여 준다. 이것은 사물들을 어떻게 모으고 나누는 것이 좋은지 하는 문제에 대한 고찰로 이끌 수 있다. 그러나 수학자들은 계산과 관련해서 이런 문제에 대해 더 이상 생각하지 않는다.[140] 이 점을 도형의 예를 갖고서 더 생각해 보기로 하자. 동일한 각과 동일한 변을 갖고 있는 정사변형을 생각해 보자. 그리고 이 정사변형의 네 각들이 직각과는 다른 어떤 것이라고 가정하자. 이 경우에 이러한 정사변형 네 개를 모아서 더 큰 정사변형을 만드는 것은 불가능하며, 공간은 일정한 질서를 갖는 것으로 파악될 수 없을 것이다.[141] 플라톤이 『티마이오스』편에서 잘 보여 주고 있듯이 그는 이 우주의 질서와 아름다움을 기하학적 관점에서 분석하고 설명한다. 앞에서와 같이 가정된 사각형으로는 이 우주 질서를 설명할 수 없다. 이런 관점에서 보면 도형이나 각 등은 이것이 가능하게 하는 어떤 질서 있는 아름다움 때문에 그런 것으로 존재한다고 볼 수 있다. 그러나 수학자들은 이런 방식으로 사유를 더 이상 밀고 나가지 않는다는 점에서 한계가 있다고 말할 수 있다. 플라톤이 '선분의 비유'에서 '좋음'에 대한 인식을 변증술의 마지막 단계로 놓은 이유를 이런 관점에서 이해할 수 있다는 것은 7권에서 제시된 '변증술의 예비과목들'에 대한 그의 언급에서도 뒷받침 받을 수 있다. 그는 7권에서 수론·평면기하학·입체기하학·천문학·화성학을 변증술을 위한 예비과목들로 제시한 뒤, 이들 과목의 "상호간의 공동관계와 동류관계"에 대해 이해할 경우 그것은 좋음의 이데아에 대한 인식에 기여할 것이지만, 그렇지 못하면 헛수고하는 것이라고 언급한다(531c~d). 이처럼 그는 수학과 관련된 학술들에 대한 탐구는 존재하는 것 전체의 질서와 좋음을 이해하는 데 도움이 될 때에만 가치가 있다고 본다.[142]

## 동굴의 비유(7권 514a~521b)

[이제 소크라테스는 다음과 같은 말로서 다른 비유를 도입한다. "그러면 다음으로는 교육 및 교육 부족과 관련한 우리의 성향을 이런 처지에다 비유해 보게나." 이 비유의 내용은 다음과 같이 요약된다. 길고도 넓은 지하의 동굴에 사람(죄수)들이 어릴 적부터 사지와 목을 결박당한 채 앞만 보도록 되어 있다. 이들의 뒤쪽에는 불빛이 타오르고 있으며, 불과 죄수들 사이에는 가로로 길이 하나 나 있다. 이 길을 따라 담이 세워져 있다. 사람들은 이 담을 따라 온갖 인공의 물품과 돌·나무 또는 그 밖의 온갖 것을 재료로 하여 만든 인물상 및 동물상들을 인형극을 공연하는 사람들처럼 쳐들고 지나

가면서 소리를 내기도 한다. 동굴 안의 죄수들은 머리조차 움직이지 못하도록 결박되어 있기 때문에 불로 인해 자기들 맞은 편 동굴 벽면에 투영되는 그림자들만을 보게 된다. 이들은 이런 그림자들을 실물로 지칭할 것이며, 메아리가 울려 온다면 그 소리를 그림자가 내는 것으로 믿는다. 이들 중 한 사람이 결박에서 풀려나 일어나서 고개를 돌려 불빛 쪽을 쳐다보도록 강요당한다면 이는 매우 고통스러운 경험일 것이다. 누군가가 이 사람에게 이제는 그림자가 아닌 실상에 좀 더 가까이 와 있고 더욱 옳게 보게 되었다고 말한다면, "더군다나 지나가는 것들 각각을 그에게 가리켜 보이며 그것이 무엇인지를 묻고서는 대답하도록 강요한다면" "그는 당혹해하며 앞에서 보게 된 것들을 방금 지적 받은 것들보다 더 진실한 것으로 믿을 것"이다. 또한 그 불빛 자체를 보도록 강요한다면 그는 눈부심 때문에 당혹해하며 자신이 바라볼 수 있는 그림자들을 향해 달아날 것이다. 그러나 누군가 그를 험하고 가파른 오르막길을 통해 햇빛 속으로 억지로 끌고 가면 그는 처음에는 고통스러워하며 언짢아하는 한편, 광휘 때문에 진짜라고 하는 것들을 그 무엇도 볼 수 없을 것이다. 그래서 그에게는 익숙해짐이 필요하다. 그는 처음에는 그림자, 그다음으로는 물속에 비친 상들을 본 뒤에야 실물들을 보게 될 것이다. 나아가 하늘에 있는 것들과 하늘 자체를 밤에 별빛과 달

빛에 의해 관찰한 뒤에야, 낮에 그것들을 관찰하게 되고 마침내 해 자체를 직접 볼 수 있게 될 것이다. 그런 다음에야 그는 태양이 계절과 세월을 가져다주며, 보이는 영역에 있는 모든 것을 다스리며, 어느 면에서는 그와 동료들이 동굴 속에서 본 모든 것의 원인임을 알게 될 것이다. 이제 그는 동굴에서 죄수들의 상태와 그들이 지혜라 부르는 것을 상기하고 그들을 불쌍히 여길 것이다. 그리고 동굴에서 벽면에 지나가는 그림자들을 가장 예리하게 관찰해서 그 순서를 가장 잘 기억하고는 다음에 올 것을 가장 잘 예측하는 사람에게 주어지는 명예와 칭찬 및 상을 경멸할 것이다. 이런 사람이 동굴로 다시 내려가게 되면 그는 어둠에 익숙해질 때까지 그림자들을 제대로 판별해 내지 못할 것이며, 사람들은 그를 비웃으며 위로 올라가더니 눈을 망치고 왔다면서 자기들을 위로 인도하려는 사람을 죽이려고 할 것이다(514a~517a).

이 전체 비유에서 동굴의 감옥은 가시적 영역, 감옥 속의 불빛은 태양의 힘에 각각 비유된다. 위로 오름과 높은 곳에 있는 것들의 구경은 '지성에 의해서 알 수 있는 영역'으로의 혼의 등정으로 간주된다. 여기에서 최종적으로 각고 끝에 보게 되는 것이 좋음의 이데아이다. 그리고 "일단 이를 본 다음에는, 이것이 모든 것에 있어서 모든 옳고 아름다운 것의 원인이라고, 또한 '가시적인 영역'에 있어서는 빛과 이 빛의 주인을 낳고 '지성에 의해서 알 수 있는 영역'에서도 스스로 주인으로서 진리와 지성을 제공하는 것이라고, 그리고 또 장차 사적으로나 공적으로나 슬기롭게 행하고자 하는 자는 이 이데아를 보아야만 한다고 결론을 내려야만 한다"는 것이다. 그리고 이런 높은 경지에 이른 사람은 인간사에 마음 쓰고자 하지 않으려고 할 테지만, 인간사와 관련해서 올바름의 문제에 대해 법정이나 다른 곳에서 말다툼하지 않을 수 없게 될 경우에 처음에는 어둠에 익숙하지 않은 탓으로 우스꽝스럽게 보일 수 있음이 언급된다. 그러나 이것은 밝은 삶에서 어두운 곳으로 와서 겪는 일이기 때문에 이런 상태를 비웃어서는 안 된다. 이게 진실인 경우, 교육은 혼 안에 지식이 있지 않을 때, 마치 보지 못하는 눈에 시각을 넣어 주듯 지식을 넣어 주는 것이 아니라고 보아야 한다. 오히려 앞의 논의는 교육이 "각자의 혼 안에 있는 이 힘과 각자가 이해하는 데 있어서 사용하는 기관을, 이를테면 눈이 어둠에서 밝음으로 향하는 것은 몸 전체와 함께 돌리지 않고서는 불가능하듯, 마찬가지로 혼 전체와 함께 생성계에서 전환해야만 된다는 걸 시사한다"는 것이다. 이런 전환을 위한 효과적인 방책이 있는데, 그것은 혼의 능력을 참된 것들로 방향을 바꾸어 주는 방책이다. 한편 소크라테스는 나라의 수립자들은 가장 훌륭한 성향을 지닌 자들이 배움을 통해서 궁극적으로 좋음을 보게끔 하도록 한 뒤 죄수들 곁으로 다시 내려가도록 해야만 함을 강조한다. 이들은 양육과 교육의 빚을 나라에 지고 있어서 나라를 다스릴 책무가 있기 때문이다. 이런 사람들이 불가피한 것에 임하듯 번갈아 통치할 때 나라가 잘 경영될 수 있다 (517b~521b).]

플라톤은 동굴의 비유를 통해 교육 부족으로 인해 야기된 인간의 처지를 동굴 속의 죄수에 비유한 뒤 인간이 어떻게 진리 인식에 이르게 되는지를 생생하게 묘사한다. 이 비유의 함축을 이해하기 위해서는 먼저 '동굴 속의 죄수'가 처해 있는 상태를 정확하게 파악할 필요가 있다. 우선 동굴 안의 '그림자'를 생기게 하는 모형들은 동굴 밖의 것들의 상이기 때문에 동굴 안의 그림자는 '그림자의 그림자'라는 점이 분명하다. 죄수들은 인형극을 공연하는 사람들이 보여 주는 인형의 그림자들을 보고 있으면서도 이런 그림자들을 그림자가 아니라 진짜(실재)로 생각하면서 살고 있다. 이런 상태는 정상적인 인간 조건이라고 볼 수 없다. 그렇다면 왜 플라톤은 죄수들이 우리와 같은 사람들(515a)이라고 말하고 있을까. 이 점을 이해하기 위해서 우리는 그림자를 생기게 하는 모형들을 운반하는 사람들이 '인형극을 공연하는 사람들'에 비유되고 있다는 점에 주목할 필요가 있다. 이 사람들은 대중의 생각을 조종하고 이들에게 왜곡된 생각을 심어 주는 사람들을 상징한다고 볼 수 있다. 플라톤은 이에 앞서 492a~d에서 당시 아테네의 정치적 현실을 통렬하게 비판하고 있는데, 여기에서 소피스테스·민중선동가들이 대중의 생각을 오도하고 젊은이들을 잘못 교육시키고 있다는 점을 생생하게 언급하고 있다. 바로 '인형극을 공연하는 사람들'은 소피스테스나 민중선동가, 결박된 죄수들은 나쁜 통치 체제 아래에서 잘못된 교육으로 말미암아 올바로 판단하지 못하는 사람들을 각각 상징한다.[143]

이런 처지에 있는 사람들이 결박을 풀고 어리석음에서 벗어나는 것은 매우 힘든 일임을 우리는 충분히 짐작할 수 있다. 결박에서 풀려나 불빛을 바라보는 단계에 대한 언급에서 주목할 수 있는 것은, 누군가 결박에서 풀려난 죄수에게 지나가는 각각의 것이 무엇인지를 묻고 그 대답을 강요할 경우 질문을 받은 사람이 당혹해한다는 것이다. 이런 언급은 소크라테스의 '논박술'로 인해 대화자들이 겪게 되는 상태에 대한 생생한 묘사라 볼 수 있다. 플라톤의 초기 대화편들에 묘사된 소크라테스는 사람들이 무비판적으로 수용하고 있는 생각들에 대해 집요하게 캐물어 들어감으로써 이들의 무지를 깨우치고자 하지만, 대화 상대자들은 소크라테스의 질문에 대해 제대로 대답하지 못할 뿐 아니라 아포리아(aporia :

난관)에 부닥치게 된다. 이들 대화편에서 대부분의 대화 상대자들은 소크라테스가 자신들을 기만했다고 생각하고 화를 내기도 하면서 자신의 생각을 버리지 않는 태도를 보여 주는데, 이런 사람들은 결박에서 풀려나 처음에 불빛을 바라보게 된 죄수들의 상태와 같은 것이다. 이 비유에서는 명확히 언급되어 있지 않지만, 다음 단계를 통해 분명히 알 수 있듯이 이들 가운데 어떤 사람들은 실물과 그림자를 분명히 구분할 수 있게 될 것이다. 힘든 과정을 거쳐 동굴 밖으로 나오게 된 죄수는 자연물의 그림자나 상들만을 보는 단계를 거쳐 생물이나 별들을 그 자체로 바라본 뒤 최종적으로는 태양을 그 자체로 보게 되고, 이것이 모든 가시적인 것의 원인임을 알게 된다. 이 비유는 철학이 사람들을 계몽시키고 진리 인식에로 이끌 수 있다는 생각을 역동적 이미지를 통해 보여 주고 있다.

그런데 동굴의 비유에 대한 해석과 연관해서 논란의 대상이 되는 것 가운데 하나는 이 비유와 '선분의 비유'의 연관성이다. 소크라테스는 이 비유를 앞에서 언급된 것들과 연관시켜 이해해야 한다고 분명하게 언급하고 있지만(517b), 두 비유가 과연 일대일로 대응하는지는 연구자들 사이에서 논란거리가 되고 있다. 그러나 우리는 플라톤이 염두에 두고 있는 대응 관계를 다음과 같이 이해할 수 있다. 우선 지하의 동굴 세계는 크게 둘로 나뉜 선분의 아랫부분에 해당하는 것이고, 동굴 밖의 세계는 윗부분에 해당된다. 동굴 밖의 태양은 '좋음의 이데아', 실물이나 별·달 등은 형상을 각각 상징하며, 이것들의 그림자나 영상들은 '수학적인 것들'에 상응한다. 이에 따라 비유 내용은 다음과 같이 넷으로 구분할 수 있다. (1) '상상'의 단계 : 동굴 안의 죄수들은 동굴 안 뒤쪽에서 타오르는 불빛이 인공물이나 인물상 및 동물상들을 비춤으로써 생긴 그림자들을 진짜(실재)로 생각하면서 살고 있다. (2) '믿음'의 단계 : 결박에서 풀려난 어떤 사람이 불빛을 바라보고 그쪽으로 나아가게 되면, 이 사람은 처음에는 눈부심 때문에 그림자와 실물들을 구분하지 못하고 그림자가 더 실재라고 생각하지만 마침내 둘을 구분할 수 있게 된다. (3) '추론적 사고'의 단계 : 동굴 밖으로 나와서 자연물의 그림자나 상들만을 보는 과정이다.[14] (4) '지성적 인식'의 단계 : 생물이나 별들을 그 자체로 바라본 뒤 태양을 그 자체로 보게 되고, 이것이 모든 존재하는 것의 원인임을 알게 된다.

한편 소크라테스는 이 비유의 내용을 설명하는 과정에서 동굴 밖으로 나간 사람이 다시 동굴 안으로 내려와 현실 정치에 참여해야 함을 강조하고 있지만, 이런 주장은 그가 언급하고 있는 철학자의 성향 때문에 반대에 부닥치게 된다. 그는 좋음의 이데아를 인식하여 최고 경지에 이른 철학자들이 "인간사에 마음 쓰고 싶어 하지 않으며 이들의 혼은 언제나 높은 곳에서 지내기를 열망한다는 사실"(517c~d)을 인정하고 있는데, 이런 사람들에게 현실 정치에 관여하도록 요구하는 것은 희생을 강요하는 것으로 여겨질 수 있다. 이 점을 분명히 이해하기 위해서는 이에 앞서 1권(347c)에서 통치하는 일이 훌륭한 사람들에게는 수고로운 일이며 '부득이한 일에 임하는 것'으로 간주되었다는 내용을 상기할 필요가 있다. 소크라테스는 본질적으로 통치는 다른 사람들을 보살피는 일이고 다스림을 받는 사람에게 이익이 되는 일이기 때문에 통치하기를 원하는 사람조차 돈이나 명예 등의 보상을 요구한다고 지적한 바 있다(347a). 그러나 철학자는 이런 세속적인 보상을 원하는 사람들이 아니기 때문에 그들에게 통치할 것을 요구함은 그들의 이익을 침해하는 것일 수 있다. 이런 이유로 소크라테스가 철학자들에게 동굴 밖에 머물러 있는 것을 허용해서는 안 된다고 주장하자마자 글라우콘은 "그렇게 되면 우리는 이들에 대해 올바르지 못한 짓을 하게 되며, 이들로서는 더 못한 삶을 살도록 만들게 될 텐데요?"(519d)라며 이의를 제기한다. 이런 이의 제기에 대해 소크라테스는 두 가지 측면에서 자신의 입장을 옹호한다. 첫째 그는 '아름다운 나라'가 지향하는 것은 "나라에 있어서 어느 한 부류가 각별하게 잘 지내도록 하는 것에 관심을 갖는 게 아니라, 온 나라 안에 이것이 실현되도록 강구하는 데 관심"
(519e)을 갖기 때문에 이들에 대한 요구는 정당하다고 주장
한다. 이런 주장은 처음 보기에는 전체를 위해 소수의 희생
을 요구할 수도 있다는 것으로 보이지만 사실은 그렇지 않
다. 나라를 구성하면서 기본적으로 따라야 하는 것으로 제
시된 분업의 원칙에 의거할 때, 나라의 구성원 모두는 각자
에게 적합한 일을 자신만을 위해서가 아니라 공동체 구성원
전체를 위해 행사해야만 한다. 이런 관점에서 볼 때, 소크라
테스의 주장은 나라의 구성원들 가운데 철학자들에게만 희
생을 강요하는 것도, 전체의 행복을 위해 소수의 철학자들
이 희생해야만 하는 것도 아니다. 둘째 그는 철학자들은 나
라가 제공하는 양육과 교육 덕으로 진리 인식에 이르렀기
때문에 양육의 빚을 갚으라는 요구는 올바른 것이라고 주장
한다. 1권에서 제시되었듯이 '빚을 갚는 것'은 중요한 정의
(올바름)의 원칙이다.[145] 소크라테스가 철학자들에게 통치할
것을 요구하는 것은 이러한 '정의의 원칙'에 의거한 것이지
자기희생을 강요하는 것이 아니다.

　이와 관련해서 더 생각해 보아야 할 것은 과연 철학자가
단지 '정의의 원칙'을 존중하기 때문에 동굴 안으로 내려온
다고 볼 수 있는지 하는 것이다.[146] 우리는 『국가』 1권에서 소
크라테스가 훌륭한 사람이 자진해서 통치하려고 하지 않을

경우에는 강제나 벌이 가해지지 않으면 안 된다고 하면서, "스스로 통치하려는 마음을 갖지 않을 경우 그에 대한 최대의 벌은 자기보다 못한 사람한테 통치를 당하는 것"(347c)이라고 언급한 것에 주목할 필요가 있다. 만일 철학자가 현실적 정치에의 참여보다 관조적 삶이 더 좋은 것이라고 생각해서 나라 다스리기를 거부하고 나라를 다스릴 자격이 없는 사람들의 통치를 묵인한다면, 이는 나라에 좋지 않은 결과를 가져오는 것을 용인하는 꼴이 될 것이다. 그러나 플라톤은 좋음을 인식한 철학자가 이런 선택을 할 가능성은 없다고 보는 것 같다. 그는 실재들에 대한 인식과 더불어 궁극적으로 '좋음의 이데아'를 인식한 철학자들을 단순히 이런 것들에 대한 관조에 머물지 않고 이를 본받고 삶에 구현하려고 하는 자로 보고 있기 때문이다(500c~d). 그는 자신의 개인적인 '좋음'이 아니라 '좋음' 자체에 근거해서 판단하는 자이며, 이 세계에 이성적인 질서를 가능한 한 최대로 구현하기를 원하는 자이다.[147] 이런 점을 고려한다면 철학자는 실재에 대한 관조적 삶이 주는 좋음 때문에 현실 정치에 대한 참여를 거부하지는 않을 것이다.[148] 플라톤은 철학자들이 불가피하게 정치에 참여하게 된다는 점을 『국가』에서 여러 차례 강조하고 있다. 세속적인 권력에 전혀 관심이 없는 철학자가 불가피하게 나라를 다스릴 때에만 '아름다운 나라'가 실현될 수 있다는 그의

생각은 권력의 속성을 생각할 때 중요한 정치철학적 통찰이
라 아니 할 수 없다.

# 변증술의 예비 교과목과 변증술

(7권 521d~541b)

[이제 소크라테스는 어둠에서 광명으로 인도하듯이 실재에로의 혼의 전환을 위한 교과목들에 대해 언급한다. 수호자들은 전사이기 때문에 찾고 있는 교과목들이 실재로의 인식으로 이끄는 것뿐 아니라 전투에 유용한 것이어야 함을 먼저 지적한 뒤에, "모든 기술 및 모든 형태의 사고와 지식이 이용하는 공통의 것"으로서 수 및 계산과 관련된 과목(수론)을 첫 번째 교과목으로 언급한다. 그가 이 과목과 관련해서 주목하는 것은 이것이 "'지성에 의한 이해(noēsis)'로 인도하는 것 가운데 하나"이며 "존재(본질 : ousia)로 이끌기에 아주 알맞은 것"이라는 점이다(521d~523a).

소크라테스는 그가 염두에 두고 있는 점을 다음과 같이 설명한다. 어떤 것들이 감각만으로도 판단하기에 충분하다면, 이 경우에는 '지성에 의한 이해'를 불러일으키지 않는다. 그러나 감각이 동일한 것에 대해 대립적 성질들을 동시에 알려 준다면, 이런 경우에는 계산(logismos) 또는 사고(dianoia)를 불러일으키고 결국 '지성에 의한 이해'로 향하게 한다. 예를 들어 세 개의 손가락을 상정할 경우 이것들은 모두 똑같이 손가락으로 보이기 때문에 손가락이 무엇인지를 더 이상 묻지 않게 되지만, 세 개의 손가락 가운데 약손가락이 긴 것인지 짧은 것인지 하는 문제는 일의적으로 대답할 수 없다. 약손가락은 새끼손가락에 비해서는 길지만 가운뎃손가락에 비해서는 짧기 때문이다. 그는 부드러움과 단단함, 무거움과 가벼움의 경우에도 같은 방식의 문제가 제기될 수 있다고 강조한다. 그런데 '수'와 '하나'가 손가락의 경우처럼 감각에 의해 충분히 파악되는 것이라면, 이것은 존재(본질)로 이끄는 게 아닐 것이다. 그러나 볼 수 있고 만질 수 있는 물체들은 동시에 하나이면서 무수한 것으로 보이기도 하기 때문에 혼은 당혹해하면서 "하나 자체가 도대체 무엇인지"를 묻게 된다고 한다. 산술과 수론은 궁극적으로 '지성에 의한 이해'만을 통해 수들의 본성에 이르기까지 고찰하기 위해 배워야 하는 것인데, 이것은 '생성'에서 '진리와 존재'로 혼의 방향 전환을 수월하게 한다. 이런 학과목에서 말하는 수들은 "사고할 수 있을 뿐, 그 밖에 어떻게도 다룰 수 없는 그런 수들"임이 추가적으로 언급된다(523a~526c).

둘째 교과목으로 언급되는 기하학의 경우에도 소크라테스는 전쟁과 관련한 유용성보다 그것이 '좋음의 이데아'에 대한 인식에 기여하는 면이 중요하다고 지적한다. 그는 이것이 생성 소멸하는 것이 아니라 존재에 대한 앎을 위한다는 점을 강조한다. 다음에 그는 천문학을 셋째 교과목으로 제시한다. 글라우콘이 천문학이 농사나 항해 및 전략에도 유용하다는 이유로 이를 받아들이자, 그는 다시 이 교과들을 배우는 이유를 강조해서 언급한다. "이 교과들을 통해서 각자의 혼의 어떤 기관이 순수화되어 [그동안의] 다른 활동들로 인해서 소실되고 눈이 멀게 된 이 기관이, 눈 1만 개보다도 더 보전될 가치가 있는 이 기관이 다시 점화된다는 것을 말일세. 이것에 의해서만이 진리가 보이기 때문이네." 그러나 기하학 다음의 것으로 천문학을 취한 것은 잘못이었다고 언급하는데, 평면 다음에 입체를 그 자체로 취하기 전에 회전 운동을 하고 있는 입체를 취했기 때문이다. 그러나 입체기하학은 아직 이론적으로 확립되지 않았다는 사실이 지적되고, 다시 넷째 교과인 천문학의 이야기로 넘어간다. 소크라테스는 당시 천문학이 하듯 눈으로 하늘에 있는 것들을 관찰하는 방식으로는 혼을 위쪽으로 인도할 수 없다고 지적한다. 즉 천문학은 아름답기는 하나 완전하지는 않은 하늘의 장식물(천체)들을 육안에 의존에서 관찰하는 방식이 아니라, 천체들의 운행이 보여 주는 수적 비율을 이성과 추론적 사고에 의해서 파악해야 한다. 마지막으로 화성학에 대해 언급한다. 피타고라스학파가 주장하듯이 이 학문은 화성적 운동에 관한 것으로, 눈으로 볼 수 있는 움직이는 운동에 관한 천문학과 자매 관계에 있다. 그러나 소크라테스는 피타고라스학파 사람들이 화성과 관련된 것을 지성보다 귀를 이용함으로써 파악한다고 비판하면서 다음과 같이 언급한다. 이들은 "들려오는 협화음들에 있는 수들을 찾되, 문제들로 올라가지는 않는다네. 즉 어떤 수들이 협화음이고 아닌지, 무엇 때문에 각각의 경우가 그러한지를 고찰하는 데까지 나아가지는 않는다네." 이와 함께 이런 탐구는 '아름답고 훌륭한 것'의 탐구를 위해서 유용한 것이지, 다른 목적으로 추구한다면 무용한 것이라고 강조한다. 나아가 앞에서 언급한 "이 모든 것의 탐구가 상호간의 공동관계와 동류관계에 이른다면, 그래서 이것들이 어떻게 해서 서로 친근한 것들인지에 대해 결론을 얻게 된다면 이것들에 대한 부지런한 공부는 우리가 바라는 바에 뭔가 기여할 것"(531c~d)이라고 덧붙인다(526c~531d).

계속해서 소크라테스는 앞에서 언급된 교과들은 '변증술에 능한 자'들이 배워야 할 '본 악곡'의 서곡에 불과하다고 지적한다. 소크라테스는 이들이 합리적인 설명을 주고받을 수 있어야 한다고 강조하면서 변증술적 논변에 대해 다음과 같이 언급한다. 이들은 "일체의 감각을 쓰지 않고서 '이성적 논의(이성 : logos)'를 통해 '각각인 것 자체'로 향해서 출발하려 하고, 그래서 '좋은 것 자체'를 '지성에 의한 이해(앎) 자체(autē noēsis)'에 의해 파악하게 되기 전에는 물러서지 않을 때, 그는 '지성에 의해서[라야] 알 수 있는 것(to noēton)'의 바로 그 끝에 이르네. 마치 동굴을 벗어나 그 죄수가 그때 '가시적인 것들'의 끝에 이르렀듯이 말일세." 이런 여정이 변증술(dialektikē)이라 일컬어진다. 글라우콘이 "변증술적 논변이 갖는 힘의 특성은 무엇이며, 이것은 어떤 유형들로 분류되며, 그 길 또한 어떤 것들인지"를 말해 달라고 요청하자 소크라테스는 이제부터는 비유가 아니라 자신에게 보이는 진실 자체를 말하겠다면서 이에 대해 다음과 같이 설명한다. 변증술만이 '각각인 것 자체'를 체계적으로 파악할 수 있는 힘을 지니고 있는 반면에, 기하학이나 그 밖의 학술들은 실재에 관해서 꿈을 꾸고 있는 것과 같다. 이것들은 가정들을 이용하되, 가정들을 설명해 주지 못하기 때문이다. 결국 변증술적 탐구 방법을 "가정들을 [하나하나] 폐기하고서, 확실성을 확보하기 위해 원리 자체로 나아가는" 것으로 규정하면서, 앞에서 자세히 말한 학술들(technai)은 '인식들(epistēmai)'이 아니라

'추론적 사고(dianoia)'에 불과한 것임을 명확히 한다. 그리고 앞서 선분의 비유에서 제시된 네 부분의 관계에 대해 언급한 뒤, "각각의 것의 본질(ousia)에 대해 설명해 낼 수 있는 (logon didonai) 자가 변증술에 능하다"고 강조한다. 또 좋음의 이데아인 좋음 자체에 대한 인식이 변증술적 탐구방식으로 이루어진다고 지적한 뒤, 변증술은 마치 갓돌처럼 다른 모든 교과 위에 놓이는 것이라고 결론을 맺는다(531d~534e).

이제 남은 문제로 앞에서 언급한 교과들을 누구에게, 어떤 방식으로 배정할 것인가 하는 문제를 논의하게 된다. 소크라테스는 통치자들로 선발될 자들의 자격 조건으로 앞에서 언급한 가장 건실하고 용감하고 고귀하고 강건한 성격에 덧붙여 변증술의 교육에 적합한 성향을 지녀야 함을 지적한다. 변증술에 앞서 교육 받아야 할 일체 '예비 교육'의 교과는 아이 때에 제공해야만 하고, 가르침은 강제로 해서는 안 된다고 강조한다. 강제가 아니라 놀이 삼아 배우도록 하게 함으로써 사람들이 무엇에 적합한 성향을 타고났는지를 잘 알 수 있기 때문이다. 필수적인 체육 교육 뒤 2~3년이 지나 스무 살이 된 자들 가운데 선발된 자들은 아이 때 순서 없이 배운 교과들을 결집해서 "이들 교과 상호간의 친근성 및 실재의 본성에 대한 '포괄적인 봄(synopsis)'을 갖도록" 교육시켜야 한다. '포괄적으로 보는 사람'이 '변증술에 능한 자'이어서 이런 교육은 변증술적 자질이 있는지 없는지에 대한 최대 시험이 된다. 이 교육 기간은 서른 살까지이다. 이들이 서른 살이 넘어서면 다시 선발해 '실재 자체'에 대한 진리 인식을 할 수 있는 변증술 교육의 단계로 나아간다. 이런 언급과 더불어 소크라테스는 변증술적 논변과 관련한 위험성에 대해 경고한다. 그는 '논변'을 처음 맛본 젊은이들은 이를 언제나 반박에 이용하는 등 남용할 위험성이 있기 때문에 적합하지 않은 어린 나이의 사람들은 '논변'에 접근하지 못하도록 해야 한다고 역설한다. 한편 서른 살이 되어 변증술적 교육에 적합하다고 판정된 사람이 '논변'에만 열성적으로 관여해야 하는 햇수는 5년으로 정해져 제시된다. 다음 15년은 동굴 속, 즉 전쟁과 관련된 일이나 관직에 종사해야 한다. 이는 실천적 경험을 쌓고 제 자리를 지킬 수 있는지를 시험하기 위함이다. 이런 과정을 모두 통과한 사람만이 최종적으로 좋음 자체를 보도록 인도되고, 이를 본 뒤에는 이것을 본으로 해서 나라와 개개인 및 자신을 다스리도록 해야 한다. 이들은 여생의 대부분을 철학으로 소일하지만 차례가 오면 불가피한 것으로서 나라일로 수고하게 된다. 소크라테스는 이런 언급과 더불어 이들 통치자의 교육은 남자에게만이 아니라 여자에게도 똑같이 적용된다는 점을 덧붙인다. 마지막으로 이런 구상은 실현 불가능한 것이 아님을 다시 강조한다. 이의 실현을 위해서는 열 살 이상이 된 사람들을 모두 시골로 보내고, 이들 아이를 올바로 양육함으로써 우리가 구상한 훌륭한 나라가 가장 빨리 확립될 것이라는 언급으로 끝을 맺는다 (535a~541b).]

## 변증술을 위한 예비교과목의 특징

소크라테스는 이 대화에서 변증술을 위한 예비교육 과정과 변증술 특성에 대해 언급한다. 먼저 변증술을 위한 예비교과목의 특징에 대해 살펴보자. 예비교과목은 수론 · (평면)기하 · 입체기하 · 천문학 · 화성학 다섯 가지이며, 이것들은 무엇보다 생성에서 실재에로 혼을 전환시키기 위해 필요한 것으로 제시된다. 그는 이것들을 '지성에 의한 이해(noēsis)'로 인도하는 학문들로 이야기한다. 여기에서의 '노에시스'란 표현은 '선분의 비유'에서 다룬 맨 윗 단계의 지적 상태를 나타내는 '노에시스'와 구분해야 한다. 그가 534a에서 분명하게 언급하고 있듯이 여기에서 '노에시스'는 선분의 비유에서 세 번째('디아오니아')와 네 번째('노에시스') 단계를 포괄하는 표현으로 사용되고 있고, 맨 윗 단계는 '인식'(에피스테메 epistēmē)으로 지칭하고 있다(533d). 예비교육 과정에 대한 언급에서 이처럼 '노에시스'를 포괄적으로 사용한 까닭은 여기에서의 우선적인 관심사가 감각적인 것들로부터 '가

지적인 것들(ta noēta)'로 관심을 전환시키는 문제이고, 선분의 비유에서 세 번째 네 번째 단계가 관련을 맺는 대상들을 모두 '가지적인 것들'로 불렀기 때문일 것이다.[149]

그러면 다섯 가지 교과목이 생성에서 실재로 혼의 전환을 시켜 주는 교과인 이유를 알기 위해서 '노에시스' 작용은 왜 필요한지를 생각해 보자. 이 문제에 대해 플라톤은 어떤 것들이 감각만으로도 판단하기에 충분하다면 이 경우 '노에시스'를 불러일으키지 않는다고 언급한다(523a~b). 사실상 우리가 어떤 것을 감각만으로도 충분히 인식할 수 있다면 우리는 더 이상 사유의 힘을 동원할 필요가 없을 것이다. 그러나 이 대화에서 언급된 '손가락의 비유'에서 분명히 알 수 있듯이, 손가락의 길고 짧음은 비교 대상에 따라 다르게 판단된다. 또 어떤 것이 동시에 부드러운 것으로도 지각되고 단단한 것으로도 지각될 경우, 가벼운 것으로도 지각되고 무거운 것으로도 지각될 경우에도 마찬가지 문제가 생긴다. 그는 이런 경우들을 감각이 동일한 것에 대해 대립적인 성질들을 동시에 알려 주는 것으로 말한다. 이때 혼은 난감해하면서 "가벼움과 무거움이 무엇인지"를 묻게 된다. "혼은 먼저 계산의 힘과 '지성에 의한 이해'를 불러일으켜서는 자신에게 전달된 것들의 각각이 하나인지 둘인지를 고찰"(524b)할 수밖에 없는 처지가 된다. 이처럼 감각만으로는 사물들을 인식하기에 불충분하다. 수학과 관련한 교과목들은 바로 감각에 의존하지 않고 사고의 힘에 의해서만 파악될 수 있는 대상들을 다루기 때문에 생성에서 실재에로의 전환을 가능하게 하는 것들로 제시된다.

이를 좀더 구체적으로 생각해 보자. 수 및 계산과 관련된 교과목(수론)의 경우 이 과목에서 다루는 수들은 감각에 의해 파악될 수 있는 것들이 아니다. 우리가 눈으로 볼 수 있고 만질 수 있는 물체들은 가분적이고 엄밀히 말해서 동일한 것이 아니지만, 수론에서 다루는 수들 각각은 "모두가 모두에 대해서 같고 조금도 다르지 않으며, 자신 속에 아무런 부분도 갖지 않는 것"(526a)이기 때문이다. 따라서 수들을 탐구하는 수론은 감각이 아니라 '노에시스'를 이용할 수밖에 없다. 기하학의 경우도 "언제나 있는 것에 대한 앎을 위한 것"이지 생성 소멸하는 것에 대한 앎을 위한 것이 아님이 강조된다 (527b). 앞에서 지적하고 있듯이(510d), 기하학자들이 가시적인 도형들을 이용하기는 하지만 이들이 탐구하고자 하는 것은 '대각선 자체'나 '정사각형 자체'이다. 천문학도 눈에 보이는 하늘에 있는 것들이 아니라 이성과 사고의 힘에 의해 파악되는 천체 상호간의 운동 및 비율들을 탐구한다는 점에서 혼을 실재에로 상승시키는 교과목이다. 화성학 또한 귀를 통해 소리를 측정하는 것이 아니라 협화음에 있는 수들과 비율을 탐구하는 것이고, 이런 점에서 이것도 감각에서 벗어나 실재에로 전환시키는 학과목이 된다. 그런데 플라톤은 이러한 예비과목들의 성격에 대해 언급하는 과정에서 관찰에 의존하는 탐구 방식을 매우 부정적으로 평가한다. 그가 기하학과 마찬가지로 "천문학도 문제들을 이용함으로써 추구하되, 하늘에 있는 것들은 내버려 둘 것"(530b)이라고 언급하고 있는 것은 이 점을 잘 보여 준다. 사실상 플라톤이 자연세계를 탐구함에 있어서 감각이나 관찰보다 이성이나 추상적 사유를 더 중시했음은 분명하지만, 우리는 이런 언급을 근거로 플라톤이 자연 세계에 대한 탐구에 있어서 관찰을 배제했다는 가장 나쁜 해석을 할 필요는 없다.[150] 그의 자연세계에 대한 수학적 접근 방법은 현대 학자들에 의해 긍정적으로 평가되고 있음은 잘 알려진 사실이다.[151]

그런데 이들 학과목은 모두 같은 차원에 있는 것이 아니다. 수론과 기하학(평면기하 · 입체기하)은 실재를 인식하는 데 도움이 될 수 있지만, 그 자체로는 좋고 나쁨에 관계하는 것은 아니다. 그러나 천문학과 화성학의 경우는 다르다. 화성학에서는 협화음을 가능하게 하는 비율들을 아는 것이 중요한데, 소크라테스는 이런 비율들이 "아름답고 훌륭한 것"(531c)을 산출한다는 점을 강조한다. 천문학도 천체 상호간의 속도와 비율들을 탐구하는 것이고, 이와 관련해서 좋고 나쁜 비율과 배열을 말할 수 있다는 점에서 같은 방식으로 이해할 수 있다. 그런데 천문학과 화성학은 수론과 기하학이 다루는 수 및 도형들에 대한 이해를 전제한다는 점에서, 수론과 기하학도 '좋음'의 인식에 기여하는 것이라 볼 수 있지만 이들 두 부류의 학문 간에는 차이가 있다.[152] 이 점을 좀더 분명하게 이해하기 위해서『정치가』편에서 제시되고 있는 두 가지 종류의 측정술(metrētikē)에 대한 언급을 참고할 필요가 있다. 그는 이 대화편에서 측정술을 다음과 같이 둘로 구분한다. "수 · 길이 · 깊이 · 너비 · 속도를 반대되는 것과의 관계에서 측정하는 일체의 기술을 그 한 부분으로 간주하는 한편, 이것들을 적도(適度, to metrion) · 알맞음(to prepon) · 적기(適期, ho kairos) · 적절함(to deon) 그리고 그 밖에도, 양 극단에서 떨어져 중간(to meson)에 위치하게 된 다른 모든 것과의 관계에 있어서 측정하는 일체의 기술을 나머지 한 부분으로 간주한다."(284e)[53] 이런 언급을 통해 알 수 있듯이 그는 단순히 양적인 관계를 측정하는 기술들과 좋음을 창출하는 '적도'의 관계에서 측정하는 기술을 구분하고 있다. 플라톤이 천문학과 화성학에서 수와 비율이 '아름답고 훌륭한 것'을 산출한다고 말하는 것은 이러한 '적도' 측면을 염두에 둔 것이라 볼 수 있다. '적도'가 좋음을 창출한다는 플라톤의 사상은 『정치가』『티마이오스』『필레보스』등의 후기 대화편들에서 잘 나타나 있다.[154] 그가 『티마이오스』편에서 "모든 좋은 것은 아름답고, 아름다운 것은 불균형하지(ametron) 않다"(87c)라고 언급하고 있는 데에서도 알 수 있듯이, 그는 '좋음'은 수적 비례관계로 표현되는 균형(symmetron)과 적도(metron, to metrion)를 통해서 실현된다고 보고 있다. 사실상 그의 철학에서 음악이나 천문학 영역만이 아니라 가치와 관련한 문제에 있어서도 '적도'와 '균형' 등과 같은 개념은 핵심으로 자리 잡고 있다.[155]

## 변증술

'변증술'(디알렉티케 dialektikē)이란 말은 플라톤이 만든 표현으로 알려져 있는데, 이 말은 일상어로 '대화하다' 또는 '토론하다'를 뜻하는 '디알레게스타이(dialegestai)'에서 파생된 표현이다. 그는 『국가』에서 '디알레게스타이'를 일상적인 의미로 쓰기도 하지만[156] 전문적인 철학적 논의를 위한 것으로도 사용하고 있는데, 이때는 '변증술적 논변'으로 번역할 수 있다.[157] 그는 '선분의 비유'에서 마지막 단계인 '지성적 인식'의 대상들은 '변증술적 논변의 힘'에 의해서 파악될 수 있는 것으로 언급한다. 여기에서 '변증술적 논변'은 가정에서 원리로 나아간다는 점과 그 어떤 감각적인 것도 이용하지 않고 형상만을 이용해 사유한다는 특징을 지닌다고 제시한 바 있다. 7권의 이 대화에서 '변증술' 의 특징이 좀더 언급되고 있는데, 이는 다음 세 가지로 정리할 수 있다. 첫째 변증술에 대한 언급에서 먼저 강조되고 있는 것은 '설명의 능력' 이다. 변증술이 사물의 본질에 대한 설명을 할 수 있는 논구의 능력이라는 것은, 각각의 사물에 대해 '그것은 무엇인가' 란 물음을 제기하고 이에 대해 대답할 수 있음을 의미한다. 이는 그 어떤 것도 설명되지 않은 상태로 가정하지 않음을 뜻한다. 둘째 '변증술' 은 '추론적 사고' 와 달리 가정들의 근거를 따져 물음으로써 원리에로까지 사유하는 특징을 갖고 있는데, 이때 최종적인 원리는 '좋음 자체' 로 상정된다. 셋째 '변증술에 능한' 자는 '포괄적으로 보는 자' 라는 언급에서 알 수 있듯이 변증술은 '포괄적인 봄' 을 목표로 한다. 변증술의 이러한 특징들은 진리를 추구하는 철학자의 탐구 방식의 기본적 성격을 잘 보여 준다. 플라톤이 "철학자들은 온 존재를 사랑"(485b)하고 "신적이고 인간적인 모든 것에 언제나 전체적으로 접근하려는 마음"(486a) 또는 "모든 시간과 일체의 존재에 대한 관상을 갖는 그런 마음"(486a)을 지닌 사람으로 언급하는 데서 알 수 있듯이 철학자는 전체적 인식을 목표로 한다. 이런 점에서 철학자는 존재하는 것 전체에 대한 '포괄적인 인식' 또는 '이해' 를 추구하는 자이다. 이런 이해는 각각의 것의 '본질' 을 파악하고 이에 대해 설명할 수 있는 능력을 요구할 것이고, 그 어떤 것도 설명되지 않은 상태로 가정하지 않음을 포함할 것이다.

이와 같은 사유를 함에 있어서 '변증술'은 그 어떤 감각적인 것도 사용하지 않고 형상만을 이용해 이루어지는 것으로 언급된다. 그가 이런 방법론을 제시하는 이유는 기본적으로 이 세계에 대한 지성적 인식은 불변성과 자기동일성을 유지하는 형상들의 관계에 대한 인식을 통해서만 가능하다고 보기 때문이다. 그는 『국가』편에서 이와 관련한 구체적인 설명을 제시하지 않는다. 이런 인식 방법은 『파이드로스』편에서 명시적으로 언급되고 있는 모음과 나눔을 통한 변증술 방법이다. 『파이드로스』편에 따르면 '모음'은 "여러 군데로 흐트러져 있는 것들을 총괄하여 봄으로써 하나의 이데아로 모으는 것"(265d)을 의미하는데, 이는 논의의 대상을 명확히 한정하기 위한 것이다. 이러한 총괄적 직관을 통하여 정의될 대상의 유적 형상을 한정한 뒤 이를 "더 이상 나눌 수 없는 최후의 종적 형상에 이르기까지 나누는 것"이 나눔의 방법이다.[158] 나눔은 "형상들에 따라서 나누되 자연스러운 마디에 따라 할 수 있어야 한다."[159] 이처럼 형상들의 영역에서 하나와 여럿의 관계를 제대로 식별할 수 있는 사람은 '변증술에 능한 사람들(dialektikoi)'로 일컬어진다(266b). 그는 이런 방법을 후기 대화편인 『소피스테스』『정치가』『필레보스』편

등에서 발전적으로 사용하고 있지만, 이에 관한 논의는 이 책의 범위를 넘어선다.

우리는 여태까지 태양의 비유, 선분의 비유, 동굴의 비유와 더불어 변증술의 특징에 대해 살펴보았다. 이제 마지막으로 '좋음의 이데아' 가 플라톤의 철학에서 지니는 의미를 생각해 볼 필요가 있다. 우리는 도덕적 행위나 실천적 활동 및 이론적 탐구에서까지 '좋음' 을 궁극적인 것으로 놓을 수밖에 없기 때문에, '좋음' 이 궁극적인 원리이며 '무가정적인 것' 이라는 플라톤의 주장을 기본적으로 받아들일 수 있다. 그런데 그는 인간이 추구하는 '좋음' 을 전체로서의 세계의 본성과 연관해서 볼 때에만 그것을 좀더 잘 이해할 수 있다고 본 것 같다.[160] 그의 이런 생각은 이미 『고르기아스』편에서 단초가 잘 나타난다. 그는 여기에서 행복한 삶을 위해서는 욕망들의 무한정한 추구가 아니라 욕망들을 질서 짓는 것이 필요하다는 견해를 제시한다. 이런 주장을 뒷받침하기 위해서 그는 모든 기술적 제작물 · 육체 · 혼의 경우만이 아니라 우주적 차원에서도 질서와 배열이 좋음을 산출한다는 이치를 밝힌다(503d~504e). 이 대화편에서 소크라테스는 칼리클레스가 무한한 욕망 추구를 옹호하는 것은 그가 기하학에 대해 관심을 갖지 않았기 때문이라고 주장한다. 즉 칼리클레스는 인간과 우주적 차원에서 좋음이 실현되는 기하학적 비율에 무지하다는 말이다(507d~508a). 이런 생각은 『티마이오스』편에서 좀더 구체적으로 제시된다. 여기에서 플라톤은 우주의 제작자인 데미우르고스가 우주적 차원에서의 '좋음'을 수학적인 것들을 이용하여 실현하는 방식을 구체적으로 보여 주고 있다.[161] 그는 여기에서 인간의 혼 구조가 우주의 혼 구조와 상응함을 밝히고, 우리가 지성에 의해 파악할 수 있는 우주적 질서와 조화를 본받아서 실현해야 함을 강조한다. 그가 이 대화편에서 먼저 『국가』편의 내용을 요약해서 제시한 뒤 자신의 우주론을 전개하는 것도 바로 이런 생각 때문일 것이다. 플라톤이 『국가』편에서 '좋음의 이데아'를 궁극적 원리로 제시하고, 통치자가 나라를 훌륭하게 다스리기 위해서는 이를 인식해야 함을 강조하는 것은 이런 맥락에서 이해할 수 있다. 우리가 살펴보았듯이 『국가』편에서 플라톤은 나라와 혼의 구조적 유사성을 강조하고, 나라나 개인에 있어서 '좋음' 또는 '훌륭함'은 우리가 객관적으로 인식할 수 있는 조화 및 질서에 기인함을 보여 주고자 하였다. 나라의 통치자는 이런 이치를 인식하고 구현해야 하는 임무를 지니고 있는데, 이를 위해 통치자에게는 실재들에 대한 인식이 요구된다.[162] 플라톤은 실재계 전체가 보여 주는 '좋음'을 가리키기 위해 '좋음의 이데아'란 표현을 사용하고 있는 것으로 보인다. '좋음의 이데아'란 표현은 『국가』 이외에 플라톤의 다른 어떤 저술에서도 다시 등장하지 않는 개념이다.[163] 그는 '좋음의 이데아'의 구체적 성격을 『국가』편에서 제시하고 있지 않지만, 우리가 전체로서의 세계가 보여 주는 '좋음'의 이치를 본받을 때에만 인간 차원에서도 좋음을 가장 잘 실현할 수 있다는 생각에서 '좋음의 이데아'에 대한 인식을 강조한 것으로 생각된다.

# 나쁜 정체의 네 유형과
## 이것들을 닮은 혼의 유형(8권 543a~9권 576c)

　　[소크라테스는 이제 완벽하게 경영될 나라의 성격에 대해 여태까지 언급한 내용을 요약적으로 말한 뒤 4권 끝에서 언급하려다 중단된 나쁜 정체들의 네 유형과 이것들을 닮은 사람들의 성향에 대해 이야기한다. 이는 이들에 대한 고찰을 통해 "가장 훌륭한 사람과 가장 나쁜 사람이 어떤 사람인지에 대해 합의를 봄으로써 가장 훌륭한 사람은 가장 행복하지만 가장 나쁜 사람은 비참한지, 아니면 그와는 다른지"를 알아보기 위해서이다(543a~544b).

　　소크라테스는 최선자 정체(aristokratia)와 다른 주요한 네가지 나쁜 정체로서 명예지상 정체(명예 지배 정체) · 과두 정체 · 민주 정체 · 참주 정체를 든다. 이러한 정체들은 그 나라에 살고 있는 사람들의 성격에서 생기며 정체들에 상응하는 개인들의 유형이 있음에 동의하고서는, 성격들이 개인보다는 정체들에서 한결 더 뚜렷하게 드러날 것이란 이유로 먼저 정체들의 성격을 살펴본 뒤 개인들의 성격을 고찰하고자 한다. 이는 가장 올바른 사람과 가장 올바르지 못한 사람을 행복 및 불행과 관련해서 대비시켜 파악하기 위함이다 (544c~545c).

첫 번째로 그는 명예지상 정체의 성격을 고찰한다. 먼저 이것이 최선자 정체에서 어떤 식으로 생기게 되었는지를 살펴본다. 우선 정체는 관직을 장악하고 있는 집단 안에서 내분이 생길 때 바뀌게 된다는 점을 지적한다. 이들 사이에 분쟁이 생기게 되는 이유는 무사(Mousa) 여신들께 기원해서 이들의 말씀을 듣는 형태로 제시된다. 이 말씀은 "이렇게 구성된 나라는 변혁되기가 어려우니라. 그러나 생성된 모든 것에는 쇠퇴가 있기에, 이와 같은 구성(systasis)도 영원토록 지속되지 못하고 해체되리라"(546a)는 것을 언급한 뒤 그 해체 방식을 구체적으로 언급한다. 이에 따르면 수호자들이 적기가 아닌 때에 신부를 신랑과 동숙케 할 때 훌륭한 성향을 지니지 못한 아이들이 태어나게 된다. 이 결과 수호자들이 무사들(무사이 Mousai)에 대해서 무관심해지게 되고, 황금족·은족·청동족·철의 종족을 감별해 내지 못해 이들 성분이 뒤

섞임으로써 조화롭지 못한 불규칙성이 생기고 내분이 일어나게 된다(545c~547a).[164]

통치자들의 내분 끝에 최선자 정체와 과두 정체의 중간선에서 성립한 것이 명예 지배 정체이며, 이런 정체는 두 정체의 특징을 모두 지니고 있다. 이 정체는 최선자 정체를 흉내내기도 하지만 지혜로운 사람보다 격정적이며, 상대적으로 더 단순한 사람들이 관직을 차지하게 되고, 전쟁을 하면서 세월을 보내게 된다. 이러한 사람들은 과두 정체 사람들이 그러하듯이 재물에 대한 욕심을 내는 사람들이 될 것이다. 그러나 공공연히 재물을 소유하지는 못한다. 이처럼 이 정체는 혼합적인 것이지만 격정적인 것이 우세한 탓에 승리에 대한 사랑과 명예에 대한 사랑만이 가장 뚜렷하게 드러난다. 이 정체에 일치하는 사람의 성격은 승리를 좋아하는 성향을 지니고 있으나 한결 고집스럽고, 다소 덜 시가적이고, 변론술에 능하지 못하며, 노예들에 대해서는 가혹하지만 통치자들에 대해서는 지극히 순종적이다. 또한 이런 사람은 전쟁이나 체육에서의 공적을 내세워 통치자 자격이 있다고 주장한다. 이런 사람도 젊어서는 재물을 경멸하겠지만 나이를 먹어가면서 재물을 좋아하는 성향을 지니게 된다. 그가 최선의 수호자, 즉 시가와 혼화된 이성을 갖춘 자가 되기에는 부족한 사람이기 때문이다. 이런 사람이 생기게 되는 과정은 다음과 같이 이야기된다. 그 아버지는 잘 다스려지지 않은 나라에 살고 있는 훌륭한 사람일 수 있는데, 이 사람은 명예와 관직을 추구하는 송사나 모든 골칫거리를 피해 산다. 이에 대해 어머니는 많은 불평을 하게 되고, 가노들조차도 그 아들에게 현실적으로 되기를 권유하고, 자신의 경험으로도 이런 충고가 옳다는 것을 확인하게 된다. 그의 아버지는 아들의 혼에 있어서 헤아리는 부분을 조장하며 키우지만 다른 사람들은 욕구적인 부분과 격정적인 부분을 키우게 되는데, 아들은 남들과 나쁜 교제로 인해 이기기를 좋아하고 격정적인 부분에 주도권을 넘겨주어서는 명예를 사랑하는 사람이 된다(547b~550b).

다음으로 과두 정체가 언급된다. 먼저 어떻게 명예 지배 정체에서 과두 정체로 옮겨가게 되는지가 설명된다. 이는 무엇보다 탐욕적 요소가 점점 증대되기 때문이다. 과두 정체는 훌륭함(덕)보다 부가 사회적 평가의 기준이 되며, 자산액에 따라 관직을 배분함으로써 성립된다. 이렇게 수립된 정체의 특성과 결함들로 통치자를 평가재산을 근거로 뽑는다는 점이 언급되고, 이런 방식으로 통치자를 뽑을 경우 나라가 제대로 통솔될 수 없을 것임이 지적된다. 이런 나라는 하나가 아닌 두 나라, 즉 가난한 사람들의 나라와 부자들의 나라이다. 또한 서로에 대해 음모를 꾸미는 사람들의 나라이며, 통치자들은 적보다 무장한 대중을 더 두려워하기 때문에 어떤 전쟁도

할 수 없는 나라이다. 이런 정체에서는 농사짓고 돈벌이하고 전쟁하는 일이 구분되지 않는다. 가장 나쁜 것은 한 사람이 자신의 모든 소유물을 팔고, 다른 사람은 이 사람 것을 사서 갖는 것이 허용되어 결국 다 판 사람이 빈털터리가 되어 나라에서 살 수 있도록 허용된다는 점이다. 이들은 나라의 우환거리가 된다. 이로써 이 정체에서는 거지와 범죄자로 가득 차게 되고, 통치자들은 이들을 조심스레 힘으로 제압한다. 과두 정체를 닮은 사람이 생기게 되는 것은, 이 사람이 자신의 아버지가 한때 장군이나 높은 관직을 맡고 있다가 무고로 사형되거나 추방되는 것을, 또는 시민권을 박탈당하고 일체 재산을 몰수당하게 되는 것을 목격하고 겪을 때이다. 그는 가난으로 인해 명예에 대한 사랑을 버리고 탐욕스레 돈벌이로 전향하여 재물을 모으게 된다. 이런 경우 이성적인 부분과 격정적인 부분은 욕구적인 부분에 노예처럼 봉사하게 되어 재물만을 탐하게 된다. 이런 사람은 재물을 가장 귀히 여긴다는 점에서 과두 정체를 닮았으며 인색하고 부지런히 일하는 사람이라는 점, 즉 자신의 필수적인 욕구들만을 충족시킨다는 점에서도 그러하다. 그는 또한 교육 부족으로 인하여 생긴 나쁜 욕망들을 조심성에 의해 힘으로 제압하고 있을 뿐 내면적으로는 분쟁 상태에 있는 이중적 인간이다. 이런 사람에게는 "한마음이며 혼의 참된 훌륭함"이 없다(550c~555a).

과두 정체에서 민주 정체로 바뀌게 되는 것은 부에 대한 '만족할 줄 모르는 욕망' 때문이다. 과두 정체 통치자들은 부의 힘으로 통치하기 때문에 사람들의 낭비를 부추겨서 가난한 사람으로 만들고, 자신은 한층 더 부유하게 된다. 이로 인해 가난하게 된 사람들은 혁명을 열망할 것이다. 다른 한편 통치자들은 부에 대한 탐닉으로 야기되는 위험성을 알지 못한 채 점점 사치스럽고 나약하게 된다. 가난한 사람들이 이들의 약한 모습을 간파할 때 분쟁과 내란이 생기게 되고, 가난한 사람들이 이겨서 다른 편 사람들을 죽이거나 추방한 다음, 나머지 시민들에게 평등하게 시민권과 관직을 추첨에 의해서 배정할 때 민주 정체가 수립된다. 이런 나라는 사람들이 자기가 하는 바를 '멋대로 할 수 있는 자유'가 있는 나라이다. 이 정체에서는 온갖 부류의 인간이 생겨나서 정체들 가운데 가장 아름다워 보일 것이다. 어떤 사람도 통치하거나 통치 받아야 한다는 강요도 없고, 나라를 위해 싸우거나 평화를 지켜야 할 강요도 없다. 누군가 관직을 맡거나 배심원 노릇을 하고자 할 때 아무도 이를 못하게 할 강제적 제약이 없다. 결국 민주 정체는 "즐겁고 무정부 상태의 다채로운 정체이며, 평등한 사람에게도 평등하지 않은 사람에게도 똑같이 일종의 평등을 배분해 주는 정체"로 언급된다. 이어서 민주 정체적 사람이 어떻게 해서 생기는지가 언급된다. 먼저 과두 정체적 사람의 아들은 필요한 것 이외의 모든 낭비적이고 하고많은 즐거움을 억제하도록 양육된다는 점이 지적된다. 논의를 명확하게 하기 위해서 욕구들이 구분되는데, "우리가 물리칠 수 없는 욕구들은, 그리고 그것들이 충족됨으로써 우리를 이롭게 하는 것들"은 '필요한 것들'이라 불리는 반면에 "젊어서부터 단련한다면 벗어날 수 있는 욕구들"은 불필요한 욕구들로 불린다. 이것들은 몸에도 혼에도 해로운 것들이다. 그런데 교육도 받지 못하고 인색한 과두 정체적 환경에서 자란 젊은이가 온갖 종류의 다채로운 쾌락을 제공할 수 있는 자들과 어울리게 되면 그의 내면에서 민주 정체로 향하는 변화의 싹이 자라게 된다. 이 젊은이의 혼에 있는 과두 정체적인 쪽과 민주 정체적인 쪽이 내분을 겪다가 그의 아버지의 양육에 대한 무지로 민주 정체적인 욕구들이 득세하게 되면, 이것들은 청년의 혼의 성채를 점령하게 된다. 이들은 '오만무례함'과 무정부 상태, 낭비성, '부끄러움을 모르는 상태'를 들어오게 하여 이것들을 찬양하고 미화한다. 이런 식으로 젊은 사람은 "필요한 욕구들 속에서 자랐다가 불필요하고 무용한 즐거움에 대한 방임과 이완 쪽으로 바뀌게" 된다. 이런 사람은 "모든 즐거움은 같으며 똑같이 존중되어야만 한다고 말할 것"이며 "날마다 마주치게 되는 욕구에 영합하면서 살아가고", 이런 "삶에는 아무런 질서도 필연성도 없지만 이 삶

을 즐겁고 자유로우며 축복 받은 것이라 부르며 평생토록 이 삶을 살아간다."(555b~561e)

　민주 정체에서 참주 정체가 어떻게 생기는지가 논의되면서 무엇보다 자유에 대한 만족할 줄 모르는 욕망과 다른 것에 대한 무관심이 민주 정체를 무너뜨린다는 점이 지적된다. 이 정체에서는 모든 권위가 배척되고, 자유는 전면적으로 확장되어 무정부 상태가 개개인의 가정이나 짐승에까지 스며들게 된다. 이런 지나친 자유는 지나친 예속을 강요하는 참주 정체의 싹을 지닌다. "지나침은 곧잘 이에 대응해서 반대쪽으로 큰 변화를 생기게 하기" 때문이다. 민주 정체에서 참주 정체로 이행하는 과정을 구체적으로 이야기하기 위해서 민주 정체의 구성원들을 세 부류로 나누어 본다. 한 부류는 게으르고 낭비적인 부류로서 수벌에 비유되는데, 이들 중에서 제일 사나운 무리가 말과 행동을 통해 민회를 조종한다. 두 번째 부류는 수벌들의 먹이가 되는 부유한 사람들이다. 세 번째 부류는 민중(dēmos)이다. "이들은 손수 일을 하고, 정치에는 관여하지 않으며, 재산도 그다지 많이 갖지 못한 모든 사람"으로서 이들이 집단적으로 모이면 민주 정체에서 최대 다수가 되며 주도권을 가지게 된다. 이들은 첫 번째 부류들 가운데 '앞장 서는 자들'이 가진 자들의 재산을 빼앗아서 대부분은 자신들이 차지하고는 나누어 주는 몫에 만족한다. 민중은 재산을 빼앗긴 사람들의 위협에 맞서기 위해 어떤 한 사람을 선도자로서 앞장서게 하여 그를 따른다. 이런 민중의 선도자는 "동족의 피를 흘리는 것을 삼가지 않고 사람을 부당하게 고발하여 …… 추방하며 살해하고, 채무의 무효화와 토지의 재분배에 대해 암시"한다. 이 사람은 민중을 보호하기 위한 명분으로 자신의 경호대를 요구하고, 결국 모든 적을 타도한 뒤 완벽한 참주가 된다. 이 사람은 처음에는 모두에게 미소를 보내며 자신은 참주가 아니라고 하면서 빚 탕감과 토지 재분배 등을 약속한다. 그러나 이런 상황은 오래 가지 않는다. 그는 민중이 지도자를 필요할 수밖에 없도록 하기 위해서 언제나 전쟁을 일으키고, 그에 대한 음모를 꾸미지 못하도록 민중을 가난하게 만들어 생계에 매달리지 않을 수 없도록 한다. 그는 자신에게 반대하는 용감한 자들을 모두 숙청한다. 이렇게 해서 그는 시민들에게서 더욱더 미움을 사게 되며, 외국의 용병이나 노예들을 자유인으로 만들어 경호원으로 삼는다. 이런 정체는 결국 민중의 세금으로 유지될 수밖에 없게 되고, 민중은 "저 많은 '철 이른 자유' 대신에 가장 힘들고 가장 가혹한 노예들의 종살이"를 할 수밖에 없게 된다(562a~569c).

마지막으로 참주 정체적 사람이 어떻게 생겨나는지, 그의 삶의 방식은 어떤지를 고찰한다. 이를 위해 소크라테스는 욕구들을 더 세분하여 '불필요한 즐거움과 욕구들' 가운데 어떤 것들을 '불법한 것들'로 구분한다. 이것은 잠들었을 때 깨어나는 욕구들로서 "어머니와도 그 밖의 인간이나 신들 중의 누구와도 또는 짐승 중의 어떤 것과도 교접하기를 주저하지 않으며, 누구든 살해하는 것도 주저하지 않거니와 어떤 음식이든 삼가는 일도 없다." 반면에 어떤 사람이 스스로 건전하고 절제 있게 처신할 때, 이 사람이 잠자리에 들 때는 …… 자신의 이성적 부분을 깨워 훌륭한 말과 고찰들의 성찬으로 대접 받게 하여 홀로 명상에 잠기게 하는 한편, 욕구적 부분에 대해서는 모자람도 충족도 느끼지 않도록 해 준다. …… 같은 방식으로 격정적 부분을 진정시킨다." 그런데 민주 정체적 아버지에게서 양육된 아들이 "완전한 자유라 불리는 갖은 불법으로 인도되어" 욕정(에로스 erōs)이 "광기의 경호를 받으며 미쳐 날뛸 때" 참주적 인간이 탄생한다는 것이다. 이어서 이런 사람의 삶의 방식에 대해 언급한다. 이런 사람에게는 "에로스가 참주로서 그 사람 안에 거주하게 되어 그 혼의 모든 걸 조종하게 되면" 많은 무서운 욕구가 매일 밤낮으로 자라게 된다. 이런 사람은 자신의 자산을 모두 탕진하게 되고, 욕구들에 쫓기어 부모 재산을 도둑질하고 나아가 이들에게 폭력까지 휘두르고 부모를 종살이하게 한다. 강도질이나 신전을 터는 일도 서슴지 않는다. 이런 사람은 에로스가 참주가 됨으로써 잠자는 동안에 꿈으로나 풀려나는 무서운 욕구들을 실제로 삼가지 않고, "완전한 무정부 상태와 무법한 상태에서 참주처럼" 산다. 이런 사람들 가운데 민중의 어리석음 때문에 참주가 탄생한다. 참주적 인간은 자유도 불변한 우정도 영원토록 맛보지 못하는 성향을 지니고 있으며, 가장 올바르지 못하고 비참한 자이다(9권 571a~576c).]

『국가』 8권과 9권 앞부분까지에 걸쳐 타락한 정치 체제들과 이에 상응하는 인간들의 모습에 대한 생생한 대화가 전개된다. 소크라테스는 '아름다운 나라'의 정치체제인 '최선자정체'가 어떤 과정을 거쳐 나쁜 정치체제들로 변화해 가는지를 설명하면서 이러한 정체들과 이것들을 닮은 사람들의 특징을 언급한다. 여기에서 우리는 세세한 내용에 대한 분석을 할 수 없다. 단지 이 대화를 이해하기 위해서 필요한 몇 가지 측면만을 생각하기로 한다. 유의할 것은 여기에서 제시된 타락한 정치체제들에 대한 기술은 현실적 정치체제를 분석하기 위한 것도 역사적 변화 과정을 설명하기 위한 것도 아니라는 점이다.[165] 소크라테스가 대화의 첫 부분에서 강조하고 있듯이 나쁜 정치체제들에 대한 논의는 가장 훌륭한 사람이 가장 행복하며, 가장 훌륭하지 못한 사람이 가장 불행하다는 것을 보여 주기 위해서이다(544a, 545a, 548c~d). 정치체제에 대한 논의는 나라의 제도나 구조·법 등을 분석하고자 한 것이 아니라 오히려 나라의 도덕적 특성, 즉 시민적 가치나 삶의 방식에 초점이 맞추어져 있다.[166] 소크라테스가 이런 목적을 위해서 '정치체제'에 관한 논의를 끌어들이는 것은 우리 관점에서 이상하게 보일 수 있다. 그러나 '정치체제'로 번역된 '폴리테이아(politeia)'란 말이 우리가 생각하는 '정치체제' 개념으로는 한정하기 어려운 포괄적 의미를 지니고 있음에 유의하면 플라톤의 접근 방식을 자연스럽게 이해할 수 있다. 아리스토텔레스가 '폴리테이아'를 '폴리스의 삶'으로 광범위하게 규정했듯이 이 말은 법적 정치체제를 넘어서 특정한 관습과 전통, 가치 체계, 교육 방식을 지니고 있는 폴리스 시민들의 삶의 방식을 포괄하는 개념이다.[167] 따라서 소크라테스가 '폴리테이아'에 대한 분석과 더불어 이에 상응하는 개인들의 삶의 방식에 관해 논의하는 것은 그렇게 이상한 것이 아니다. 그는 이런 논의 방식을 통해서 궁극적으로 참주 정체에 상응하는 인간이 가장 올바르지 못하며, 가장 불행하다는 것을 보여 주고자 한다. 이처럼 논의의 초점은 윤리적 측면에 맞추어져 있지만, 정치체제에 대한 분석이 당시 아테네의 현실 정치에 대한 풍자적 비판을 포함하고 있음도 부인할 수 없다.

   소크라테스가 '정치체제'들에 대한 논의를 먼저 한 뒤 이를 닮은 사람들에 대해 논의하는 이유는 제2권에서 문자의 비유를 통해 제시된 방법론을 따르고 있기 때문이다. 그는 2권 368d에서 큰 글씨를 먼저 본 뒤 작은 글씨를 보는 것이 '올바름'의 성격을 파악하는 데 도움이 될 것이라고 밝히고 있는데, 여기에서도 이런 관점은 그대로 적용된다. 그는 "성격들이 개인보다 정체들에서 한결 더 뚜렷하게 드러날 것"(545b)이라는 이유로 정체들에 대한 고찰을 먼저 한다. 그는 정체들의 특성을 살펴 본 뒤 유비에 의거해 이를 개인에 적용시킨다. 정치체제와 개인을 유비시켜 파악한다는 것은 각각의 정치체제와 그에 상응하는 인간을 그 구조적 측면의 유사성에 초점을 맞추어서 파악함을 말한다. 예를 들어 명예 정체적 사람은 명예 정체의 특성을 닮은 사람을 말하는 것이지 명예 정체의 통치자 계층을 가리키는 것이 아니다.[168] 다섯 가지 정체 구분은 혼의 부분들의 구분에 근거하고 있다. 소크라테스는 4권에서 나라 구성원을 세 계층으로 구분하고 이에 상응하게 혼을 이성적인 부분, 격정적인 부분, 욕구적인 부분으로 나누어서 설명했다. 그런데 8, 9권에서는 욕구적인 부분이 추구하는 것들이 더 세분된다. 여기에서 그는 욕구를 크게 '필요한 욕구'와 '불필요한 욕구'로 나누고, 나아가 '불필요한 욕구들' 가운데 어떤 것들을 '불법적인 것들'(571b)로 규정함으로써 욕구를 셋으로 구분한다. 바로 다섯 가지 정치체제와 그에 상응하는 인간 유형은 이러한 혼의 성향 가운데 어느 하나가 다른 것들을 지배하느냐 여부에 의해 설명된다. 최선자 정체를 닮은 인간은 이성적인 부분이 다른 부분들을 지배할 때 성립하고, 명예 정체적 인간은 격정적인 부분이 지배하고, 과두 정체적 인간은 '불필요한 욕구'를 억압하면서 '필요한 욕구'가 지배하는 유형의 사람이다. 민주 정체적 인간은 필요한 욕구든 불필요한 욕구든 가리지 않고 이러한 욕구들에 영합하면서 모든 즐거움을 추구하는 유형이고, 참주 정체적 인간은 '불법한 욕구들'이 지배하는 유형이다.

이러한 유비적 측면에 초점을 맞추어서 앞에서 제시된 대화 내용을 정리하면 다음과 같다. 첫째 명예 정체는 최선자 정체 성향을 지니고 있는 통치자들과 과두 정체적 성향을 지니고 있는 통치자들 간의 내분 끝에 중간선에서 합의하는 것에서 탄생한다. 이에 상응하게 명예 정체적 인간은 나쁘게 통치되는 나라에서 살고 있는 훌륭한 아버지와 이를 비난하는 사람들 사이에서 갈등을 겪다가 탄생한다. 명예 정체에서는 철학자들이 더 이상 수호자가 아니듯이 명예 정체적 인간의 혼은 자신의 수호자인 이성, 즉 철학적 요소를 빼앗긴 상태이다. 명예 정체가 격정적인 요소, 즉 "승리에 대한 사랑과 명예에 대한 사랑"(548c)에 의해 특징지어지듯이 명예 정체적 인간은 혼의 주도권을 이기기를 좋아하며 격정적인 부분에 넘겨주는 사람으로 묘사된다(550b). 명예 정체에서는 땅과 집이 사유화되기 시작하고 지배자들이 재물에 대해 욕심을 내는 사람들로 된다. 이에 상응하게 명예 정체를 닮은 사람들도 "젊어서는 재물을 경멸하겠지만 나이가 들수록 재물을 좋아하는 성향을 지니게 된다." 타락의 두 번째 정치 체제인 '과두 정체'의 원래 뜻은 '소수자에 의한 지배'이다. 여기에서는 '금권정치'를 지시하기 위해 사용되고 있다. 과두 정체는 명예 정체에서 탐욕적 요소가 증대될 때 성립한다. 이를 닮은 사람도 가난으로 인해 명예에 대한 사랑을 버리고 탐욕스레 돈벌이로 전향하여 재물을 모으게 될 때 생겨난다. 이미 명예 정체에서도 은밀한 형태로이긴 하지만 부가 숭배되고 있다. 과두 정체와 과두 정체적 인간의 공통점은 나라와 개인이 모두 물질적 재화를 최우선적 가치로 둔다는 사실이다(554a~b). 이것은 욕구적인 부분이 이성적인 부분과 격정적인 부분을 지배함을 뜻한다. 과두 정체는 부가 소수에게 집중되고 이들이 권력을 행사하는 나라를 말한다. 개인에게서 이에 상응하는 측면은 많은 욕구 가운데 '필요한 욕구'만을 만족시키는 형태로 나타난다. 과두 정체에서는 부가 소수에게 집중됨으로써 나라가 거지와 범죄자로 가득 차 있듯이 과두 정체적 인간은 많은 범죄적 욕망(불필요한 욕구들)을 지니고 있다. 그는 나라의 경우와 마찬가지로 이것들을 힘으로 간신히 억압하고 있다. 과두 정체에서는 부자와 빈자가 서로 갈등을 일으킨다. 이런 특징은 과두 정체적 사람에게서는 내면적으로 분쟁을 겪는 것으로 나타난다. 민주 정체는 '멋대로 할 수 있는 자유'가 있어서 온갖 부류의 삶을 허락하는 사회이다. 이에 상응하게 민주 정체적 인간은 필요한 욕구이든 불필요한 욕구이든 모든 욕구에 똑같은 가치를 부여하는 사람형이다. 민주 정체가 나라의 모든 질서가 무너진 사회인 것과 마찬가지로 민주 정체적 인간은 질서나 필연성이 없는 삶을 산다. 마지막으로 참주 정체는 '지나친 예속'을 강요하는 정치체제로, 이에 상응하는 참주체제적 인간은 욕정(에로스)이 주인이 되어 모든 불필요한 욕구에 의해 지배되는 인간형이다. 우리가 이와 같은 방식으로 정치체제와 개인을 유비시켜 이해할 때 개인의 특성은 더욱 분명하게 드러난다. 예를 들어 민주 정체적 인간의 삶은 자유롭고 다양하기 때문에 부러움의 대상이 될 수도 있다. 그렇지만 이러한 삶의 방식을 민주 정체에 투사하면 그것의 무질서하고 무정부적인 특성이 명확히 드러난다. 이와 마찬가지 방식으로 참주체제적 인간의 모습은 그에 상응하는 정치체제와 연관해서 더 분명히 드러난다는 점에서 유비의 가치가 있다고 볼 수 있다.[169]

우리는 또한 정치체제와 이를 닮은 사람들에 대한 소크라테스의 언급에서 돈(재물)과 욕구의 상관관계에 대해 주목할 필요가 있다. 4권에서 욕구적인 부분은 이미 "혼의 대부분을 이루고 있고, 성향상 도저히 재물에 대해 만족을 모르는 것"(442a)으로 규정됐다. 9권에서 소크라테스는 욕구들이 무엇보다 돈을 통해서 충족되기 때문에 욕구적인 부분을 '돈을 좋아하는 부분'으로도 말하고 있다. 이런 언급들은 욕구적인 부분과 돈의 밀접한 관계를 잘 보여 준다. 돈은 사회문화적 현상이기 때문에 욕구적인 부분에 대한 분석은 단순히 음식이나 성에 대한 욕망에 관한 것이 아니다. (a) 돈은 다른 욕망들을 만족시키기 위한 수단으로서 추구되기도 하지만 또한 (b) 많은 욕망을 만족시켜 주기 때문에 그 자체로 추구되기도 한다. 과두 정체적 인간은 (b) 의미로의 돈을 추구하지만 돈을 수단으로 해서 얻을 수 있는 욕망들에 대한 추구는 억제하는 사람이다. 반면에 민주 정체적 인간에 대한 묘사에서 상황은 역전된다. 이 사람은 방탕하게 돈을 쓰면서 살기 때문에(561a) (b) 형태로의 돈에 대한 사랑을 버리고 단지 돈을 쓰기를 원하면서 산다. 참주 체제에서도 불법적인 욕망을 만족시키기 위해 돈을 마련하는 것은 매우 중요하다.[170]

네 가지 나쁜 정치체제는 잘못된 삶의 방식을 상징한다. 이러한 정체들로의 타락에서 주목되는 것은 탐욕성 증가이다. 이 점은 각각의 정체를 닮은 사람들의 변화 과정을 통해서 가장 분명하게 드러난다. 명예 정체를 닮은 사람도 재물을 좋아하는 성향을 지니고 있는데, 이런 사람이 '재물을 사랑하는 자'로 될 때 과두 정체적 사람형으로 규정된다. 이런 사람은 돈 자체를 사랑하는 사람이기 때문에 자신의 돈을 쓰는데 있어 인색할 수밖에 없다. 그래서 필요한 욕구만을 만족시키면서 사는 구두쇠가 된다. 반면에 민주 정체적 사람은 필요한 욕구든 불필요한 욕구든 관계없이 이런 욕구를 충족시키기 위해 돈을 낭비하는 사람이다. 그러나 이런 사람은 아직 '불법한 삶'을 사는 사람이 아니다(572d). 이제 참주 정체적 사람에게서는 욕망에 대한 제한이 없어진다. 이런 삶에는 '에로스'와 더불어 많은 불법적이고 무서운 욕구가 생겨나게 된다. 이처럼 네 가지 나쁜 정체로의 타락 과정에서 욕구는 점차 증대되고, 참주 정체적 인간에게서 가장 극단적으로 표출된다. 그런데 소크라테스는 이런 다양한 유형의 삶의 방식의 문제점을 그것들이 삶에서 추구하는 목표에 도달하지 못하는 것으로 보여 주는 게 아니라, 각 삶의 방식이 추구하는 욕망들을 최대한 성취하는 상황을 가정함으로써 보여 주고자 한다.[171] 즉 명예 정체에서는 명예, 과두 정체에서는 부, 민주 정체에서는 자유, 참주 정체에서는 권력을 최대한 얻는 상황을 설정한다. 행복이 사람들이 욕망하는 명예나 부·자유·권력을 최대한 얻는 데에서 성립한다면 이것들을 얻는 사람은 행복할 것이다. 그러나 소크라테스는 이 대화를 통해서 이들이 행복하지 못한 것은 이들이 목표로 하는 것을 얻지 못해서가 아니라 잘못된 욕망 때문에 그렇다는 것을 보여 주고자 한다. 우리는 다음 장에서 소크라테스가 어떤 기준으로 이런 판단을 하고 있는지를 살펴본다.

# 올바름의 우월성 (9권 576d~592b)

　　[소크라테스는 나라와 개인의 유사성을 강조한 뒤 행복 및 비참함의 문제를 논의한다. "참주 정체의 나라보다 더 비참한 나라는 없으며, 왕도 정체[172]의 나라보다 더 행복한 나라는 없다"는 것을 분명히 한 뒤 이런 정체들을 닮은 사람의 삶에 대한 판정을 내린다. 첫째 참주 체제의 나라는 노예 상태로서 "사람이 나라와 유사하다면 사람에 있어서도 같은 질서 체계(taxis)가 있는 게 필연적이어서 그의 혼도 많은 굴종과 부자유로 충만해져 혼의 가장 선량한 부분들은 노예 노릇을 하지만 가장 사악하고 가장 광적인 작은 부분은 주인 노릇을 하는 게 필연적"이 된다. 이런 종류의 혼을 지닌 사람은 노예 상태에 있기 때문에 자신이 원하는 것을 할 수 있는 가능성이

가장 적을 것이고, 늘 궁하고 만족할 줄 모르며, 두려움이 그득할 게 필연적이라는 것이다. 그러나 이런 사람이 가장 비참한 경우는 아니다. 가장 비참한 것은 참주 정체적 사람이 어떤 불운으로 인해 실제로 참주가 된 경우이다. 그 까닭은 다음과 같이 설명된다. 예를 들어 어떤 신이 많은 노예를 거느린 부자를 처자 및 가노들과 함께 자유민들이 아무도 지원해 줄 수 없는 외진 곳에 내려놓는다면 그는 자신과 처자들이 가노들한테 살해되지나 않을까 하는 큰 두려움에 처하게 될 것이다. 사방으로 적들에 의해 에워싸여 살게 되면 상황은 더욱 나쁘게 될 것이다. 참주는 바로 이런 상태에 처해 있는 것과 같으며 "자신의 욕구들을 어떤 방식으로도 충족시키지 못하고" 두려움으로 가득 찬 가장 불운한 삶을 살 것이다. 이런 논의를 한 뒤 글라우콘은 왕도 정체적 인간, 명예 지상 정체적 인간, 과두 정체적 인간, 민주 정체적 인간, 참주 정체적 인간의 순서로 행복하다는 것을 망설임 없이 최종적인 것으로 판정한다. 소크라테스는 "모든 인간과 모든 신이 알고 있건 모르고 있건 간에" 사실이 그렇다는 것을 덧붙여 언급한다. 이러한 논의는 첫 번째 증명으로 일컬어진다(576d~580c).

소크라테스는 두 번째 논증을 전개한다. 이것은 먼저 혼의 세 부분 각각에 특유한 즐거움이 있음을 분명히 하고 시작한다. 이에 따라서 욕구적인 부분이 지배하는 사람은 "돈을 좋

아하는 부분이라든가 이(利)를 탐하는 부류", 격정적인 부분
이 지배하는 사람은 "이기기를 좋아하고 명예를 좋아하는 부
류', 이성적인 부분이 지배하는 사람은 "배움을 좋아하고 지
혜를 사랑하는 부류(철학자)"로 각각 규정된다. 어떤 종류의
삶이 가장 행복한 것인지를 각 사람에게 물으면 각 부류의 사
람들은 자신의 삶을 가장 즐거운 삶으로 찬양할 것이다. 따
라서 이들 중 어떤 것이 가장 즐거운 삶인지를 판정할 기준이
요구되고, 그 기준으로 경험·사려분별·이성적 추론이 제
시된다. 그런데 지혜를 사랑하는 사람은 어릴 적부터 시작해
서 돈이나 명예와 관련해 얻을 수 있는 즐거움을 맛보는 게
불가피한 반면에, 다른 사람들은 지혜를 사랑하는 사람이 진
리를 관조하면서 누리는 즐거움을 경험하지 못하고 있기 때
문에 지혜를 사랑하는 사람의 경험이 더 많다는 것은 분명하
며, 이 사람은 또한 사려 분별도 갖고 있다. 그리고 이성적인
추론에 의해 판정을 내려야만 하는데, 이것은 지혜를 사랑하
는 사람의 수단이기 때문에 그만이 각각의 즐거움을 비교할
위치에 있다. 결국 지혜를 사랑하는 사람은 자신의 삶을 가
장 즐거운 것으로 찬양하고 명예를 좋아하는 사람의 즐거움
을 두 번째, 이(利)를 탐하는 사람의 즐거움을 마지막 것으로
각각 말할 것인데, 그의 이성적 판단이 가장 진실하기 때문에
이를 받아들여야 한다는 것이다(580d~583a).

세 번째 논증(583b~588a)은 가장 결정적인 것으로 제시된다. 소크라테스는 이 논증을 통해서 철학자가 누리는 즐거움만이 참된 즐거움이며, 다른 종류의 삶이 즐기는 쾌락은 환영적(幻影的)이라고 주장한다. 그는 두 가지 종류의 즐거움과 괴로움을 구분한다. 하나는 괴로움에서 벗어남으로써 생기는 즐거움이다. 이것은 기만적인 것이다. 이유는 다음과 같이 설명된다. 괴로움과 즐거움은 반대되는 것이고 둘 사이의 중간에 있는 것으로서 일종의 혼의 평온이 있다. 사람들은 심한 고통을 겪게 될 때에는 괴롭지 않은 것과 그런 상태에서 벗어난 평온을 가장 즐거운 것으로 찬양한다. 반면에 기뻐하기를 멈추게 될 때에는 즐거움에서 벗어난 평온이 괴롭게 여겨진다. 따라서 "고통스러워하지 않음을 즐거운 것이라 여기거나 기뻐하지 않음을 슬픈 것이라고 여기는 것"은 옳지 않고 일종의 '기만 현상'이 된다. 다른 하나로는 괴로운 것에서 생기는 것이 아닌 순수한 즐거움이 있다. 이 점을 염두에 둘 때 "즐거움은 그 본성이 괴로움의 멈춤인 반면에 괴로움은 그 본성이 즐거움의 멈춤"이라고 생각하는 것은 잘못이다. 이를테면 냄새와 관련된 즐거움은 그것들에 앞서 괴로운 상태에 있지도 않았던 사람에게 생기고, 즐거움이 그치고 나서도 아무런 괴로움을 일으키지 않는다. 그런데 육체와 관련된 쾌락은 거의 대부분 괴로움에서 벗어나는 종류의 것들이다. 이런 것들을 순수한 즐거움으로 생각하는 사람은 위, 아래 및 중간이 있을 때 아래에서 중간으로 이동하고서는 위에 올라와 있다고 생각하는 사람과 같다. 괴로움에서 벗어남을 즐거움으로 생각하는 사람은 참된 즐거움에 대한 무경험으로 말미암아 단순히 고통 없는 상태에 불과한 것을 참된 즐거움으로 잘못 생각하는 사람이다(583b~585a).

이처럼 소크라테스는 즐거움에 대한 보통 사람들의 잘못을 지적한 뒤 모든 즐거움을 부족한 것(비어 있음)을 채우는 과정과 연관되는 것으로 간주한다. 예를 들어 배고픔과 목마름 등은 "신체와 관련된 [적극적] 상태의 비움"이고, 무지와 무분별도 "혼과 관련된 [적극적] 상태의 비어 있음"이다. 음식물을 섭취하고 지성을 사용하게 되는 사람은 비어 있는 것을 채우게 된다. 그런데 음식물보다 앎과 지성의 대상이 실재에 더 많이 관여하기 때문에 이것들로 채우는 것이 더 진정으로 차 있는 것이다. 따라서 앎과 진리로써 혼을 채우는 것이 음식물로써 육체를 채우는 것보다 참된 즐거움에 관여하는 것으로 간주된다. 결국 철학자들은 참된 즐거움을 맛보지만 세속적인 사람들은 참된 즐거움을 모른 채 '괴로움과 혼합된 즐거움'을 추구하면서 결코 채울 수 없는 욕망을 채우기 위해서 서로 싸우는 것으로 평가된다. 그러고 나서 이성적인 부분이 혼의 다른 부분들을 지배할 경우에만 세 부분이 각각의 고유한 즐거움을 누릴 수 있는 반면에, 욕구적인 부분이나 격정적인 부분이 혼을 지배할 경우에는 어떤 즐거움도 제대로 누릴 수 없음이 강조된다. 이런 관점에서 볼 때 이성에서 가장 멀리 떨어져 있는 참주는 참되고 고유한 즐거움에서 가장 멀리 떨어져 있는 사람이고, [왕도 정체의] 군왕은 가장 즐겁게 산다면서 군왕은 참주보다 729배[173]나 더 즐겁게 살 것임이 추가로 언급된다(585a~588a).

마지막으로 "철저하게 올바르지 못한 데도 올바른 것으로 간주되는 자에게는 '올바르지 못한 짓을 하는 것'이 이익이 된다"는 주장을 논파한다. 이를 위해 소크라테스는 혼을 세 가지 형태로 이루어진 생물로 형상화해서 묘사한다. 하나는 "다채롭고 여러 개의 머리를 지닌 짐승"의 형태이다. 이것들의 일부는 유순하고 일부는 사납다. 다른 하나는 사자 형태, 또 다른 것은 사람 형태로 형상화된다. 이들 셋을 하나로 합쳐서 외양으로는 인간 모습으로 보이게 한다. 올바르지 못한 것을 행하는 것이 이득이 된다고 주장하는 사람은 자신 속의 짐승과 사자를 강하게 만들되, 내부의 사람은 굶주리게 해서 쇠약하게 만드는 것과 같다. 반면에 올바른 것이 이롭다고 주장하는 사람은 "내부의 인간이 이 인간을 최대한 장악하게 되며 많은 머리를 지닌 짐승을 마치 농부처럼 유순한 머리들은 키우고 길들이되 사나운 것들은 자라지 못하게 막아가며 보살피게 되는 한편, 사자의 성향을 협력자로 만들어서 공동으로 모두를 돌보며, 서로 및 자기 자신과도 화목하도록 만드는 그런 방향으로 조장하는 것들이어야 한다"는 주장을 하는 것이다. 올바르지 못한 것을 찬양하는 자는 "자신의 가장 신적인 것을 가장 비신적(非神的)이며 가장 오염된 것에 예속"시키는 것과 같다. 결국 신적이며 분별 있는 것이 지배할 경우에만 개인은 최선의 인간이 될 수 있고, 이런 최선의 인간에 의해 나라가 다스려져야 한다. 몰래 올바르지 못한 짓을 하고서도 발각되지 않아 처벌을 받지 않는 자는 혼의 야수적 부분이 순화되지 않아서 한결 더 사악하게 된다. 결국 지각 있는 사람은 혼의 질서와 조화를 실현하기 위해 전심전력을 다할 것이다. 그는 건강이나 부 및 명예를 '자신 속의 통치 체제(politeia)'를 응시하면서 평가할 것이며, 이 체제를 와해시킬 과도한 욕구는 삼갈 것이다. 글라우콘이 이제껏 이론상으로 수립해 본 나라는 "지상의 그 어디에도 존재하지 않을 것"으로 생각한다고 말하자, 소크라테스는 "그렇지만 그것은 아마도 그걸 보고 싶어 하는 자를 위해서, 그리고 그것을 보고서 자신을 거기에 정착시키고 싶어 하는 자를 위해서 하늘에 본(paradeigma)으로서 바쳐져 있다"고 언급한다(588b~592b).]

　플라톤은 4권까지의 논의를 통해 올바름은 그 자체로 추구할 가치가 있는 것임을 입증한다. 이 과정에서 행복 개념은 전면에 등장하지 않는다. 그는 이제 9권에서 '올바름' 과 '행복' 의 문제를 연관시켜 논의한다. 그는 참주가 가장 올바르지 못한 사람임을 확인한 뒤 올바른 자의 삶이 올바르지 못한 자의 삶보다 더 행복함을 보여 주기 위해 세 가지 증명을 제시한다.

### 1) 첫 번째 증명(576d~580c)

첫 번째 증명은 앞에서 언급된 참주체제와 이를 닮은 사람에 대한 분석에 기초하고 있다. 참주 정체의 나라가 가장 비참하고 왕도 정체의 나라가 가장 행복하다는 판단은 "참주 한 사람이나 그들 둘러싼 몇 사람을 보고서" 하는 것이 아니라 나라 전체를 보고서 하는 것이라는 언급에서 분명히 드러나듯이 판단 기준은 내재적 구조이다. 참주체제에서 나라의 가장 선량한 부류가 가장 광적이고 사악한 부류의 노예 상태가 되어 있듯이 이를 닮은 참주체제적 인간의 혼 상태도 마찬가지라는 것이 첫 번째 증명의 핵심이다. 이런 사람은 후회와 혼돈, 두려움과 비탄으로 가득 차 있다. 그는 참주 정체적 사람이 실제로 참주가 되었을 경우 가장 비참한 사람이 된다고 언급하고 있는데, 이런 참주에 대한 묘사는 앞에서의 트라시마코스 견해와 선명하게 대비된다. 트라시마코스는 참주를 "시민들의 재물에 더하여 그들 자신마저 납치하여 노예로 만들게 될 땐, 이들 부끄러운 호칭 대신에 행복한 사람이라거나 축복받은 사람이라 불린다"(344b)고 언급했다. 이에 반해 소크라테스는 참주가 노예로 삼은 사람들을 두려워하면서 살 수밖에 없음을 지적한다. 우리는 소크라테스의 이런 주장을 처음 보기에는 수긍하기 어려울 수 있다. 현실 속에서 참주(독재자)가 과연 소크라테스가 묘사하는 것과 같은 방식의 삶을 사는 것인지 의문을 제기할 수도 있다. 참주가 절대 권력을 획득하고서도 다른 욕망들을 적절하게 통제할 수 있는 경우가 가능하기 때문이다.[174] 그러나 이런 문제 제기는 논의의 초점을 놓치고 있다. 소크라테스는 현실 속의 모든 참주가 그가 묘사하는 사람과 같다고 주장하는 것이 아니다. 그가 문제 삼고 있는 경우는 2권에서 '기게스의 반지' 이야기를 통해 제시한 것처럼 절대적 힘이 주어졌을 경우 자신의 욕망을 무제한으로 추구하는 불의한 사람이다. 다시 말해서 그는 이미 참주 정체적 혼의 성향을 지닌 사람이 절대 권력을 획득한 경우를 고찰하는 것이고, 이것이 그와 대화자들이 관심을 갖는 것이다.[175] 이런 참주가 가장 불행하다는 논증은 4권에서 '올바름'을 '혼의 조화와 질서'로서 규정한 관점에 따른 것이다. 참주는 혼의 '질서체계'가 완전히 무너진 상태에 있는 사람이기 때문에 불필요하고 무법적인 욕구에 의해

지배된다. 그러나 이런 욕구는 만족될 수가 없다. 우리가 이점을 이해하기 위해 앞에서 제시한 필요한 욕구와 불필요한 욕구의 차이를 생각할 필요가 있다. 필요한 욕구는 바라는 바가 충족될 때 이롭기 때문에 추구되는 것인데, 예를 들어 "건강과 좋은 상태 유지를 위하는 만큼은 먹으려는 욕구"(559a)이다. 이런 언급에서 알 수 있듯이 이런 욕구는 무한정한 것이 아니라 일정한 한계 내에서 만족되는 것이고, 이것이 만족되는 지점이 건강에 적합한 것이 된다.[176] 필요한 욕구가 부족한 것을 채움으로써 좋은 상태를 낳는 균형을 회복하는 것을 목표로 하는 반면에, 불필요한 욕구는 균형을 회복하는 것을 목표로 삼지 않는다.[177] 이런 욕구들은 계속해서 욕망을 더 불러일으키는 성질을 지니고 있어서 만족될 수가 없게 된다. 이런 욕망의 불만족성 때문에 이런 혼을 지닌 사람은 가장 비참한 상태에 처해 있는 사람으로 간주될 수 있다.


2) 두 번째 증명(580c~583a)

소크라테스가 올바른 자의 삶이 올바르지 못한 자의 삶보다 더 행복한지를 고찰하면서, 두 번째 논증에서 '즐거움(쾌락)'의 문제에 초점을 맞추고 있는 것은 처음에 이상하다고 볼 수 있다. 소크라테스는 행복과 즐거움을 동일시하고 있지 않으며, 나쁜 즐거움도 있음을 지적하고 있기 때문이다(505c).

그러나 우리가 모든 사람은 본성상 즐거움을 추구하고 행복은 일반적으로 즐거움을 포함하는 것임을 생각한다면, 행복 문제를 논의하면서 즐거움의 측면을 배제할 수 없다. 또 불의한 삶을 사는 사람들이 그런 삶의 방식을 선택하는 중요한 이유가 쾌락 때문이라는 점을 생각한다면, 이런 접근 방식은 더욱 중요하다. 한편 철학자가 추구하는 삶이 가장 즐거운 삶임을 보여 주는 이 같은 논증과 관련해서 제기된 문제 가운데 하나는 사람들이 각자 추구하는 '즐거움'을 과연 서로 비교하고 우열을 정할 수 있는지 여부이다.[178] 우리는 일반적으로 즐거움은 본질적으로 주관적인 것이라고 생각하고 있다. 내가 어떤 특정한 음식을 먹는 것을 '즐거운 것'이라고 말하면 어떤 사람도 이를 부정할 수 없다. 음식 맛에 대해 아무리 많은 경험을 가진 사람이라 하더라도 나의 주관적 느낌을 무효화할 수 없다. 플라톤이 이런 관점에서 이 논증을 전개하고 있다면 그의 논증은 분명히 잘못이다. 그러나 그는 이런 방식으로 논증하고 있는 것이 아니다. 그는 이 논증을 통해서 사람들이 자신들의 삶의 즐거움을 주관적으로 느끼고 판단한다는 것을 부정하지 않는다. 그는 단지 세 종류의 삶의 방식을 추구하는 사람들 가운데 이러한 즐거움을 모두 경험한 사람만이 각각의 삶이 제공하는 즐거움들을 평가할 만한 위치에 있음을 주장하고 있을 뿐이다. 예를 들어 여행을 전혀 해 보지 못한 사람은 여행이 제공하는 즐거움을 알지 못할 것이고, 이런 즐거움을 평가할 만한 위치에 있지 않을 것이다.[179] 이와 마찬가지로 그가 이 논증을 통해서 보여 주고자 하는 것은 다른 종류의 삶이 제공하는 즐거움을 경험하지 못한 사람보다 경험이 많고 분별이 있는 사람만이 다양하고 복잡한 활동을 포함하고 있는 전체 삶의 방식과 관련해 어떤 종류의 삶이 가장 즐거운 것인지를 이성적으로 판정할 위치에 있다는 점이다.

### 3) 세 번째 증명(583b~588a)

많은 연구자는 이 논증을 매우 불만족스러운 것으로 평가하고 있지만, 우리는 여기에서 '즐거움'에 대한 플라톤의 매우 중요한 생각을 읽어 낼 수 있다. 그는 즐거움을 크게 둘로 나눈다. 단순히 '괴로움에서 벗어남'에 불과한 '환영적인 즐거움'과 괴로운 것들에서 생기는 것도 아니고 그 즐거움이 그치고서도 아무런 괴로움이 남지 않는 '순수한 즐거움'으로 구분한다. 육체와 관련한 쾌락은 거의 대부분 '괴로움에서 벗어나는 것들의 종류'로 간주된다. 여기에서 무엇보다 주목해야 할 점은 육체와 관련한 쾌락을 '환영적인 것'으로 보는 이유이다. 우리는 이것을 욕망 문제와 연관해서 생각할 필요가 있다. 우리가 음식이나 성 등 세속적 욕망을 갈구하는 상태에 있으면서도 이를 충족시키지 못한다면 우리는 고통을 느끼고, 이를 충족시키면 쾌락을 느낄 것이다. 그러나 이런 상태는 마치 심한 고통을 느끼고 있다가 이 상태에서 벗어날 때 이를 가장 즐거운 것으로 찬양하는 환자와 같은 것이라는 게 플라톤의 생각이다. 이런 생각은 위-중간-아래의 비유적 언급을 통해 생각하면 좀더 쉽게 이해할 수 있다. 여기에서 '아래'는 '욕망을 갈구하는 괴로운 상태', '중간'은 '욕망이 충족되어서 평온을 찾은 상태'를 각각 가리킨다. 육체적 쾌락은 '아래'에서 '중간'으로 이동한 상태이고, 이때 사람들은 '환영적인 즐거움'을 느낀다. 그러나 이런 즐거움은 지속되지 못하기 때문에 다시 '욕망을 갈구하는 괴로운 상태'로 내려가게 된다. 세속적 욕망을 추구하면서 살고 있는 보통 사람들은 바로 이와 같이 '아래'에서 '중간', 다시 '중간'에서 '아래'로 이동하면서 결코 만족할 수 없는 쾌락을 추구하면서 살고 있다는 것이 플라톤의 생각이다. 반면에 '진정한 위'의 상태가 있다. 이런 상태에서 누리는 '즐거움'이 바로 '순수한 즐거움'이다. 플라톤은 이를 설명하기 위해 냄새와 관련한 '즐거움'을 예로 들지만, 이것은 정신의 최고 상태에서 누리는 '참된 즐거움'을 설명하기 위한 예에 불과한 것으로 보아야 한다. 거의 대부분의 사람들이 이러한 참된 즐거움을 경험하지 못하는 이유는 무엇보다 우리의 삶이 어떤 형태로든 육체적 욕망을 추구하는 방식을 취하고 있기 때문이다.

플라톤은 논증의 두 번째 부분에서 '환영적인 즐거움'과 '참된 즐거움'의 차이를 더욱 분명하게 보여 주고자 한다. 앞에서 그는 '환영적인 즐거움'이 단순히 '괴로움에서 벗어남'에 불과한 것임을 밝혔는데, 여기에서는 이런 즐거움들이 또한 일시적이며 결코 충족될 수 없는 것임을 보이고자 하고 있다. 이를 위해 그는 '즐거움'을 부족한 것(결핍된 것)의 '채움'으로 규정하고, 채워지는 대상들의 실재성을 문제 삼고 있다. 육체가 배고프거나 목마를 때 채우고자 하는 음식물의 부류는 '덜 충실하게 존재하는 것'으로 규정된다. 이런 것은 생성 소멸하는 것들이기 때문이다. 반면에 정신이 추구하는 지식이나 덕이 관여하는 것들은 '더 충실하게 존재하는 것'으로 간주된다. 이런 것은 '언제나 같으며 불멸하고 참된 것'들이기 때문이다. 이런 존재론적 구분은 불변하는 것을 변화하는 것보다 우위에 두는 그의 철학적 입장에 근거한다. 그런데 그는 이런 존재론적 구분에 의거해서 생성 소멸하는 것들로 채워지는 것은 '진정으로 차 있는 것'이 아니기 때문에 '참된 즐거움'을 제공하는 것이 아니라고 본다. 그가 이렇게 생각하는 이유는 이런 것들이 일시적으로 충족시켜 주는 욕구는 계속 다시 생겨나고 실질적으로는 '채워지지 않는 것'이기 때문일 것이다(586b).[180] 이에 반해 그는 지식과 지성의 대상들인 '불변적인 것들'로 채워진 혼의 상태는 '진정으로 차게 된 것'이고 '참된 즐거움'으로 규정한다. 이것은 아마도 '불변적인 것들'(절대적인 것)에 대한 인식과 더불어 계속 변화를 겪을 수밖에 없는 욕구들에 얽매이지 않게 됨으로써 우리 마음의 상태도 변화할 수 있음을 함축하고 있는 것으로 보인다. 이와 연관해서 500c에서 제시된 철학자의 삶의 방식에 대한 언급을 참고하면 도움이 될 수 있다. 여기에서 플라톤은 철학자들이 불변적인 것인 실재들을 관상하면서 "질서 있고 이성에 따르는 그런 것들을 본받으며 최대한 닮으려고 여념이 없을 것"이라고 말한다. 다시 말해서 "철학자는 신적이며 절도 있는 것과 함께 지냄으로써 그 자신이 인간으로서 가능한 데까지 절도 있으며 신과도 같은 사람이 된다"는 것이다. 이런 관점에서 보면 플라톤이 말하고자 하는 것은 불변적 실재를 사랑하는 사람은 세속적 이득이나 욕망 추구에서 벗어남으로써 그의 혼 상태가 조화롭고 질서 있게 되고, 이런 상태에서 욕망에 얽매이지 않는 참된 즐거움을 누릴 수 있다는 것이다.

　　그러나 이런 견해가 철학자가 욕구적인 부분이나 격정적인 부분과 관련한 욕구를 모두 버린다 함을 의미하는 것은 아니다. 소크라테스는 이러한 욕구들이 지식과 이성을 따를 때 이것들에 고유한 즐거움을 누릴 수 있을 것이라고 언급하고 있기 때문이다. 이런 즐거움들이 어떤 것인지는 이 대화 마지막 부분(588b~592b)의 혼의 상(像)을 형상화해서 언급하는 과정에서 암시되고 있다. 즉 이성적인 부분은 사자 성향(격정적인 부분)을 협력자로 만들어서 욕구적인 부분을 상징하는 짐승 가운데 유순한 것들은 키우고 길들이되 사나운 것은 자라지 못하게 함으로써 혼을 조화롭게 만들 수 있다. 결국 플라톤이 말하고자 하는 것은 이성적인 부분이 혼의 다른 부분들을 지배할 경우에만 세 부분이 각각의 고유한 즐거움을 누릴 수 있는 반면, 욕구적인 부분이나 격정적인 부분이 혼을 지배해서 이것들과 관련한 욕망들을 분별없이 추구하게 되면 정신적 좌절과 두려움 및 고통만을 야기하게 된다는 것이다.

우리는 이제 플라톤에서 혼의 '이성적인 부분'의 성격에 대해 좀더 생각할 필요가 있다. 4권에서 그는 혼의 이성적인 부분을 다른 부분들과 구분하기 위해 '계산하고 추론하는 기능'의 측면을 강조한 바 있다. 이성적인 부분은 선견지명을 갖고 혼 전체의 이익을 위해 판단하고 계산하는 역할을 한다. 그러나 9권에서 이성적인 부분은 그 자신의 고유한 욕구와 즐거움을 지니고 있다는 점이 분명하게 언급된다(580d). 이성적인 부분은 단순히 욕망을 합리적으로 조정하고 계산하는 역할만 하는 것이 아니라 '배움을 좋아하고 지혜를 사랑하는 부분'(581b)으로 규정된다. 이 부분은 진리를 추구하는 활동을 통해 궁극적으로 좋음을 인식하고자 한다. 이는 실재에 대한 인식을 통해서만 가능한데, 이런 인식은 이론적 인식으로 끝나는 것이 아니라 그것을 닮으려는 욕구를 동반한다(500c). 이는 우리의 마음 상태가 인식 또는 의식 수준에 따라 바뀌고, 욕구나 감정이 변화를 겪을 수밖에 없음을 함축한다. 그가 '물길이 트인 흐름'에 비유해서 언급하고 있듯이 어떤 사람에게 특정한 욕구가 강해질 때 다른 것들에 대한 욕구는 그만큼 더 약해질 수밖에 없다(485d). 철학자가 세속적 명예나 부를 추구하지 않고 좀더 고귀한 가치를 열망한다는 점은 이런 욕구 방식의 차이를 잘 보여 준다. 플라톤이 『파이드로스』편에서 말하고 있듯이 인간은 비이성적 욕망에 지배되어 육체적 아름다움의 쾌락을 추구하는 '에로스(erōs)'만이 아니라 진리를 열망하는 '자유로운 에로스'(243c) 또는 '신적인 에로스'(266a)를 지니고 있는 존재이다. 철학자는 진리를 추구하는 활동을 통해 진정한 마음의 평화에 도달하고자 한다. 이런 상태는 단순히 욕망의 억제나 통제를 통해서 가능하지 않고, 의식 수준 상승에 따른 욕망의 순화나 감소를 통해서만 가능할 것이다. 플라톤은 9권에서 이성적 부분을 '가장 신적(神的)인 부분'(589e)으로 부르고 있는데, 이는 인

간의 이성이 단순히 '계산적 이성'의 능력만을 지니고 있는 것이 아님을 잘 보여 주는 표현이다.[181]

# 시에 대한 비판과 에르 신화(10권 595c~621d)

## 시에 대한 비판(595c~608b)

　[소크라테스는 10권에서 시에 대한 본격적인 비판을 전개한다. 그는 여태까지 나라를 옳게 수립했다고 밝히면서, 특히 시와 관련된 것들이 그렇다고 말한다. 이는 "시 가운데에서도 '모방적인 것(흉내 내는 것)'은 어떤 식으로든 받아 들이지 않는 것"을 뜻한다. 그는 "비록 어릴 적부터 호메로스에 대해서 갖고 있는 일종의 사랑과 공경심이 나로 하여금 말하지 못하게 말릴지라도" "진리에 앞서 사람이 더 존중되어서는 안 된다"고 하면서 시에 대한 비판을 시작한다.

　그는 먼저 '모방(미메시스 mimēsis)' 개념을 명확히 하고자 다음과 같은 원칙을 표명한다. "우리가 같은 이름을 적용하는 각각의 [부류의] '많은 것'과 관련해서 우리는 어쩌면 각각의 어떤 '한' 형상을 가정한다." 예를 들어 많은 침상과 식탁에 대응해서 침상의 이데아와 식탁의 이데아가 있다. 각 가구의 장인은 이 이데아를 보면서 침상이나 식탁을 만든다. 장인들 가운데에는 이 지상이나 하늘 및 저승에 있는 것까지 모든 걸 '만드는 자(poiētēs)'가 있다. 이런 제작자는 마치 거울을 갖고서 모든 걸 비추는 방식으로 만들어낸다. 화가는 이런 유형에 속한다. 따라서 침상을 예로 들 경우 침상의 형상, 목수가 만든 침상, 화가가 모방한 침상을 상정할 수 있다. 침상의 형상은 '신이 만든 것'[182]으로 이야기되는데, 이것은 둘이 될 수 없고 하나만 있을 수 있다. 화가는 목수가 만든 것의 '모방자'이기 때문에 그 본질(physis)로부터 세 번째 산물의 제작자에 불과하다. 비극 작가를 포함한 다른 모방자도 화가와 마찬가지로 진리로부터 세 단계나 떨어져 있는 자이다. 화가는 실재가 아니라 '보이는 현상'의 모방자이기 때문에 모든 걸 만들어 낼 수 있다. 그러나 화가는 목수를 비롯한 장인들을 그려서 보여 주기는 하지만 이 기술들 가운데 어떤 것에도 정통하지 못하다. 마찬가지로 비극의 선구자인 호메로스를 비롯한 시인들의 작품들도 실재로부터 세 단계나 떨어져 있는 것들이다. 이들은 의술에 대해서 이야기하지만 실제로 의사가 아니라 의술 용어들의 단순한 모방자이며, 다른 기술들에 대해서도 마찬가지다. 호메로스가 언급하고 있는 가장 중대한 것들인 전쟁과 전략, 나라 경영, 인간 교육에 관해서도 그는 모방자일 뿐이지 진리를 알고 있는 자가 아니다. 결국 시인은 화가와 마찬가지로 자신이 묘사하는 것에 대해서 정통하지도 못하면서 "각각의 기술의 몇 가지 색채를 낱말들과 구들을 이용하여 채색"하는 모방자에 불과하다. 소크라테스는 계속해서 영상제작자인 모방자는 실재에 대해 모르고 그것의 현상에 대해서만 알고 있다는 점을 충분하게 고찰하고자 한다. 기술에는 사용하는 기술과 만드는 기술, 모방하는 기술이 있다. "각각의 도구와 생물 및 행위의 훌륭함과 아름다움 및 옳음"은 용도(chreia)와 관련된다. 도구를 사용하는 자는 제작한 것이 잘 만들어진 것인지 잘못 만들어진 것인지를 '아는 자'이고, 도구 제작자는 '아는 자'의 지시를 통해서 그것의 훌륭함과 나쁨에 대해 옳은 믿음을 갖게 된다. 반면에 모방자는 자기가 모방하는 것들에 대한 훌륭함과 나쁨에 대하여 알지도 못하고 옳게 판단하지도 못한다. 모방은 앎이 결여된 일종의 놀이에 불과하기 때문이다(595c~602c).

소크라테스는 계속해서 모방이 우리의 혼에 어떤 영향을 미치는지에 대한 문제를 논의한다. 모방의 힘은 같은 크기의 것이 가까이에서 볼 때와 멀리서 볼 때 다르게 보이고, 착시로 인해 온갖 혼란이 생기게 되는 것에 의존한다. 혼에는 이런 현상을 그대로 받아들이는 부분이 있으며, 또한 측정과 계산을 통해 진리를 인식하는 이성적인 부분이 있다. 혼의 두 부분은 서로 마찰하는데, "측정과 계산을 신뢰하는 부분이 혼에 있어서 최선의 부분"이고 회화와 일체 모방술은 혼의 열등한 부분에 호소하는 것이다. 그는 시각과 관련한 모방술에 대해 언급된 내용이 청각과 관련한 모방술인 시에도 똑같이 적용된다고 보고, 시의 모방술에 대해 더 검토한다. 시는 인간사와 관련해서 사람들이 괴로워하거나 기뻐하는 것을 모방하는데, 사람들은 온갖 행위를 하면서 자기 자신과 분쟁을 치르고 있다. 그런데 훌륭한 사람은 개인적 불행을 당하게 되어서도 괴로움에 대해 절도를 지킬 것이다. 이성과 법이 괴로움에 대해 저항하도록 지시하는 반면에 감정은 그 쪽으로 이끈다. 혼의 최선의 부분인 이성은 불운에 처하여서도 침착하게 대처하도록 인도하는데 반해 비이성적 부분은 "고통에 대한 기억 쪽과 비탄 쪽으로 인도"한다. 그런데 화를 잘 내고 다채로운 성격은 모방하기가 쉽지만 "분별 있고 침착한 성격은 언제나 거의 자기동일성을 유지"하기 때문에 모방하기가 쉽지 않다. 모방적 시인은 비이성적 부분을 "일깨워 키우고 강화함으로써 헤아리는(이성적인) 부분을 파멸시키고" "혼 안에 나쁜 통치체제"를 생기게 하기 때문에 훌륭하게 다스려질 나라에서는 그를 받아들이지 않는 것이 정당하다(602c~605c).

소크라테스는 시가 최대로 비난 받아야 할 이유를 다음과 같이 언급한다. "시가 선량한 사람들까지도 아주 소수를 제외하고는 수치스럽도록 만들 수 있기 때문인데, 이는 확실히 무서운 것이다." 그는 이 점을 호메로스나 비극 시인들의 작품을 예로 들어 설명한다. 이런 작품들에서 보여 주는 비극적 모방을 통해 우리는 불운에 처할 경우, 실컷 울고 비탄하기를 갈망하는 부분을 충족시키게 된다. 이로 인해 우리는 이성에 의해 억제해야 하는 부분을 조장하게 되고, 희극적 모방의 경우도 마찬가지다. 또한 시작을 통한 모방은 성욕이나 격정, 모든 욕구적인 것, 모든 행위에 수반되는 괴로운 것 및 즐거운 것들을 조장하기 때문에 문제가 있다. 결국 이런 것들을 조장하는 시인들을 받아들이게 되면 나라는 법과 이성 대신에 즐거움과 괴로움이 왕 노릇을 하게 될 것이다. 따라서 이 나라에서 시를 추방하는 것은 합당하다. 이어 소크라테스는 "철학과 시 사이에는 오래된 일종의 불화"가 있었다고 언급한 뒤 시가 즐거움을 줄 뿐 아니라 나라 체제와 인간 생활을 위해서도 이로운 것이라면 이를 받아들이겠지만 그렇지 못할 경우에는 조심해야만 한다면서 다음과 같이 결론을 내린다. "명예나 재물 또는 어떤 관직에 자극되어, 아니 적어도 시에 자극되어 올바름과 그 밖의 다른 훌륭함에 무관심해질 만큼 되어서는 아니 된다."(605c~608b)]

플라톤은 10권에서 3권에 이어 시에 대한 비판을 재개하면서 시가 사람들의 마음에 나쁜 영향을 끼치기 때문에 '아름다운 나라'에서 배척해야 한다는 주장을 펼친다. 그의 이런 견해는 오랜 역사를 통해 많은 논란을 불러일으켰고, 다양한 해석이 제시됐다. 문제가 되는 것은 소크라테스가 10권에서 시에 대한 비판을 재개하면서 언급하고 있는 "시 가운데에서도 모방적인 것"은 모두 배척해야 한다는 말이 정확히 무엇을 의미하는지 하는 것이다. 이 언급이 모든 모방적 시를 뜻하는 것이라면 이것은 명백히 3권의 주장과 상충된다. 3권에서는 분명히 모든 모방적 시를 배척하지 않고 훌륭한 사람에 대한 모방을 포함하는 시를 허용하고 있기 때문이다.[183] 따라서 3권과 10권의 내용을 일관되게 이해할 수 있는지 하는 문제는 연구자들 간에 논란거리가 되었지만 10권의 주장을 모든 모방적 시를 배척해야 한다는 의미로 해석할 필요는 없다. 그가 모방적 시를 비판한 이유는 무엇보다 이런 것들이 사람들의 혼에 해로운 영향을 끼친다고 보았기 때문이다. 이런 견해는 훌륭한 품성을 형성하는 데 있어서 도움이 되는 모방적 시를 허용함을 함축한다. 그가 10권에서 말하는 '모방적인 것'은 '무차별적으로 모방을 일삼는 시들'을 염두에 둔 것이지 모방적인 모든 시를 말하는 것이 아니다.[184] 그는 10권에서 '모방'을 훌륭한 사람에 대한 모방을 포함하지 않는 방식으로 규정한다. 그가 여기에서 비판하는 '모방적 시'는 인간의 훌륭함을 위험한 방식으로 잘못 묘사하고 있는 시를 가리킬 뿐이다.[185] 이 점을 좀더 구체적으로 이해해 보도록 하자.

1) 시인은 현상의 모방자이다(595a~602c)

플라톤은 10권에서 '모방'을 '현상의 모방'으로 규정하고 있으며, 이를 설명하기 위해 우선 존재론적 구분을 도입한다. 그는 형상 이론에 근거해서 세 가지 종류의 침상, 즉 '화가의 침상' '목수의 침상' '침상의 이데아'로 구분한다. 그의 철학에 있어서 진리는 형상에 대한 인식에서 성립한다. 목수는 침상이나 다른 가구들을 만들 때 자신이 만들고자 하는 것의 형상(본질), 즉 그것의 기능을 인식하고 이를 구현하기 위해 최선을 다한다. 반면에 화가는 침상을 그릴 때 침상이 무엇인지에 대한 앎은 없이 그에게 '보이는 것'(현상)만 모방할 뿐이어서 이들은 진리 인식에 있어 차이가 있다. 시인도 화가와 마찬가지로 자신이 모방하는 것들을 알지 못하고 있기 때문에 '현상의 모방자'에 불과하다.

우리가 이러한 비판을 올바로 이해하기 위해서는 무엇보다 '현상의 모방'이라는 말을 정확하게 파악해야 한다. 화가가 그린 침상의 그림은 목수가 만든 침상을 그린 것이고, 목수의 침상은 침상의 이데아를 모방한 것이어서 '모방의 모방'이 된다. 이런 점에서 화가의 그림은 침상의 본질로부터 세 단계나 벗어나 있는 것으로 말할 수 있지만, 그럼에도 불구하고 '모방의 모방'을 원본과 어느 정도 닮은 것으로 생각하는 것이 자연스럽다. 이 점은 우리가 사진의 예를 들어 생각하면 쉽게 이해할 수 있다. 어떤 사람의 사진이 그 사람을 매우 닮은 것이고 이 사진을 복사한 것은 좀더 덜한 정도로 닮을 수 있다고 하더라도 이러한 '모방의 모방'은 원본을 어느 정도 닮은 것이다.[186] 그러나 플라톤이 화가의 그림을 '모방의 모방'으로 규정할 때 생각하고 있는 것은 이런 방식의 모방이 아니다. 그는 598a~b에서 "침상은 옆쪽에서 보건 마주 또는 어디에서 보건 간에 자체와 어떤 점에서 다른가, 아니면 전혀 다르지는 않지만 달라 보이는 건가"라고 묻고서 그것은 "달라 보일 뿐이지 전혀 다르지는 않다"는 대답을 이끌어내고 있다. 그런데 화가는 바로 이런 침상을 자신에게 보이는 방식대로 그리고 있을 뿐이다. 이런 의미에서 화가는 사물을 있는 그대로 모방하는 것이 아니라 '보이는 현상'의 모방일 뿐이다. 플라톤이 이런 '모방' 개념을 설명하기 위해 '그림'의 예를 든 것은 시가 사물의 본성이나 실재를 모방하는 것이 아니라는 점을 좀더 쉽게 설명하기 위한 하나의 방책으로 볼 수 있다.[187]

'회화'를 단순한 '현상의 모방'으로 파악할 때[188] 회화와 시의 유비는 어떻게 가능한지를 생각해 보자. 비교의 핵심은 둘 다 사물의 본성이 아니라 사물의 현상을 모방하고 있기 때문에 사물의 본성이나 진리에 대한 앎이 없다는 점이다. 이 점은 회화의 경우에 다음과 같이 언급된다. "이를테면 화가는 구두 만드는 사람과 목수 및 다른 장인들을 우리에게 그려 주지만, 이 기술들 가운데 어느 하나에 대해서도 정통하지 못하다고 우리는 말하네. 그런데도 그 화가가 훌륭하다면 목수를 그린 다음 멀리서 보여 주어 진짜 목수인 것처럼 여기게 함으로써 아이들이나 생각 없는 사람들이 속아 넘어가게 하네."(598b~c) 이런 언급이 의미하는 것은 화가가 단순한 이미지 대신에 실재적 사람이나 도구를 만든다고 속이는 것이 아니라, 그들이 자신이 그리는 장인들의 기술에 대해 앎이 있는 것처럼 속일 수 있다는 것이다. 그는 시인들이 이런 화가와 같은 상태에 있다고 간주하는데, 먼저 경험적 고찰에 근거해서 이를 밝히고자 하고 있다. 즉 호메로스의 경우, 만일 그가 모방하는 "모든 기술이나 훌륭함 및 나쁨과 관련된 모든 인간사"에 대해 실제로 알고 있다면 시를 짓기보다 그것들을 실천하려고 했을 것이다. 그러나 역사적으로 볼 때 그가 실제로 의사로서의 역할을 했다거나, 나라를 경영했다거나, 입법자 노릇을 했다거나, 교사로서 활동했다거나 하는 증거는 없다. 그러나 이런 경험적 고찰에 근거해서는 호메로스를 비롯한 모든 시인이 인간의 훌륭함에 대한 앎이 없다는 점을 보여 줄 수 있을지 몰라도 이들이 '훌륭함'의 영상만을 모방하는 자에 불과하다는 것은 입증할 수 없다. 그렇다면 왜 플라톤은 시인이 화가와 마찬가지로 실재에서 세 단계나 떨어져 있는 '현상의 모방자'라고 보았을까. 그는 이를 설명하기 위해 사용자와 제작자와 모방자에 대한 논증(601c~602a)을 제시한다. 여기에서 사용자는 그가 사용하는 것들의 용도와 관련해 그것들의 훌륭함을 인식하고 있는 자를 가리키고, 제작자는 이러한 앎을 지니고 있는 사용자의 지시에 의해서 도구들을 만들기 때문에 '옳은 믿음'을 갖고 있는 것으로 평가된다. 반면에 모방자는 자신이 모방하는 것들의 훌륭함 및 나쁨과 관련해서 알지도 못하고 옳게 판단하고 있지도 못한 것으로 규정된다. 여기에서 모방자가 이렇게 평가되는 이유는 다음과 같은 예를 생각하면 쉽게 이해할 수 있다. 우리는 자동차의 작동 원리나 훌륭한 차의 조건에 대해서 잘 모르면서도 아이들이나 생각 없는 사람들에게 훌륭한 자동차이게끔 보이게 하는 그림을 그려 보일 수 있다. 이때 어린아이들은 앞에서 인용한 598b~c의 언급이 함축하고 있듯이 이런 그림을 그릴 수 있는 사람을 자동차에 관해서 지식을 지니고 있는 사람으로 보겠지만,[189] 실상 이들은 단순한 현상의 모방자에 불과할 뿐이다. 이런 관점을 '무엇보다 인간의 훌륭함(덕)을 주제로 삼고 있는 시인'[190]의 경우에 적용하면 다음과 같이 이해할 수 있다. 우리는 구체적인 현실 세계에서 '훌륭함'을 구현하기 위한 행위들을 하는데, 이런 행위들이 인간의 훌륭함의 예들이라면 이런 행위들을 모방하는 것은 비난 받을 이유가 없다. 3권의 '아름다운 나라'에서 훌륭한 행위를 모방하는 시들을 허용한 것은 이런 차원에서 이루어진 것이다. 그러나 플라톤이 여기 10권에서 시인들을 '현상의 모방자'라고 규정하면서 이들의 작품을 배척하려고 한 것은 이들이 묘사하는 것들이 인간의 훌륭함이나 사태의 진실을 참되게 반영하는 것이 아니라고 보았기 때문이다.[191] 시인들은 "못되기는 하지만 부유하거나 그 밖의 다른 능력을 지닌 사람들을 행복한 사람들"로 말하거나(364a), 참주 정체를 거룩한 것으로서 찬양하거나(568b), 올바르지 못함이 올바름보다 더 이익이 된다고 묘사하고 있는데(364a), 사람들에게는 이런 방식으로 보이지만 실제로는 그렇지 않다는 것을 플라톤은 논증하고 있는 것이다.[192] 결국 시인이 현상의 모방자인 이유는 화가가 침상이 아닌 현상하는 것을 모방하듯이 시인은 인간의 훌륭함(덕)의 예들이 아니면서도 그렇게 보이는 것을 모방하고 있기 때문이다.[193]

2) 시는 혼에 해로운 영향을 끼친다(602c~608b)

두 번째 논증은 모방이 인간의 혼에 나쁜 영향을 끼친다는 점을 입증함으로써 시를 비판한다. 이 논증에서 소크라테스는 먼저 시각과 관련한 착시나 온갖 혼란을 겪는 혼의 비이성적 부분과 계산 및 측정을 통해서 진실을 파악하는 이성적인 부분을 구분하고 이러한 구분을 사용해서 회화와 시가 비이성적 부분에 호소하고 있음을 보여 주려고 한다. 시각과 관련한 모방술인 회화와 인간 행위와 관련한 감정을 모방하는 시는 다른 영역에 속하는 것이지만, 소크라테스는 이것들이 우리에게 오류를 범하게 한다는 점에서는 같다고 본다. 즉 회화가 특정한 방식으로 사물의 현상을 모방함으로써 사물의 본성을 왜곡시키듯이, 시는 인간의 감정에서 비이성적 판단을 조장한다고 본다. 시가 감정 영역에서 오류를 범하게 한다는 것은 다음과 같이 설명된다. 예를 들어 어떤 사람의 아들이 죽었을 경우를 생각해 보자. 이 경우 이성은 인간사를 냉철히 생각해 보고 감정을 자제시키지만 비이성적 부분은 자신의 아들의 죽음에 대해 매우 비통해한다. 이런 비이성적 부분은 같은 나이 또래의 자신이 잘 모르는 다른 어린이가 죽었을 때는 그렇게 슬퍼하지 않는다. 소크라테스는 이를 두고 "동일한 것을 두고서 때로는 크다고 믿고 때로는 작다고 믿는 혼의 부분"이라고 말하는데, 비이성적 부분은 감정 영역에서 시각과 비슷한 오류를 범하고 있다고 볼 수 있다. 그런데 모방적 시인은 혼의 이런 비이성적 부분에 영합할 수밖에 없다. 분별 있고 침착한 성품을 지닌 사람을 모방하기는 쉽지 않지만 감정에 휘둘리는 사람은 쉽게 모방할 수 있고, 이런 모방은 사람들에게 즐거움을 주기 때문이다. 결국 시는 이런 감정들을 조장하기 때문에 혼에 해로운 영향을 끼친다는 것이 이 논증의 요점이다. 플라톤은 이어서 605c~608b에서 시에 대한 최대의 비난을 한다. 비판의 핵심은 시가 훌륭한 사람이라면 억제해야 할 온갖 감정들을 조장한다는 것이다. 비극의 경우, 사람들이 무대 위에서 공연되는 비탄에 잠겨 있는 비극의 주인공을 보면서 탄식하고 눈물을 흘릴 때, 겉으로는 주인공을 동정하고 있는 것처럼 보이지만 실상은 의식 깊은 속내에서는 자신 안에 억제되어 있는 불행을 슬퍼하고 있다. 플라톤의 입장에 따르면, 바로 이 자기연민의 달콤함이야말로 비극이 사람들에게 선사하는 쾌감이다.[194] 희극의 경우에서도 평소에는 저속하다는 평판이 두려워서 억제된 감정을 희극을 보면서 표출함으로써 사람들을 감상적으로 만든다. 이처럼 그는 시가 사람들을 감상적으로 만들기 때문에 훌륭한 사람조차도 시에 의해 나쁜 영향을 받을 수 있다는 점을 강조한다. 결국 그는 시가 즐거움을 제공하는 데 있어 마력 같은 힘을 지니고 이성의 지배를 방해하기 때문에 나라에서 추방되어야 한다고 생각한다.

　우리는 마지막으로 플라톤은 왜 시에 대해 그렇게 적대적 태도를 취했는지 하는 문제에 대해 생각해 볼 필요가 있다. 이를 위해서는 무엇보다 플라톤 시대에 있어서 시가 지니고 있던 위상을 고려하는 것이 중요하다. 당시에 시는 소수의 사람들만이 관심을 갖고 즐기는 그런 것이 아니라 사람들에게 매우 큰 영향을 미치고 있었다. 시는 아이들을 훌륭한 시민으로 만들기 위한 교육에서 중추적 역할을 수행했을 뿐 아니라 성인들의 삶에서도 지속적으로 중요한 역할을 수행했다. 시는 윤리적 가르침을 전달하는 중요한 수단이었기 때문에 지금처럼 시인과 도덕철학자들 사이의 구분은 없었으며, 시인들은 윤리적 문제에 대한 권위로서 종종 인용되곤 했다.[195] 이런 사정을 감안할 때 플라톤이 호메로스를 비롯한 시인들을 '아름다운 나라'에서 추방하고자 한 것은 이전에 시인이 맡던 역할을 이제 철학이 대신하겠다는 선언으로 볼 수 있다. 이처럼 플라톤은 시에 대해 부정적 태도를 지니고 있었지만 "시가 즐거움을 주는 것일 뿐 아니라 나라의 체제와 인간 생활을 위해서도 이로운 것"(607d)임을 논거를 들어 입증할 수 있다면 이를 허용할 것이라고도 말한다. 플라톤의 제자인 아리스토텔레스는 시의 가치에 대해 스승과 다른 견해를 갖고 있었다. 그의 『시학』은 플라톤의 문제 제기에 대한 하나의 응답이라고 볼 수 있을 것이다.

## 혼의 불멸성(608c~614a)

[소크라테스는 사람의 훌륭함이 생시뿐 아니라 모든 시간에 걸쳐 영향을 미칠 것이라고 하면서 혼이 불사적임을 논증하고자 한다. 이를 위해 그는 먼저 '좋다' 와 '나쁘다' 라는 말을 규정하는데 "모든 걸 파멸시키며 몰락시키는 것은 나쁜 것이지만 보전해 주고 이롭도록 하는 것은 좋은 것" 으로 이해한다. 각각의 것에는 특유의 나쁜 것이 있다. 예를 들어 "눈에는 안염, 온 몸에는 병, 곡식에는 엽삽병, 목재에는 부식, 청동이나 쇠에는 녹" 등과 같은 것이다. 이런 특유의 나쁜 것들은 그 각각의 것을 나쁘게 만들고 마침내는 파멸시킨다. 각각의 것은 그것에 고유한 나쁜 것에 의해서만 파멸될 수 있다. "그러므로 존재하는 것 가운데 어떤 것에 나쁜 것이 있기는 하지만 이것은 그걸 나쁘게 만들 수만 있지 그것이 파멸하게끔 해체시킬 수 없다면, 이런 성질을 지닌 것의 파멸이란 있을 수 없다" 는 것은 분명하다. 그런데 혼에는 이걸 나쁘게 만드는 것으로서 올바르지 못함·방종·비겁·무지 같은 것이 있다. 육체는 특유의 나쁨인 병에 의해서 파멸되지만, 혼의 경우 '올바르지 못함' 이나 그 밖의 나쁨에 의해 나쁘게는 되어도 파멸되지는 않는다. 따라서 자신의 나쁜 상태에

의해서 파멸되지 않는 것이 다른 것의 나쁜 상태에 의해 파멸된다는 것은 불합리하다. 육신이 병을 앓거나, 학살을 당하거나, 몸뚱이가 잘게 토막 난다 하더라도, 이러한 육신의 나쁨이 혼을 파멸시키는 것은 아니다. 결국 "혼에 특유한 나쁜 상태와 그 특유의 나쁜 것이 혼을 죽이거나 파멸시킬 수 없을 땐, 다른 것을 파멸하게 되어 있는 나쁜 것이 혼을 파멸시킨다는 것은, 또는 그것이 파멸시키게 되어 있는 것 이외의 것을 파멸시킨다는 것은 아무래도 불가능할 것이다."(608c~610e)

이처럼 혼이 불사적인 것임을 입증한 뒤 소크라테스는 혼은 그 참된 본성에 있어서 단일한 모습을 지니는 것임을 덧붙인다. 혼이 "많은 다양성과 자기 자신과의 부동성 및 불화로 가득 차 있는 것"으로 보이는 것은, 그것이 육신과의 결합과 다른 나쁜 것들로 인해 훼손되었기 때문에 그런 것이지 원래 모습은 그렇지 않다. "혼은 신적이며 사멸하지 않고 영원한 것과 동류의 것"이기에 혼은 지혜에 대한 사랑을 통해서만 그 참된 모습이 드러난다(611a~612a).

소크라테스는 올바름이 그 자체로 혼을 위해 최선의 것임을 입증했다고 주장한 뒤, 올바른 사람들이 신과 인간들한테서 받는 보상에 대해 언급한다. 그는 우선 신들은 올바른 사람과 올바르지 못한 사람을 알고 있으며, 올바른 사람은 신들의 사랑을 받고 그에 따르는 최선의 것이 생기게 됨을 지적한다. 올바른 사람이 불운을 당하면 그것은 전생의 과오에서 비롯된 불가피한 어떤 죄악 때문일 것이며, 궁극적으로는 좋은 일로 끝날 것임을 강조한다. 이에 덧붙여서 올바른 사람은 신만이 아니라 인간들한테서도 상을 받게 됨을 언급한다. 올바르지 못한 사람은 처음 얼마 동안 성공할 수 있겠지만 결국 비참한 생애를 살게 될 것인데 반해, 올바른 사람은 "모든 행위나 교제 및 생애의 끝에 이르러 좋은 평판도 얻게 되며 인간들한테서도 상을 받게 된다"고 주장한다(612b~614a).]

　여기에서 제시된 '혼의 불멸성'을 위한 논증은 플라톤의 논증들 가운데 가장 이상한 논증으로 일반적으로 평가되고 있다.[196] 소크라테스는 혼의 불멸성을 입증하는 것은 "전혀 어려운 게 아니다"라면서 논증을 전개하는데, 우리는 이러한 언급을 얼마나 진지하게 받아들여야 할지 의문을 가질 수 있다. 플라톤이 『파이돈』에서 혼의 불멸성을 입증하기 위해 많은 노력을 기울이고 있지만 확실한 결론을 맺지 못하고 있는 것을 고려할 때, 『국가』에서 그가 왜 이런 방식으로 언급하고 있는지 이해하기 어렵다. 제시된 논증도 논리적으로 많은 문제를 지니고 있다. 우선 이 논증의 전제인 '각각의 것은 그것에 고유한 나쁜 것에 의해서만 파멸될 수 있다'는 주장은 참된 것이 아니다. 각각의 것들은 그 자신의 고유한 나쁨과는 무관한 것들에 의해 파괴될 수 있기 때문이다. 예를 들어 불은 많은 것을 파괴할 수 있다.[197] 그러나 이 논증에서 더욱 문제되는 것은, 이를 전제하더라도 혼의 고유한 나쁨, 즉 '불의'는 혼을 나쁘게 만들기는 하지만 육체나 다른 사물들의 고유한 나쁨과는 달리 혼을 파괴시킬 수 없다는 핵심적인 주장이 입증된 것은 아니라는 점이다. 플라톤은 혼은 육체와 달리 고유한 나쁨에 의해서 파괴되지 않음을 입증하기 위해 '혼' 개념의 애매성을 이용하고 있는 것으로 보인다. 그는 '혼'을 다양한 의미로 사용하고 있는데 이것은 ① '생명의 원리' ② '숙고하고 생각하는 힘' ③ '올바르고 올바르지 못한 상태의 보금자리' 등을 나타낸다.[198] 그런데 그는 혼의 불멸성을 논증하는 과정에서 이런 의미들을 바꾸어서 이용하고 있다.[199] 즉 '불의'는 혼을 나쁘게 만들 수는 있지만 혼을 파괴시킬 수 없다는 주장을 전개할 때 그는 ①과 ②의 혼 개념에 의존해서 이를 옹호하고 있다(610c~e). 그러나 '생명의 원리'로서의 혼이 '불의'에 의해 영향을 받지 않는다 하더라도 이것이 그 자체로 불멸한 것인지는 다른 문제이다. 그는 암암리에 혼은 육체와 근본적으로 다른 것이며, 불사적이라는 사실을 전제하고 있다. 그가 이런 이원론적 견해를 강하게 전제하고 있는 것은 육체의 질병이나 소멸은 혼에 아무런 영향을 미칠 수 없다는 주장에서도 분명히 드러난다(610b~c). 그러나 이것은 입증해야 할 것을 전제하고 있는 부당한 논증이다.

그러나 혼이 사후에도 불멸한 것인지 하는 문제와 관계없이 혼의 최선의 상태에 대한 그의 언급은 되새겨 볼 필요가 있다. 그가 생각하는 혼의 최선의 상태는 '신적이며 사멸하지 않고 영원한 것'을 추구함으로써 이를 닮는 것이다. 이런 견해는 이에 앞서 500a~c에서도 제시되었는데, 철학자는 영원한 것을 관상하고 본받음으로써 '절도 있고 신과도 같은 사람'이 된다. 이런 언급들은 영원한 것을 추구함으로써 혼이 일종의 영원성에 도달할 수 있다는 뜻으로 이해할 수 있다. 이것은 '존재의 끝없는 지속'과는 다른 종류일 것이다.[200] 이런 상태가 어떤 것인지는 내면적 체험을 통해서만 알 수 있겠지만, 마음의 영원한 평화와 같은 것일 수 있다.[201] 올바른 상태의 혼은 생성 소멸하는 것에 얽매이지 않음으로써 내면적 평화를 지속적으로 유지할 수 있지만, 올바르지 못한 혼의 상태에서 세속적인 것들에 탐닉하는 사람은 이런 종류의 영원성에 도달할 수 없을 것이다. '올바름'이 지니는 이런 가치는 '올바름'으로 인해 얻을 수 있는 보수나 평판과는 다른 차원의 것이며, 혼이 실제로 '불사적'인지 하는 문제와 관계없이 혼에게 최선의 것일 것이다.

## '에르' 신화(614b~621d)

[마지막으로 소크라테스는 인간이 사후에 겪게 되는 운명에 대한 이야기를 한다. 이것은 '에르'라는 한 용감한 남자에 관한 이야기이다. 그는 언젠가 전투에서 죽었는데, 그의 육체는 썩지 않고 열이틀 만에 되살아나서 자기가 저승에서 보게 된 것들을 이야기해 주었다는 내용이다. 이 이야기에 따르면, 그의 혼은 육신을 벗어난 뒤 한 신비스러운 곳에 이른다. 그곳에는 땅과 하늘 쪽으로 각각 두 개의 구멍이 나 있고 심판자들은 이것들 사이에 앉아 있다가 올바른 자는 오른쪽의 하늘로 난 구멍을 통해 윗길로, 올바르지 못한 자는 왼쪽의 아랫길로 가도록 지시하였다. 다른 두 구멍을 통해서는 한쪽으로는 땅 쪽에서 오물과 먼지를 뒤집어 쓴 '혼'들이 도착하는가 하면, 다른 쪽으로는 하늘 쪽에서 다른 순수한 '혼'들이 내려왔다. '혼'들은 천 년의 여정 동안에 온갖 것을 겪게 되는데, 올바르지 못한 짓을 저지른 자는 저지른 잘못에 대해 열 배로 죗값을 치르게 된다. '에르'는 '혼'들이 아낭케(Anankē) 여신[202]의 방추가 있는 곳에 이르고 그것에 연결되어 있는 천체의 운행과 모습을 보게 된다. 이런 우주론적 설명 다음에 도덕적 교훈이 언급된다. 아낭케 여신의 주위에는 딸들인 운명의 여신들(라케시스 Lachesis, 클로토 Clotho, 아트로포스 Atropos)이 앉아 있는데, 이들 중에서 라케시스는 수많은

제비와 삶의 표본들을 가지고 있다. 혼들은 다음 생을 결정할 제비뽑기를 해야 하는데, 이에 앞서 여신의 대변자가 다음과 같이 말한다. "이는 아낭케의 따님이며 처녀이신 라케시스의 말씀이시다. 하루살이인 혼들이여, 이건 죽게 마련인 종족의 죽음을 가져다주는 또 다른 주기의 시작이니라. 다이몬[203]이 그대들을 제비로 뽑는 게 아니라 그대들이 다이몬을 선택하리라. 첫 번째 제비를 뽑는 자는 자신이 반드시 함께할 삶을 맨 먼저 선택하게 되리라. 훌륭함(aretē)은 주인이 없어서 저마다 그걸 귀히 여기는가 대수롭지 않게 여기는가에 따라 더 갖게 되거나 덜 갖게 되리라. 그 탓은 선택한 자의 것이지 신을 탓할 일은 아니리라." 다음으로 삶의 다양한 표본에 대한 이야기를 하면서 이 표본에는 혼의 성향이 포함되어 있지 않다는 점이 언급된다. "혼이 다른 삶을 선택하게 되면 필연적으로 다른 혼이 되기 때문"이다. 한편 "유익한 삶과 무익한 삶을 구별"할 수 있게 해 주는 학문에 최대한 마음을 써야만 한다는 것이 강조된다. 에르의 말에 따르면 각각의 혼은 대개 "전생의 습관(익숙함)에 따라 선택"을 한다. 모든 혼은 자신의 삶을 선택한 뒤 "무섭도록 이글거리며 숨이 막히게 되는 무더위를 뚫고 '망각의 평야'로 나아가게" 되고, '무심의 강' 또는 '망각의 강(ho tēs Lēthēs potamos)'이라 불리는 강가에서 야영하게 된다. 그런데 "이 물은 모두가 어느 정도는 마시게 마련이지만, 분별의 도움을 받지 못한 자들은 정도 이상으로 마시게" 되는데 "일단 이 물을 마시게 된 자는 모든 걸 잊게 된다." 그러나 에르는 이 물을 마시지 못하게 제지당했기 때문에 에르의 이야기가 보전되었다는 것이다. 소크라테스는 이런 이야기를 한 다음에 우리가 이를 믿는다면 우리는 언제나 올바름(정의)을 수행함으로써 이승에서도 저승에서도 잘 지내게 될 것이라면서 이야기를 끝맺는다 (614b~621d).]

플라톤은 에르 신화(mythos)를 통해 『국가』를 매듭짓는다. 그는 먼저 사후에 올바른 사람과 올바르지 못한 사람이 받게 되는 보상과 처벌에 대해 언급한 뒤 천체의 운행과 모습에 대한 이야기를 하고, 인간의 운명과 삶에 임하는 바람직한 자세에 대해 말한다.

에르 신화는 사후 세계에 관한 이야기이기 때문에 여기에서 제시되는 내용을 모두 합리적으로 이해하는 것은 불가능하지만, 그가 이 신화를 통해서 말하고자 하는 바는 어느 정도 분명한 것 같다. 사람들이 자신이 산 삶에 대한 보상과 처벌로서 사후에 겪게 되는 것들과 윤회에 대한 도입부의 이야기는 '올바름'의 보상에 대한 소크라테스 논증의 마지막 부분을 이룬다. 그러나 우리가 이 신화에서 좀더 의미 있는 것으로 주목할 수 있는 것은 혼들이 여행 과정에서 천구(우주)의 질서를 내려다볼 수 있게 되었다는 언급이다(616b). 여기에서 천체는 아낭케 여신의 방추(紡錘)[204]에 연결되어 있는 상태로 상호 간에 질서 있게 운행하면서 전체로서 조화를 보여주고 있는 것으로 묘사되고 있다. 천체의 조화와 질서에 대한 이런 묘사는 피타고라스학파의 견해를 반영하고 있는 것이지만, 이것은 또한 인간의 혼에 있어서의 '올바름' 이 궁극적으로 우주적 차원에서 나타나는 불변의 질서를 실현하고 반영하는 것임을 상징적으로 암시한다고 볼 수 있다.[205]

이어서 우리는 "어떻게 살아야만 하는가?" 하는 『국가』의 근본적 주제에 대한 플라톤의 생각을 이 신화에서 엿볼 수 있다. '라케시스' 여신 앞에서 삶의 표본들을 제비뽑기를 통해 선택하는 이야기에서 분명히 제시되고 있듯이, 각자가 어떤 삶을 사느냐 하는 문제는 운명적으로 정해진 것이 아니고 각자의 선택에 달려 있다. 그런데 올바른 선택을 하기 위해서는 "유익한 삶과 무익한 삶을 구별"할 수 있고 삶의 훌륭함이 무엇인지를 알아야만 한다. 바로 이런 학문이 '철학' 임은 두말할 필요가 없다. 그리고 혼은 삶의 방식에 따라 달라지게 마련인데, 플라톤은 혼을 올바른 상태로 이끄는 삶은 더 나은 삶이고 그렇지 못한 삶은 더 나쁜 삶임을 강조함으로써 철학의 궁극적 목표가 혼의 훌륭함임을 분명히 하고 있다. 그런데 우리가 어떤 삶을 선택하느냐는 무엇에 관심을 갖느냐에 따라 결정된다. 이런 관점에서 우리가 주목할 수 있는 것은 나중에 '망각의 강'이라고 일컬어지고 있는 것이 처음에는 '무심(無心)의 강(Ameletes potamos)'으로 표현되고 있다는 점이다. 여기에서 '무심'이라고 옮긴 표현은 '관심이 없음'을 뜻하는 것인데, 관심이 모든 진리 인식의 출발점임을 생각할 때 적절한 표현이라 할 수 있다. '망각의 강'의 물을 "분별의 도움을 받지 못한 자들은 정도 이상으로 마시게 된다"는 언급은 '무분별'과 '탐욕'이 또한 진리 인식을 방해하는 것임을 상징한다고 볼 수 있다. 뜨거운 사막을 지나왔어도 분별이 있는 자는 정도 이상으로 '망각의 강'의 물을 마시지 않음으로써 진리 인식을 위한 길을 갈 수 있고, 자신의 삶을 훌륭하게 만들 수 있을 것이다.

# 참고문헌

박종현, "대화편 『파이드로스』의 특이성", 『서양고대철학의 세계』, 서광사, 1995.

----, 『국가·정체』, 서광사, 1997(2007).

----, 『헬라스 사상의 심층』, 서광사, 2001.

----, 『플라톤의 네 대화편 : 에우티프론/소크라테스의 변론/크리톤/파이돈』, 서광사, 2003.

----, 『플라톤』, 서울대학교출판부, 2006.

박종현·김영균, 『티마이오스』, 서광사, 2000.

김남두, "플라톤의 정의 규정고―국가편 IV권을 중심으로", 『희랍철학연구』, 종로서적, 1988.

----, "좋음의 이데아와 앎의 성격", 『서양고대철학의 세계』, 서광사, 1995.

김상봉, 『그리스 비극에 대한 편지』, 한길사, 2003.

김영균, "『국가』편에서 혼의 조화와 이성의 지배에 대한 플라톤의 견해", 『철학』 제79집, 한국철학회, 2004.

----, "플라톤의 『국가』편에서 기게스의 반지와 두 가지 삶의 방식", 『인문과학논집』 제30집, 청주대학교 학술연구소, 2005.

----, "플라톤의 『국가』 1권에서 제시된 올바름(正義)에 대한 트라시마코스 견해 비판", 『인문과학논집』, 청주대학교 한국문화연구소, 2007.

김주일·정준영, 『알키비아데스 I·II』, 이제이북스, 2007.

Adam, J., *The Republic of Plato*. 2 vols., Cambridge : Cambridge University Press, 1902.

Annas, J., *An Introduction to Plato's Republic*, Oxford : Clarendon Press. 1981.

-----, *Platonic Ethics, Old and New.* Ithaca and London : Cornell University Press, 1999.

-----, *Ancient Philosophy : A Very Short Introduction*, Oxford : Oxford University Press, 2000.

Aristoteles, *Ethica Nicomachea*, 『니코마코스 윤리학』, 이창우 · 김재홍 · 강상진 옮김, 이제이북스, 2006.

Barney, R., "Socrates' Refutation of Thrasymachus", in G. Santas(ed.), *The Blackwell Guide to Plato's Republic*, Blackwell, 2006.

Bloom, A. (trans.), *The Republic of Plato*, New York : Basic Books, 1968.

Burnet, J.(ed.), *Platonis Opera* I-V, Oxford : Oxford University Press, 1900-1907.

Burnyeat, M. F., "Aristotle on Learning to Be Good", in A. Rorty(ed.), *Essays on Aristotle's Ethics*, Berkley : University of California Press, 1980.

-----, "Utopia and Fantasy : The Practicability of Plato's Ideally Just City" (1992), in G. Fine(ed.), *Plato*, Oxford : Oxford University Press, 2000.

Blössner, N., "The City-Soul Analogy", in G. R. F. Ferrari(ed.), *The Cambridge Companion to Plato's Republic*, Cambridge : Cambridge University Press, 2007.

Cornford, F. M. (trans.), *The Republic of Plato*, London : Oxford University Press, 1941.

Cooper, J., "The Psychology of Justice in Plato" (1977), in J. Cooper, *Reason and Emotion*, Princeton : Princeton University Press, 1999.

-----, "Plato's Theory of Human Motivation", *History of Philosophy Quarterly* 1(1984), in N. Smith(ed.), *Plato : Critical Assessments* Vol. 3, London and New York : Routledge, 1998.

Crombie, I. M., *An Examination of Plato's Doctrines* I. London : Routledge & Kegan Paul, 1962.

Cross, R. G., and A. D. Woozley, *Plato's Republic : A Philosophical Commentary*, London : Macmillan, 1964.

Denyer, N., "Sun and Line : The Role of the Good", in Ferrari 2007.

Dorter, K., The Transformation of Plato's Republic, Lanham : Lexington Books, 2006.

Ferrari, G. R. F., "Plato on Poetry", in G. A. Kennedy (ed.), The Cambridge History of Literary Criticism, Vol. I. Cambridge : Cambridge University Press, 1989.

-----, City and Soul in Plato's Republic. Sankt Augustin : Academia Verlag, 2003.

-----, "The Three-Part Soul", in Ferrari 2007.

Fine, G., "Knowledge and belief in Republic V-VII", in S. Everson(ed.), Companions to Ancient Thought : 1 Epistemology, Cambridge : Cambridge University Press, 1990.

Frede, M., "Plato's Arguments and the Dialogue Form" (1992), in N. Smith(ed.) Vol. 1, 1998.

Gosling, J. C. B., Plato, London and Boston : Routledge & Kegan Paul, 1973.

Griffith, T. (trans.), and G. R. F. Ferrari(ed.), Plato : The Republic. Cambridge : Cambridge University Press, 2000.

Guthrie, W. K. C. A History of Greek Philosophy. Vol. 4. Cambridge : Cambridge University Press. 1975.

Halliwell, S.(trans. and ed.), Plato Republic 10. Warminster : Aris & Philips. 1988.

Halliwell, S., "The Life-and-Death Journey of the Soul : Interpreting the Myth of Er", in Ferrari 2007.

Irwin, T. H., Plato's Ethics, Oxford : Oxford University Press, 1995.

Janaway, C., Images of Excellence : Plato's Critique of the Arts, Oxford : Clarendon Press, 1995.

Joseph, H. W. B., Essays in Ancient and Modern Philosophy, Oxford : Clarendon Press, 1935.

Kahn, C., *Plato and the Socratic Dialogue* : The Philosophical Use of a Literary Form, Cambridge : Cambridge University Press, 1996.

Keyt, D., "Plato and the Ship of State", in Santas 2006.

Kim Nam-Duh, Die Gerechtigkeit und das Gute in Platons Politeia, Pfaffenweiler : Centaurus-Verlagsgesellschaft, 1984.

Kraut, R., "The Defense of justice in Plato's Republic", in R. Kraut(ed.), *The Cambridge Companion to Plato*, Cambridge : Cambridge University Press, 1992.

Lloyd, G. E. R., "Plato as a Natural Scientist", *Journal of Hellenic Studies* 88, 1968.

Lychos, K., *Plato on Justice and Power*, London : Macmillan Press 1987.

Miller, M., "Beginning the Longer Way", in Ferrari 2007.

Moss, J., "What Is Imitative Poetry and Why Is It Bad?", in Ferrari 2007.

Murray, P., *Plato on Poetry*, Cambridge : Cambridge University Press, 1996.

Nehamas, A., "Plato on Imitation and Poetry in Republic 10" (1982), in N. Smith(ed.) Vol. 3, 1998.

Okin, S. M., "Philosopher Queens and Private Wives : Plato on Women and the Family" (1977), in N. Smith(ed.) Vol. 3, 1998.

Pappas, N., *Plato and the Republic*, London and New York : Routledge, 1995.

Parry, R., "The Unhappy Tyrant and the Craft of Inner Rule", in Ferrari 2007.

Penner, T., "The Forms in the Republic", in Santas 2006.

Popper, K., *Conjectures and Refutations*, London and Henley : Routledge & Kegan Paul, 1963.

Popper, K., *The Open Society and Its Enemies*, Vol. 1, 1966, 『열린사회와 그 적들』, 이한구 옮김, 민음사, 1982.

Rear, G. R., "Plato on Learning to Love Beauty", in Santas 2006.

Reeve, C. D. C. *Philosopher-Kings : The Argument of Plato's Republic*,

Princeton : Princeton University Press, 1988.

Rosen, S., *Plato's Republic : A Study*, New Haven : Yale University Press, 2005.

Rutherford, R. B., *The Art of Plato*, Cambridge : Harvard University Press, 1995.

Santas, G. "Methods of Reasoning about Justice in Plato's Republic", in Santas 2006.

Schofield, M., *Plato : Political Philosophy*, Oxford : Oxford University Press, 2006.

Schofield, M., "The Noble Lie", in Ferrari 2007.

Sedley, D., "Philosophy, the Forms, and the Art of Ruling", in Ferrari 2007.

White, N., *A Companion to Plato's Republic.* Indiana polis : Hackett, 1979.

Weiss, R., "Wise Guys and Smart Alecks in Republic I and 2", in Ferrari 2007.

# 주석

1) 플라톤이 남긴 것으로 알려져 있는 편지들은 모두 열세 통이다. 일반적으로 이것들은 그가 직접 쓰지 않은 것으로 평가되고 있다. 그러나 이 가운데『일곱째 서한』은 그가 실제로 썼을 가능성이 매우 높은 것으로 간주되고 있다. 이 서한을 플라톤 자신이 직접 쓰지 않은 것이라 하더라도 이것이 지니는 가치는 매우 크다. 이것의 진위를 문제 삼는 학자들도 이것을 플라톤이 죽기 직전이나 직후에 그의 제자 중 한 사람이 썼다고 추정하고 있고, 이 편지가 플라톤이 격변기에 어떤 선택을 했으며 그 동기는 무엇인지를 알리기 위한 의도에서 썼다고 보고 있기 때문이다. W. K. C. Guthrie(1975), 8쪽 참조.
2) 플라톤의 생애와 관련된『일곱째 서한』내용은 박종현(2006), 7~10쪽 참조.
3) 이와 관련된 언급이『소크라테스의 변론』32c~d에 나온다.
4) 59b는 '스테파누스 쪽 수(Stephanus pages)'라 부르는 것으로, 플라톤의 대화편을 인용할 때에는 이 기호를 함께 표기하도록 되어 있다.
5) 박종현(2006), 6쪽.
6) 다른 철학자들과 달리 대화체로 저술한 플라톤의 저작들은 일반적으로 대화편이라고 일컬어진다. 위작(僞作) 시비가 있는 작품들을 제외한다면 그는 약 27편의 대화편을 저술했다. 대화편은 일반적으로 저작 시기에 따라 초기, 중기, 후기로 분류된다. 전문가들이 대체로 동의하는 연대의 순서에 따르면 대화편은 다음과 같이 구분할 수 있다. 초기 :『소크라테스의 변론』『크리톤』『에우티프론』『카르미데스』『라케스』『소(小) 히피아스』『이온』『프로타고라스』『리시스』『대(大) 히피아스』『에우티데모스』『메넥세노스』『고르기아스』『국가』(제1권). 중기 :『메논』『크라틸로스』『파이돈』『향연(연회)』『국가』(제2~10권)『파이드로스』『파르메니데스』『테아이테토스』. 후기 :『티마이오스』『크리티아스』『소피스테스』『정치가』『필레보스』『법률』. 이들 대화편에서 제목이 원어 그대로 우리말로 표기된『소피스테스』편을 제외하고는 모두가 각 대화편에 등장하는 대화자의 이름을 딴 것이다. 박종현(1997), 13~17쪽 참조.
7) 박종현(1997), 42쪽.

8) 헬라스어(그리스어) 디카이오시네(dikaiosynē)는 번역하기 어려운 말이다. 이 말은 영어권에서는 일반적으로 'Justice'로 번역되고, 이를 따라 우리도 흔히 '정의(正義)'로 번역하곤 한다. 그러나 'Justice'나 '정의'는 디카이오시네가 원래 지니고 있는 뜻을 제대로 담아내지 못하는 표현이다. '정의'는 일반적으로 '타인과의 관계에서 성립하는 사회적 덕'을 의미하는데, 이런 뜻의 '정의' 개념은 플라톤이 『국가』편에서 논의하는 디카이오시네 개념과 일치하지 않기 때문이다. 디카이오시네는 우리말로 '올바른 상태' 또는 '올바름'으로 번역할 때 원래 뜻에 가장 가깝게 옮길 수 있다. 왜 '정의'보다 '올바름'이 더 적합한 번역어인지를 알기 위해서 플라톤이 디카이오시네를 어떤 방식으로 의미를 규정하는지 간단하게라도 미리 알아볼 필요가 있다. 그는 1권에서 기능(일 : ergon)과 훌륭함(aretē)의 개념을 도입한다. 여기에서 기능은 '어떤 것이 그것으로써만 할 수 있는 또는 가장 잘 할 수 있는 그런 것'으로 규정되고, '훌륭함'은 각각의 '기능'이 잘 발휘된 상태를 의미한다. 예를 들어 눈의 기능은 보는 것이고 귀의 기능은 듣는 것인데, 제대로 보고들을 수 있는 상태가 '눈의 아레테' '귀의 아레테'이다. 그는 1권에서 '올바름'도 일종의 아레테임을 밝힌 뒤 4권에서 '올바름'을 규정함에 있어서 이런 기능적 관점을 철저히 따르고 있다. 4권에서 나라의 '올바름'은 나라를 구성하는 각 부류가 저마다 '제 일을 함'에서 성립하고, 개인의 '올바름'도 개인의 혼을 구성하는 부분들이 저마다 제 일을 할 때 성립하는 것으로 규정된다. 여기에서 '각자가 자신의 일을 함'이란 규정은 나라나 개인에 있어서 한 부분이 아니라 전체에 적용되는 말이다[박종현(2007, 개정판). '책끝에 붙여' 참조]. 여러 부류의 사람들로 구성되어 있는 나라는 각각의 부류가 저마다 적합한 일을 할 수 있을 때 '훌륭함'을 실현할 수 있는데, 각 부류가 적합한 일을 할 수 있도록 구조 짓는 원리가 '올바름'이다. 개인의 경우도 혼을 구성하는 이성, 기개, 욕구적인 부분들이 각각에게 적합한 방식으로 구조 지어져 있을 때 '올바른 상태'가 성립한다. 이처럼 디카이오시네는 나라가 그 고유한 구실을 제대로 수행하게끔 하는 것이며, 또한 개인이 사람 구실을 제대로 하게끔 하는 덕성적 측면을 모두 아우르는 의미를 지니고 있다. 반면에 '정의'는 일차적으로 덕성적 측면이 아니라 사회정의 차원에서 사용되는 말이기 때문에 디카이오시네의 번역어로는 한계가 있을 수밖에 없다. 플라톤은 1권에서 "나라나 군대, 강도단이나 도둑의 무리"의 경우에도 디카이오시네가 이런 집

단의 고유한 일을 잘 해낼 수 있게끔 한다고 말하고 있는데(351c), 여기에서 디카이오시네를 '정의'로 옮길 수는 없다. 왜냐하면 강도 행위 자체는 불법적인 것이고, 강도단에는 분명 '정의'가 결여되어 있기 때문이다. 그러나 강도단의 경우에도 각각에게 적합한 일이 분배되어 있고 각자의 일을 적합하게 수행하는 방식으로 조직되어 있을 때, 이런 경우에 대해서도 플라톤은 디카이오시네란 말을 사용한다. 이처럼 디카이오시네 개념에서 본질적인 것은 각각의 존재가 지니고 있는 기능을 잘 발휘할 수 있게끔 해 주는 구조적 측면이다. 이런 디카이오시네 개념은 '어떤 생활 방식으로 살아야만 하는지' 하는 『국가』의 근본적인 물음에 있어서 가장 중심적인 위치를 차지할 수밖에 없다. 이 물음은 결국 사람의 훌륭함은 어디에서 성립하고, 이것은 어떻게 실현 가능한지를 묻는 것인데, 바로 디카이오시네가 이를 가능하게 하기 때문이다.

9) Aristoteles, 『니코마코스 윤리학』 1095a18~20.

10) 스코필드는 『국가』가 "서양 정치철학의 최초의 위대한 저작"이라는 페라리(G. R. F. Ferrari)의 견해에 동의하면서 이 책을 정치철학적 관점에서 해석한다. 반면에 애너스는 『국가』는 정치철학적 저작이라기보다 윤리학적 물음이 중심 문제로 다루어지고 있다고 본다. M. Schofield(2006) 7~13쪽 및 J. Annas(2000), 23~36쪽 참조.

11) M. Frede(1992), 258쪽 참조.

12) 박종현(2006), 36쪽 참조.

13) M. Miller(2007), 311쪽 참조.

14) 벤디스(Bendis) 여신은 트라케 사람들이 믿는 신이다. 성소(聖所)는 아테네의 외항 피레우스에 있었다.

15) K. Dorter(2006), 23쪽 참조.

16) 박종현(1997), 53쪽 주 4 참조.

17) J. Annas(1981), 18쪽 참조.

18) 진실을 말하지 않는 것이 유익한 경우가 있다는 견해는 나중에 2~3권에서 중요한 주제가 된다.

19) 시모니데스(Simōnidēs, 기원전 556~기원전 468)는 고대의 유명한 시인이지만, 그의 작품은 거의 남아 있지 않다. 플라톤은 『프로타고라스』편 339a~348a에서 이 시인의 시를 풍자적으로 분석한다.

20) 헬라스어 아레테(aretē)는 기능(ergon)의 관점에서 보아 어떤 것에 능함

또는 어떤 것에 있어서 훌륭함(뛰어남, 탁월함)을 뜻하는 말이다. 헬라스 인들은 이 말을 매우 폭넓게 사용했다. 기능을 상정할 수 있는 모든 것에 는 그들 나름의 훌륭한 상태가 있기 때문에 그들은 "눈 또는 귀의 아레테" "칼의 아레테" "레슬링 선수의 아레테" "제화공의 아레테" "장군이나 정 치가의 아레테" "연설가의 아레테" 등과 같은 표현을 자연스럽게 쓸 수 있었다. 개와 같은 동물에게도 그들의 생존 기능과 관련해서 아레테를 상 정할 수 있다. 소크라테스는 여기에서 더 나아가 사람에게는 공통된 인간 성으로 인해서 우리 모두가 수행하지 않으면 안 되는 하나의 일반적인 기 능 내지 구실이 있다고 보고, 인간적인 아레테(훌륭함, 덕)를 찾고자 했 다. 박종현(1997), 74쪽, 주 36 참조.

21) K. Lycos(1987), 88쪽 참조.

22) K. Lycos(1987), 89쪽 참조.

23) '그런 것으로 생각되는 사람들(hoi dokuntes)' 과 '실제로 그런 사람들 (hoi ontes)' 의 대비는 플라톤 철학에서 중요한 측면을 보여 주고 있다. dokontes는 '생각됨(보임 : dokein)' 의 분사형이고, ontes는 '있음(~임 : einai)' 의 분사형이다. 어떤 것에 관해서 dokein 동사를 사용해서 자신의 생각을 표현할 때 우리는 단지 의견(doxa)을 갖고 있는 것이고, einai란 표현을 엄밀하게 사용할 수 있을 때 지식(epistēmē)이 성립한다. einai와 epistēmē의 연관성에 대해서는 『국가』 5권 476d~480a를 참고할 것.

24) 일반적으로 이 논증은 애매성을 이용하기 때문에 실패한 것으로 이야기 된다. 즉 폴레마르코스가 적을 해롭게 하는 것에 관해 언급할 때 염두에 둔 것은 '나쁜 사람으로 만드는 것' 이 아니라 그들의 '이익을 해치는 것' 인데, 소크라테스는 이 둘을 구분하지 않고 논증하고 있다는 것이다. 그 러나 앞에서 살펴보았듯이 폴레마르코스가 올바른 행위를 사람의 품성이 아니라 단지 상대방에게 이익과 손해를 끼치는 측면에서만 파악하기 때 문에 이와 같은 비판은 적절하지 않다. K. Lykos(1987) 100~101쪽 참조.

25) 첫 번째 비판은 '능가하다(pleon echein, pleonektein)' 는 개념을 이용해서 이루어진다. 소크라테스는 어떤 사람이 한도를 모르고 언제나 남을 능가 하려 한다면 그 사람은 지혜로운 사람이 아니라는 사실을 논증하고 있다.

26) 트라시마코스는 처음에 "올바름은 강자의 편익이다"(1)는 주장을 제시했 다가 나중에는 "올바름은 남에게 좋은 것"(2)이라고 주장한다. 이 두 주 장은 형식적으로 볼 때 서로 모순되는 것으로 보인다. (1)에 따라 올바름

이 강자의 이익이라면 올바름은 강자 자신에게 이익이 되는 것이지만 이
것은 (2)의 규정에 따르면 불의가 되고, (2)에 의거해 올바름이 다른 사람
에게 좋은 것이라면 강자에게 있어서의 올바름은 자신이 아니라 피지배
자인 약자를 위한 것이 되기 때문이다. 이처럼 형식적으로 볼 때 트라시
마코스의 두 주장은 상충되는 것처럼 보인다. 김영균(2007), 30쪽 참조.

27) J. Annas(1981), 45~46쪽 참조.

28) R. Barney(2006), 47쪽 참조.

29) 『국가』 472b~e 참조.

30) K. Lycos(1987), 112쪽 참조.

31) Nam-Duh Kim(1984), 32쪽 참조.

32) 트라시마코스의 견해에 대한 소크라테스의 비판 내용 분석은 김영균
(2007), 31~37쪽 참조.

33) Nam-Duh Kim(1984), 38쪽 참조.

34) 박종현 교수는 여기에서 논의되는 '플레온엑시아'에 대한 비판이 플라톤
의 '중용' 및 '적도(適度, to metrion)' 사상을 함축한다고 보고 있다. 박
종현(1997), 94쪽, 주 50 참조.

35) K. Lycos(1987), 140~141쪽 참조.

36) N. Pappas(1995), 48~49쪽 참조.

37) I. M. Crombie(1962), 86쪽.

38) '올바름'에 관한 플라톤의 견해를 의무론적 입장에서 파악할 수 없기 때
문에, 이를 결과주의(공리주의)적 입장에서 파악하려는 경향이 있지만,
이는 잘못이다. 공리주의자들은 도덕적 행위의 정당성을 '바람직한 결
과'(쾌락, 행복 등)에서 찾고 있는데, 플라톤이 이런 입장을 취했다면 '올
바름'은 세 번째 종류의 좋은 것에 속할 것이다. 그러나 그는 '올바름'을
두 번째 종류의 좋은 것에 속한다고 본다. 따라서 플라톤의 견해를 근대
이후에 정립된 공리주의나 의무론적 입장에서 이해하려고 하는 시도는
잘못이다. 그의 견해는 도덕철학의 기본적 문제들을 다른 방식으로 접근
할 수 있는 길이 있음을 보여 준다. J. Annas(1981), 60~63쪽 참조.

39) G. R. F. Ferrari(2003), 17쪽.

40) 김영균(2005), 281~282쪽 참조.

41) 김영균(2005), 283~284쪽 참조.

42) '글씨의 비유'의 특징에 대해서는 N. Blössner(2007), 346~347쪽 참조.

43) 기능 개념의 두 가지 측면과 그 의미에 대해서는 G. Santas(2006), 133~134쪽 참조.

44) G. Santas(2006), 133~134쪽 참조.

45) '건강한 나라'로 일컬어지는 이유는 이것이 건강한 육체와 비슷하기 때문인데, 이 나라의 관심은 전적으로 물질적인 것에 있다. 또한 '참된 나라'라고 언급되는 이유는 이것이 최선의 나라이기 때문이 아니라 협동에 의해 참된 의미에 있어서 나라가 시작되었다는 뜻으로 볼 수 있다. K. Dorter(2006), 65쪽.

46) G. R. F. Ferrari(2003), 40쪽.

47) 여기에서 말하는 내용은 헬라스 신화에 나오는 우라노스·크로노스·제우스에 관한 이야기이다. 이 이야기에 따르면 크로노스는 자신의 아버지인 우라노스의 남근을 자르고 주신(主神)의 자리를 차지하고, 크로노스의 아들인 제우스는 그의 아버지와 싸워 이겨서 주신이 된다. 그런데 『에우티프론』 5e~6a에서 에우티프론은 신들의 이런 행위들을 근거로 아버지를 고발하는 자신의 행위를 옹호하는 모습을 보여 주고 있다. 이런 대화의 내용은 헬라스 신화가 젊은이들의 심성에 나쁜 영향을 끼친다고 본 플라톤의 생각을 잘 보여 주고 있다. J. Adam(1963), 1권 112쪽 및 C. Janaway(1995), 87쪽, 주 19 참조.

48) 무사(Mousa, 복수 형태는 무사이 Mousai)는 영어로 뮤즈(Muse)라고 하는데, 아홉 자매가 있다. 이들은 제우스와 기억의 여신인 므네모시네(Mnēmosynē)의 딸들이다.

49) J. Annas(1981), 83~84쪽 참조.

50) M. F. Burnyeat(1980), 77쪽 참조.

51) '허구'로 번역된 '프세우도스(pseudos)'는 '허구' '거짓'이라는 뜻을 지니고 있는데, 여기 대화의 도입부에서 등장하는 프세우도스는 '거짓'이라는 뜻보다 '허구' 또는 '지어낸 이야기'란 뜻으로 사용되고 있다. W. K. C. Guthrie(1975), 457쪽 및 C. Janaway(1995), 88쪽 참조.

52) 이에 반해 그는 후기 대화편인 『티마이오스』에서 이 세계의 창조자(제작자)인 데미우르고스가 이 세계를 가능한 한 좋게 만드는 이치 및 과정에 대해 이야기하고 있는데, 여기에서 악은 선한 자인 데미우르고스와는 다른 독립적 원인에 기인하고 있음을 구체적으로 설명하고 있다.

53) G. R. F. Ferrari(1989), 114쪽 및 C. Janaway(1995), 87~88쪽 참조.

54) 505d~e에서 소크라테스는 사람은 누구나 '좋은 것들'을 추구하며, 이러한 것들의 경우 의견을 경멸하고 '사실로 그런 것들'을 추구한다는 점을 지적한다.

55) 이 점을 분명하게 이해하기 위해서는 '거짓'이 애매하게 사용될 수 있는 표현이라는 점을 염두에 둘 필요가 있다. 이것은 스스로 또는 다른 사람에 의해서 속고 있는 상태('진짜 거짓')를 의미할 수도 있고, 자신은 속지 않으면서 다른 사람을 속이는 것을 의미할 수도 있다('말을 통한 거짓'). M. Schofield(2006), 145쪽 참조.

56) '거짓말의 도덕성'에 관한 절대주의적 입장을 최초로 밝힌 철학자는 아우구스티누스이다. M. Schofield(2006), 146쪽.

57) 포퍼(1966), 194쪽 이하. 이런 포퍼의 비판에 대해 스코필드는 다음과 같이 플라톤을 옹호하고 있다. 『국가』에서 철학자는 통치하기를 좋아하지 않으며, 부득이하게 통치에 임하는 것으로 언급되는데, 플라톤이 이런 견해를 철학자에게 부여한 이유 중 하나로 나라를 다스리기 위해서는 사회 정치적 구조를 유지하기 위해 어쩔 수 없이 거짓말할 필요성이 있다는 점을 인식하고 있었기 때문이다. 이런 관점에서 보면 진리를 추구하는 철학자의 성향과 현실에 있어서 '거짓말' 허용이 충돌하는 것은 아니다. M. Schofield(2006), 143~144 및 147~149쪽 참조.

58) K. Popper(1966), 198쪽 참조.

59) 『국가』 459c~460a에서도 플라톤은 통치자에게 거짓말을 허용할 수 있다는 점을 분명하게 밝히고 있다.

60) 디오니소스 신에게 바치는 합창가이다.

61) '선법(旋法)'으로 번역된 harmonia는 대개 harmony로 이해하면 되는 말이지만, 여기에서는 '선법(mode)'의 뜻으로 사용되고 있다. '선법'은 음계를 형성하는 일정한 음 조직을 의미하는데, 장음계나 단음계처럼 음정 배열과 소리의 높이(音度, pitch)에 따라서 선법들 간에는 차이가 생긴다. 박종현(1997), 210쪽, 주 47 및 박종현 · 김영균(2000), 130쪽, 주 271 참조.

62) 이런 표현들에서 'eu'는 '잘' 또는 '훌륭하게'란 뜻이다.

63) 이 구절에서 eidos의 복수 형태인 eidē가 사용되고 있는데, 이 표현은 플라톤의 형이상학적 용어인 '형상들'을 의미하는 것으로 보아야 한다[박종현(1997), 222쪽, 주 62 참조]. 플라톤은 수호자들의 교육이 궁극적으로 덕들의 형상에 대한 인식에까지 이르러야 함을 암시하기 위하여 여기에서 이

런 표현을 사용하고 있는 것으로 보인다. K. Dorter(2006), 88쪽 참조.

64) K. Dorter(2006), 96쪽, 주 13 참조.

65) 소크라테스는 이에 앞서 3권 387b에서 호메로스와 다른 시인들의 작품을 비판하면서 다음과 같이 언급한다. "이는 그것들이 시답지 못하다거나 많은 사람이 듣기에 즐겁지 못해서가 아니라 한결 시적일수록 그만큼 더 아이이든 어른이든 간에 듣지 않도록 되어야만 하기 때문이네."

66) 『국가』 395c~d, 396c~e, 397d.

67) 이에 관해 소크라테스는 10권에서 다음과 같이 언급한다. "따라서 화를 잘 내는 성격은 많은 다채로운 모방을 수용하지만, 분별 있고 침착한 성격은 언제나 거의 자기동일성을 유지하는데 모방하기가 쉽지 않고, 모방하더라도 이해하기가 또한 쉽지 않지. 축제 집회 때 극장에 모여든 온갖 부류의 사람에게는 특히 그럴 걸세. 이들에게 있어서는 아마도 낯선 처지의 모방이 될 것이기 때문이지."(604e)

68) G. R. Rear(2006), 109~110쪽 참조.

69) 무사(Mousa) 여신들을 말한다.

70) 훌륭하게 다스려지는 나라에서는 의술보다 체육을 통해서 몸의 건강을 돌볼 것이고, 시가 교육을 통해 심성이 훌륭하게 형성된 사람은 문제를 법정에 호소해서 해결하려고는 하지 않을 것이기 때문이다(405a~b).

71) 아스클레피오스는 아폴론의 아들이며 의술의 신이다. 아스클레피오스의 아들을 아스클레피아데스(Asklēpiadēs)라 일컫는데, 훗날 의사들을 그의 후예라 하여 복수 형태로 아스클레피아다이(Asklēpiadai)라 한다. 히포크라테스도 그들 중 한 사람이다. 박종현(1997), 229쪽, 주 72 참조.

72) 『티마이오스』 87c~d, 88b~c.

73) S. Rosen(2005), 117쪽 참조.

74) 통치자의 자질과 덕의 관계에 대해서는 K. Dorter(2006), 99~100쪽 참조.

75) F. M. Cornford(1941), 68 및 106쪽 참조.

76) M. Schofield(2006), 287, 293쪽 및 S. Rosen(2005) 126쪽 참조.

77) M. Schofield(2006), 287쪽.

78) M. Schofield(2007), 159쪽 참조

79) G. Santas(2006), 134~136쪽 참조.

80) J. Annas(1981), 112 및 김남두(1988), 97쪽 참조.

81) 박종현(1997), 279쪽, 주 22 참조.

82) 아리스토텔레스는 '자제력 있는 사람'은 열등한 육체적 쾌락에 대한 욕망을 지니고 있으면서도 이치에 어긋나게 행하지 않는 사람이며, '절제 있는 사람'은 그런 욕망이 없이 이치에 어긋나게 즐거움을 느끼는 사람이 아니라고 구분한다. 이때 '절제'는 플라톤과 같은 의미로 사용한다고 볼 수 있다. Aristoteles, 『니코마코스 윤리학』, 1151b35~1152a3 참조.

83) G. R. F. Ferrari(2003), 40쪽.

84) 김남두(1988), 98~99쪽 참조.

85) 다양한 정체의 특성과 이를 닮은 혼의 유형에 대한 것은 8~9권에서 제시된다.

86) T. Irwin(1995), 212쪽 참조.

87) T. Irwin(1995), 212쪽 참조.

88) 쿠퍼는 격정적 행위의 동기는 근본적으로 경쟁심, 자존심, 명예감으로 볼 수 있다는 입장을 밝히고 있다. J. Cooper(1984), 40쪽 참조.

89) 격정적인 부분에 관한 논의는 김영균(2004), 87~89쪽 참조.

90) 혼의 욕구적인 부분과 생산자 계층의 유비가 성립한다는 것을 이해하기 위해서는 욕구적 부분이 단순히 음식이나 성에 대한 만족을 추구하는 부분이 아니라 "성향상 도무지 재물에 대해 만족을 모르는 것"(442a)으로 규정되고 있음에 유의할 필요가 있다. 이 부분은 9권에서 '돈을 좋아하는 부분'(580e)으로도 규정되고 있는데, 생산자 계층은 '돈벌이를 하는 사람'(434a)이라는 점에서 둘 사이에 유비가 성립한다.

91) 이 점은 그가 8권에서 올바르지 못한 유형의 정치체제와 이에 상응하는 인간에 대한 설명을 하면서 욕구적 부분이 지배하는 과두 정체적 유형의 인간에 대한 다음과 같은 묘사에서 가장 여실히 드러난다. "그는 헤아리는(이성적인) 부분과 격정적인 부분을 욕구적인 부분 아래 땅바닥 양쪽에 쪼그리고 앉게 하여 노예 노릇을 하게 하면서, 앞에 것에 대해서는 어떤 수로 더 적은 재물에서 더 많은 재물이 생기게 되겠는지를 셈하거나 생각하는 것 이외에는 어떤 것도 허용하지 않을 것이라 나는 생각하네."(553d). 여기에서 과두 정체적 유형 인간의 경우에도 이성은 여전히 계산적 기능을 수행하고 있다는 점에 주목할 필요가 있다. 즉 이 경우에 이성은 욕구적인 부분이 추구하는 것, 이를테면 재물 획득이나 이로 인해 생기는 쾌락을 좋은 것으로서 간주하고 이런 욕구 만족을 위해 그것의 계산적 기능을 사용한다.

92) 플라톤의 이성 개념은 흄의 이성 개념과 다르다. 흄은 이성을 감정의 노예

일 뿐이며, 그 자신의 어떤 동기적 힘도 지니지 못한 채 이미 주어진 욕구들의 합리적 조정자로서의 역할을 하는 것으로 파악한다(N. White(1979) 24쪽 및 J. Annas(1981), 133쪽 참조]. 반면에 플라톤의 이성은 단순히 욕구들의 조정자가 아니라 자신의 욕구를 지니고서 다른 부분들의 욕구를 지배하거나 올바른 방향으로 이끌어 가는 동기적 힘을 지니고 있다. 애너스는 플라톤과 흄의 이성 개념의 차이점을 다음과 같이 적절히 지적하고 있다. "혼의 다른 부분들의 목적들을 주어진 것으로서 간주하고 단순히 그것들을 효율적이고 조직적인 방식으로 획득하려고 하는 흄의 이성과 달리 플라톤이 생각하고 있는 이성은 다른 부분들의 목적들을 주어진 것으로서 간주하지 않고 그것들에 대한 억압이나 제한을 포함할 수 있는 방식으로 전체 혼을 위해 결정할 것이다. …… 언제나 진리를 추구하는 것으로서 생각된 이성은 그 자신의 주목할 만한 동기적인 힘을 지니고 있는 것으로서 생각되었다."J. Annas(1981), 134쪽 참조.

93) '올바름'에 대한 플라톤의 견해가 지니는 도덕철학적 의미에 대해서는 김영균(2005), 286~287쪽 참조.

94) '파도'로 번역된 원어는 키마(kyma : 세 차례 파도의 원어는 trikymia)이다. 세들리는 이것이 단순한 '파도'가 아니라 엄청난 지진해일을 뜻하는 '쓰나미(tsunami)' 현상을 가리키며, 엄청난 변화를 상징하는 말로 보고 있다. '쓰나미'는 고대 지중해에서도 여러 차례 일어난 널리 알려져 있는 현상이다. D. Sedley(2007), 256쪽 및 주 1 참조.

95) S. M. Okin(1977), 178, 180쪽 참조.

96) J. Annas(1981), 181쪽 참조.

97) N. Pappas(1995), 105쪽 참조.

98) M. F. Burnyeat(1992), 788쪽 참조.

99) 처자 공유의 가능성 문제는 '세 번째 파도'로 비유된 논의로 미루어지지만, '세 번째 파도'는 처자 공유의 가능성 문제를 구체적으로 논의하지 않고 있다. 플라톤은 여기에서 그가 구상한 '훌륭한 나라'가 어떻게 가능한지를 포괄적으로 논의하고 있을 뿐이다. N. White(1979), 144쪽 참조.

100) S. M. Okin(1977), 179~180쪽 참조.

101) S. M. Okin(1977), 181쪽 참조.

102) J. Annas(1981), 179~181쪽 참조.

103) 파라데이그마(paradeigma)란 표현은 '형상'에 대해서 사용되기도 하지

만, "훌륭한 나라의 '본' 을 논의를 통해서 만들고 있었다"(472e)는 언급
에서 '본' 이 '형상' 을 가리키는 것은 아니다. 번예트가 지적하고 있듯이
형상은 논의를 통해 만들 수 있는 것이 아니기 때문이다. 훌륭한 나라,
즉 '이상 국가' 의 형상과 같은 것은 없다. 이상 국가와 관련된 형상들은
나라와 개인에 공통된 '올바름' (정의)과 다른 덕들의 형상들이다. 플라
톤은 527c에서 논의를 통해 수립된 '훌륭한 나라' 를 '아름다운 나라
(kallipolis)' 라고 부른 뒤 "하늘에 '본' 으로 바쳐진 것" 으로 언급하는데,
이런 언급에서도 '본' 은 '형상' 을 가리키는 것이 아니다. 형상은 하늘에
존재하는 것이 아니기 때문이다[M. F. Burnyeat(1992), 779~781쪽 참조].
플라톤은 또 『티마이오스』에서 『국가』에서 논의된 정체(政體)에 대한
느낌을 말하면서 "누군가가 아름다운 생물을 보게 될 경우에, 그것들이
그림으로 되어 있는 것이건 또는 살아 있으면서도 가만히 있는 것이건
간에, 그것들이 움직이는 걸 그리고 그 덩치에 어울릴 것으로 여겨지는
짓을 실제 싸움에서 겨루어 보는 것을 보았으면 하는 욕구를 갖게 되는
경우"(19b~c)에 비유하고 있다. 이런 언급도 '아름다운 나라' 를 '올바
름' 의 한 본보기로 간주할 때에만 의미가 있을 수 있다.

104) 거드리, 슈트라우스(Leo Strauss), 블룸(A. Bloom) 등은 플라톤이 그의 '이
상 국가' 을 실현 가능한 것으로 보지 않았다고 해석한다. 반면에 번예트는
이런 해석의 문제점을 지적하고, 플라톤의 '이상 국가' 의 비존재성은 역
사의 사실이지 형이상학적인 것은 아니라고 본다. M. F. Burnyeat(1992),
779, 782~783쪽 참조.

105) 유토피아(Utopia)란 말은 토머스 모어(Thomas More)가 16세기 초에 처
음으로 사용한 말인데, 이 말의 어원에 대해서는 두 가지 해석이 있다.
한쪽은 이 말을 그리스어 부정사 '우(ou)' 와 장소를 의미하는 '토포스
(topos)' 의 합성어로 보고 '어디에도 없는 나라' 라는 의미로 해석한다.
다른 한쪽은 '좋은' 을 뜻하는 '에우(eu)' 와 '토포스(topos)' 의 합성어
로 보고 우리가 지향할 수 있는 '가장 완전하고 훌륭한 나라' 라고 해석
한다. R. B. Rutherford(1995), 218쪽 참조.

106) 스코필드는 이 점을 강조하면서, 우리가 초점을 맞추어야 할 것은 실현
가능성의 유무가 아니라 공동체의 이상, 즉 '공유' 가 나라 또는 훌륭한
나라를 형성한다는 생각에 초점을 맞추어야 한다고 보고 있다. M.
Schofield(2006), 239쪽 참조.

107) 포퍼는 "철인왕은 플라톤 자신이며, 『국가』는 플라톤 자신의 왕권에 대한 요구이다"라고 주장한다. K. Popper(1966), 211쪽.

108) '파라독사(paradoxa)'는 '일반 사람들의 의견에 반하는 의견'을 뜻하는 말이다.

109) 487c~e에서 이와 관련된 대화가 이루어지고 있다.

110) '각각인 것 자체'로 번역된 희랍어는 '아우토 토 호 에스티 헤카스톤(auto to ho esti hekaston)'이다. 여기에서 '아우토'는 '자체', '헤카스톤'은 '각각'을 뜻하고 '토 호 에스티'(what it is)는 소크라테스가 정의의 작업을 하면서 묻고 있는 '그것은 무엇인가?(ti esti ; what is it?)'란 질문의 답으로 제시되는 정의의 본질에 대한 언어적 표현이다. 플라톤이 형상을 지칭하기 위해서 이런 표현을 사용한 까닭은 초기 대화편들에서 정의의 대상이 된 본질과 형이상학적 실재로서의 형상이 동일함을 독자들에게 알리기 위한 것이라고 볼 수 있다. C. Kahn(1996), 354쪽 참조.

111) 『파이돈』 78c6, d6, 『국가』 479a2, e7, 『티마이오스』 28a2 등.

112) 플라톤은 『파이돈』 65d~66a에서 크기 · 건강 · 힘 등 모든 것과 관련해서 '존재하는 각각의 것의 본질(ousia)'은 감각이 아니라 사고(dianoia) 또는 이성적 헤아림(logismos)에 의해서만 포착된다고 말한다.

113) 파인은 이 점을 이 대화를 해석하는 데 있어서 가장 중요한 관건으로 보고 있다. G. Fine(1990), 87쪽 참조.

114) '진위적 용법'에 의거한 해석은 G. Fine(1990), 88~89쪽 참조.

115) 게일 파인은 이런 문제점을 지적하고, 이를 해결하기 위해 플라톤이 여기에서 말하는 다른 대상을 다른 '인식내용'으로 본다. 즉 인식은 언제나 참인 것과 관계하지만, 의견은 참일 수도 있고 거짓일 수도 있는 것들과 관계한다고 해석한다. 이런 해석은 인식과 의견이 그 대상들의 존재론적 차이에 의해 구별된다는 이른바 '두 세계주의'에 반대하고, 개별자에 대해서도 인식이 가능하다는 입장을 취한다. G. Fine(1990), 90~91쪽 참조.

116) 이런 관점에서 이 논증의 의미를 해석하는 방식은 D. Sedley(2007), 258쪽 참조.

117) 플라톤은 아름다운 것, 올바른 것, 경건한 것 이외에 두 배가 되는 것, 큰 것, 가벼운 것들도 대립적 특성을 보여 준다고 언급한다. 이것은 같은 방식으로 이해할 수 없는 예들이다. 전자들이 가치 평가를 포함하는 데 반해서 후자들은 이른바 '관계적 성질을 지닌 것들'이다. '관계적 성질을

지닌 것들'은 비교되는 맥락에서만 의미를 지니며, 비교 대상이 달라질 경우 의미는 반대로 된다. 예를 들어 김 군은 이 군보다 키가 작지만 박 군보다는 클 수 있다. 그러나 평가를 포함하는 것은 같은 방식으로 그것 들의 대립성을 보여 주는 것이 아니다. 플라톤이 이런 차이점을 몰랐다 고 볼 수는 없다. 단지 그는 이런 예들이 모두 대립성을 보여 줄 수 있다 는 점에만 초점을 맞추고 있는 것으로 보인다.

118) 플라톤은 이런 관점을 『향연』편(211a)에서 가장 분명하게 표현한다. 즉 아름다움 자체에 비해 아름다운 것은 어떤 점에서는 아름답고 어떤 점에 서는 추하고, 어떤 때는 아름답지만, 어떤 때는 추하고, 어떤 것에 비해서 어떤 이에게는 아름답지만 어떤 이에게는 추하듯이 어떤 곳에서는 아름 답고 다른 곳에서는 추하게 보인다.

119) 이 논증에서 개별자들이 F이면서 not~F일 수 있음을 입증하는 과정에서 에이나이(einai)는 '술어적 용법'으로 사용되고 있다. 그러나 구경을 좋 아하는 사람들의 믿음들은 '~이지 않은 것'과 '~인 것' 사이에 있다고 언급할 때 einai는 진위적 용법으로 해석해야 된다. 즉 많은 F에 대한 구 경을 좋아하는 사람들의 믿음들(nomima)은 참이기도 하고 그렇지 않기 도 하다. 이처럼 이 논증에서는 '술어적 용법'과 '진위적 용법'이 같이 쓰이고 있다. 여기에서 플라톤은 두 용법을 혼용하지만, 그가 말하고자 하는 것은 우리의 앎이 F이면서 F가 아닌 많은 것(술어적 용법)에 제한 될 때 우리는 기껏해야 믿음(진위적인 관점)에만 도달할 수 있다는 점이 다. G. Fine(1990), 91~93쪽 참조.

120) K. Dorter(2006), 169~170쪽 참조.

121) 박종현(1997), 393쪽, 주 7 참조.

122) D. Keyt(2006), 189쪽 참조.

123) 494a~c에서 언급된 철학적 자질을 지녔으나 타락한 젊은이의 예로는 일 반적으로 알키비아데스가 거론되고 있다. 알키비아데스(기원전 약 450~404)는 소크라테스가 훌륭한 정치가로 성장하기를 기대한 인물인 데, 실제로는 그렇지 못했다. 알키비아데스는 명문가 출신인데다 외모가 출중했고 운동 경기 능력이나 연설 솜씨에서도 탁월한 능력을 지녔다. 플라톤의 『알키비아데스 I』에서 소크라테스는 알키비아데스에게 철학 적 자기 인식 없이 정치를 하려 함은 잘못임을 누누이 강조한다. 그러나 그는 소크라테스의 충고를 무시하고 정치 무대에 뛰어들었다가 정치적

으로 파란만장한 삶을 살게 된다. 김주일 · 정준영(2007), 『알키비아데스 I』 작품 해설 참조.

124) 번예트는 철인정치의 실현 가능성 문제와 연관해서 458a의 언급을 주목한다. 여기에서 플라톤은 자기들이 원하는 것의 실현 가능성 문제를 도외시하는 것을 게으른 사람들의 상상에 불과하다고 말한다. 그러나 플라톤은 실현 가능성 문제를 진지하게 검토하고 있다는 점에서 게으른 상상가가 아니라 진지한 상상가이다. M. F. Burnyeat(1992), 783쪽 참조.

125) M. F. Burnyeat(1992), 789쪽 참조.

126) 플라톤은 7권에서 변증술(디알렉티케 dialektikē)을 위한 예비교육 과정에 대해 언급하고 있다. 이것은 혼을 실재의 영역에로 전환시키는 방책인데, 그가 이 방책에 대해 "그것(혼)에다 보는 능력을 생기게 해 주는 것이 아니라 이미 그 능력을 지니고는 있되 바르게 방향이 잡히지도 않았지만 보아야 할 곳을 보지도 않는 자에게 그러도록 해 주게 되는 방책"(518d)으로 말하는 데에서 알 수 있듯이, 혼의 능력은 지성을 지닐 수도 있고 그렇지 못할 수도 있는 가능적 상태로만 주어진다. 플라톤은 우리가 혼의 이성적 부분을 형상 인식을 위해 적극 활용할 때에만 지성이 생길 수 있다고 보기 때문에 혼의 이성적 부분이 곧 지성은 아니다.

127) 박종현(2006), 81쪽. 기능과 형상의 관계에 대해서는 같은 책 78~82쪽 참고할 것.

128) 이런 관점에서 '좋음의 이데아'의 성격을 이해하려는 시도는 김남두(1995), 189~194쪽 및 N. Denyer(2007), 284~285쪽 참조. 데니어는 이런 설명 방식을 '목적론적 설명'으로 부르고, 이를 다음과 같이 규정한다. "간단히 말해서 어떤 것에 대해 목적론적 설명을 하는 것은 그것에 관해 좋은 것을 파악함을 의미한다." 같은 책, 307쪽.

129) 플라톤이 혼의 내적 구조를 수학적으로 설명하고 있다는 점은 『티마이오스』편에서 가장 분명하게 드러난다. 그는 여기에서 우주혼의 구성을 조화평균과 산술평균을 이용해 수학적으로 설명하면서 인간의 혼도 같은 방식으로 구성된 것으로 언급한다. 『티마이오스』, 35a~36d 및 43d 참조.

130) J. C. B. Gosling(1973), 55~62쪽 참조.

131) 우시아(ousia)는 에이나이(einai : 영어 be에 해당)의 여성형 현재 분사 우사(ousa, being)를 명사화한 것이다. 우시아는 일차적으로 어떤 사람에게 있는 것, 즉 '자산'을 뜻한다. 그런데 이 말은 헬라스인들이 철학적 탐구

를 시작하면서 다른 의미들을 덧보태어 갖게 된다. 사물들은 외관상 부단히 변화하지만, 이것들에 있어서도 변화하지 않고 지속성을 유지하며 존속하는 것이 있다는 생각을 하게 되면서, 이 말은 속성이나 우유성(파토스 pathos)에 대한 '본질', 생성에 대한 '실재성' 및 '실재성을 지닌 것', 즉 '실재'나 '존재'의 의미를 갖게 된 것이다. 박종현(2001), 145쪽, 주 49.

132) 프로클로스(Proklos, 약 410~485)는 좀더 긴 길이가 더 큰 명확성을 나타낸다고 보고 도표 (1)과 같은 방식으로 그렸다. 그는 가지적인 것이 가시적인 것보다 우위에 있고 그것을 포괄하며, 어떤 것을 포괄하는 것이 언제나 포괄되는 것보다 더 크다고 생각했기 때문이다. 반면에 플루타르코스(Plutarchos, 약 46~120)는 좀더 긴 길이가 더 큰 불명확성을 나타낸다고 본다. 가시적인 것의 가분성·비한정성·다양성은 좀더 긴 길이에 의해 표현되어야 한다고 보았기 때문이다. 이러한 선택은 제멋대로의 선택에 불과하다. 선분을 어떤 방식으로 그리든 플라톤이 의도하고 있는 것에는 영향을 미치지 못한다. 우리는 이런 예를 통해서 가지적인 것을 가시적인 것으로 표현할 때 한계가 있다는 점과 가시적인 것들에 의존하는 사유를 넘어서야 함을 알 수 있다. N. Denyer(2007), 292~294쪽 참조.

133) 509d의 언급에 따라 선분을 네 부분으로 불균등하게 분할하면, 도표 (1)로 그리든 (2)의 방식으로 그리든 상관없이 중간의 두 부분, 즉 '믿음'과 '추론적 사고'의 부분은 동일한 길이를 갖게 된다는 것을 수학적으로 증명할 수 있다. 이것을 쉽게 설명하면 다음과 같다. 예를 들어 전체 길이가 9이고, 처음에 둘로 분할된 첫 부분의 길이를 3으로 상정해 보자. 플라톤은 선분을 3:9 비율로 분할한 뒤 이와 같은 비율로 분할된 부분을 다시 분할하도록 하고 있다. 이럴 경우 1:2=3:6, 2:4=3:6의 비율관계가 성립하고, 그 결과 중간의 두 부분은 각각 2의 길이를 가질 수밖에 없다. T. Griffith(2000), 219쪽 참조. 비례 관계에 대한 당시 수학적 지식에 따라 플라톤이 이런 귀결을 분명히 알고 있었음에 틀림없다. 아마도 그는 이를 통해 '추론적 사고'가 '믿음'보다 '지성적 인식' 단계에 더 근접한 것이긴 하지만, 궁극적으로는 '추론적 사고'가 '믿음'보다 우월한 것이 아님을 암시하고자 했다고 볼 수 있다. N. Denyer, 295~297쪽 및 『국가』 533b~c 참조.

134) N. Denyer(2007), 289~290쪽 참조.

135) 아리스토텔레스는 『형이상학』 987b14~18에서 플라톤이 감각적인 것들과 형상들 이외에 중간적인 것들로서 '수학적인 것들(ta mathēmatika)'을 상정했다고 말한다. 즉 '수학적인 것들'은 영원하고 불변적인 것이라는 점에서 감각적인 것들과 구분되지만, 여러 수학적인 것들이 있다는 점에서는 하나인 형상과 다르다고 언급하고 있다. 일부 학자들은 플라톤이 'ta mathēmatika'란 표현을 쓰고 있지는 않지만, 그가 '추론적 사고'의 대상들이라 말하는 것은 내용상 아리스토텔레스의 언급과 일치한다고 보고 있다. 예를 들어 직선의 형상은 하나이지만 하나의 완전한 삼각형을 상정할 때조차 삼각형은 세 직선으로 이루어진 것이기 때문에 다수의 완전한 직선들을 상정해야 한다. 이러한 완전한 직선들은 '직선의 형상'과 '지각할 수 있는 직선들' 사이에 있는 것이어야만 한다[N. Denyer(2007), 303쪽 참조]. 수의 경우에도 마찬가지 설명이 가능하다. 플라톤은 1의 이데아(monas), 2의 이데아(dyas), 3의 이데아(trias) 등을 상정하고 있다. 예를 들어 2의 이데아는 하나뿐이지만 수 2에는 1+1, 3 − 1, 5 − 3 …… 등 무수한 것이 있다. 이것들은 '2의 이데아'와 '둘인 사물들'의 중간에 있는 것들로 말할 수 있다[박종현(1997), 471쪽, 주 30 참조]. 수학적인 것들과 형상을 구분하는 해석에 대해서는 J. Adam(1902), vol. II, 68~69 및 159~163쪽, N. Denyer(2007), 302~305쪽 참조.

136) '선분의 비유'를 실재성의 정도가 아니라 진리성의 차이의 관점에서 보는 해석에 대해서는 T. Penner(2006), 251~257쪽 참조.

137) N. Denyer, 297~302쪽 참조.

138) 수학자들이 놓고 나가는 '가정들'의 성격과 이것들을 '설명한다'는 언급의 의미에 대해서는 두 가지 해석이 있다. '가정'을 개념으로 간주하고 '설명한다'의 의미를 명확한 정의(定義)를 하는 것으로 보는 해석과 '가정'을 명제로 간주하고 '설명한다'의 의미를 증명을 제공하는 것으로 보는 해석이 있다. 이 가운데 전자의 해석이 더 옳은 것으로 여겨진다. J. Annas(1981), 287~289쪽 참조.

139) 『국가』 526a에서 이와 관련한 언급을 찾아 볼 수 있다.

140) 수의 계산과 좋음의 관계에 대한 설명 방식은 F. C. B. Gosling(1973), 113~114쪽 참조.

141) 정사변형의 예는 N. Denyer(2007), 307쪽 참조.

142) 여기에서 제시된 좋음의 이데아에 대한 해석은 '좋음의 이데아' 자체를 수학적인 것으로 보려는 해석과 다르다. 최근의 몇몇 학자들은 홀수와 짝수 등과 같은 수학적 형상들이 왜 궁극적으로 '좋음'에 의해서만 이성적으로 이해될 수 있는 것으로 상정되고 있는지 하는 문제를 해결하기 위해서 좋음의 이데아를 수학적 관점에서 해석한다. 데이비드 닐 세들리 (David Neil Sedly)는 이런 관점에서 좋음의 이데아를 "명백히 수학적인 용어들로 생각되어진 이성적 질서의 완벽한 본 : 그것의 질서 있음이 그 부분들 사이에서 유지되는 수학적 관계들에 기인하는 바의 복잡하고 질서 지어진 전체"로서 보는 쿠퍼의 견해에 동의한다. 세들리는 이런 관점에서 "좋음은 이상적인 비율성과 같은 어떤 것"으로 볼 수 있으며, 좋음에 대한 앎은 "비율성의 수학적 원리들"에 초점이 맞추어져 있다는 견해를 밝힌다[D. Sedley(2007), 269~270쪽 및 J. Cooper(1977), 144쪽 참조]. 그러나 플라톤에서 '좋음'은 수학적 질서를 통해 실현되지만, '좋음의 이데아' 자체를 수학적인 것으로 보기는 곤란하다.

143) J. Annas(1981), 257쪽 참조.

144) 532c에서 소크라테스는 동굴 밖에서 "실물들(ta onta)이 물에 비친 신적인 투영과 그림자들을"을 보는 것을 추론적 사고의 영역에 속하는 학술의 활동에 비유한다.

145) 1권에서 소크라테스는 '진실을 말하고 빚을 갚는다'는 정의(올바름)에 대한 케팔로스의 견해를, 미친 사람의 예를 들어 논박하지만, 이런 규범 자체가 도덕적으로 구속력이 없다고 보는 것은 아니다. R. Weiss(2007), 110쪽, 주 22 참조.

146) 웨이스는 정의를 준수하라는 요구에 따르는 것이 철학자가 동굴 안으로 다시 내려오는 유일한 이유라고 보고 있다. R. Weiss(2007), 108~112쪽 참조.

147) J. Cooper(1977), 147쪽 참조.

148) 플라톤은 분명히 관조적 삶을 정치적 활동보다 더 좋은 것으로 생각하고 있다. 그러나 이 견해가 사회에 불의를 용인할 수 있는 순수한 관조적 활동이 정당하게 요구된 정치적 활동보다 더 나은 것임을 함축하지는 않는다. R. Kraut(1992), 337쪽, 주 34.

149) 박종현(1997), 489쪽, 주 65 참조.

150) G. E. R. Lloyd(1968), 79~81쪽 참조.

151) 대표적으로 포퍼는 플라톤의 과학적 방법에 대해 다음과 같이 평가한

다. "그의 가장 위대한 업적, 즉 세계에 대한 기하학적 이론은 우리가 무반성적으로 그것을 승인할 정도로 우리의 세계상에 영향을 미치고 있다." K. Popper(1963), 93쪽.

152) 고슬링은 『국가』에서 한편으로는 수론과 기하학, 다른 한편으로는 천문학과 화성학의 차이점이 분명히 구분되고 있지 않지만 『정치가』편 283 이하의 '측정술'에 대한 언급 과정에서 이들 간의 차이점은 매우 중요한 것으로 선언되고 있음을 지적한다. J. C. B. Gosling(1973), 104쪽 참조.

153) 박종현(2001), 51쪽 번역 재인용.

154) 플라톤 철학에서 '적도'와 '좋음'의 관계에 대해서는 박종현(2001), 제2장 '헬라스인들의 중용 사상'을 참고하는 편이 좋다.

155) 고슬링은 이런 관점에서 플라톤 철학의 "전체 경향은 가치 개념들을 척도나 비율의 수학적 개념들과 일치시키는 것"이라고 보고 있다. J. S. B. Gosling(1973), 103쪽 참조.

156) 『국가』515b4.

157) 디알렉티케(dialektikē)를 '변증법'이라 번역하지 않고, '변증술'이라 번역하는 까닭은 이 표현이 'hē dialektikē technē'에서 '기술'을 뜻하는 'technē'가 생략된 것으로 보기 때문인데, 이렇게 번역할 때 헤겔의 '변증법'과 혼동을 피할 수 있다.

158) 『국가』편에서도 변증술에 대한 본격적인 언급이 나오는 6, 7권에서는 아니지만 이미 "종에 따른 나눔"의 방법이 언급되고 있다. 플라톤은 5권 454a~b에서 여성도 남성과 동일한 교육을 받아야 하고 통치자가 될 수 있다는 주장을 옹호하면서 '변증술적 논변(dialegesthai)'과 '쟁론을 하는 것(erizein)'을 구분하고, 변증술적 논변을 하기 위해서는 종들에 따라 나누는 것이 중요함을 지적한다. 따라서 '나눔의 방법'이 후기에야 비로소 제시된 변증술의 새로운 방법이라고 볼 필요는 없다. C. Kahn(1996), 298~300쪽 참조.

159) 『파이드로스』편에 대한 분석은 박종현(1995), 220쪽 참조.

160) 이런 관점에서 '좋음의 이데아'의 성격을 이해하려는 시도에 대해서는 J. Annas(1999), 106~115쪽 참조.

161) 플라톤은 『티마이오스』편에서 데미우르고스가 이 우주를 창조한 이유를 다음과 같이 밝히고 있다. "그는 훌륭한(선한 : agathos) 사람이었으니, 훌륭한 이에게는 어떤 것과 관련해서도 그 어떤 질투심이든 일어나는 일이 결코 없습니다. 그는 질투심에서 벗어나 있어서, 모든 것이 최대

한으로 자기 자신과 비슷한 상태에 있게 되기를 바랐습니다. 바로 이것을 누군가가 [일체] 창조물(생성)과 우주(kosmos)의 무엇보다도 가장 주된 원리(archē)로서 지혜로운 사람들한테서 받아들인다면, 그 받아들임은 지당할 것입니다."(29e~30a)

162) 『국가』 500b~d에 이런 생각이 잘 나타난다.

163) 플라톤은 형상을 지칭하기 위해서 일반적으로 '이데아'와 '에이도스(eidos)'를 구분해 사용하지는 않는다. 이 두 표현은 모두 '보이는 것'이라는 의미를 포함한다. 그런데 '이데아'는 '어떤 것이 보이는 방식'보다 '어떤 것을 봄(viewing)'의 측면에 더 강조점이 있는 표현이다. 플라톤이 '좋음의 에이도스'라고 표현하지 않고 '좋음의 이데아'라고 표현한 것은 이러한 차이를 반영하고 있는 것으로 보인다. S. Rosen(2005), 401쪽, 주 1 참조.

164) 최선자 정체가 타락하게 되는 원인에 대한 이런 언급에서 주목할 수 있는 것은 플라톤이 546a에서 '이와 같은 구성(systasis)'이란 표현을 사용한 뒤 좋은 출산의 '적기(適期)'에 대한 상세한 수학적 설명을 하고 있다는 점이다. 이것은 생성하는 모든 것을 '구성' 측면에서 설명하는 그의 관점을 반영한다. 그는 『티마이오스』편에서 이 우주를 창조한 자인 '데미우르고스'를 '구성한 이(ho synistas, ho tektainomenon : 28c, 29d)'라고 부르고, 그의 행위를 질서 또는 균형을 부여하는 것으로 언급함으로써 우주 생성을 구성 측면에서 접근하고 있음을 분명하게 보여 준다. 그는 우주적 차원에서 이런 설명 방식을 상세히 전개한 뒤 구성된 모든 것은 적도와 균형에 맞지 않을 때 좋음을 실현할 수 없다는 견해를 밝힌다(87c). 이 대화에서 'systasis'란 표현을 사용한 것은 나라의 구성도 이런 이치에 따른 것임을 암시하고 있다고 볼 수 있다. '적기'가 아닌 때에 남녀가 결합하여 훌륭한 자질을 지니지 못한 아이들이 태어나고, 이들 가운데 제일 나은 사람을 수호자로 선발한다 하더라도, 이들은 시가 교육을 등한시함으로써 수호자 구실을 못하게 된다는 언급은 '아름다운 나라'에서 시가 교육을 얼마나 중요하게 생각하고 있는지를 여실히 보여 준다.

165) J. Annas(1999), 77~78쪽 및 N. Blössner(2007), 367쪽 참조.

166) G. R. F. Ferrari(2003), 76쪽 참조.

167) 김남두(1988), 103쪽 및 N. Blössner(2007), 369쪽 참조.

168) G. R. F. Ferrari(2003), 66쪽 참조.

169) 페라리는 유비의 가치를 다음과 같이 밝힌다. 개별적 혼의 특성에 기초해 나라 특성을 고찰하는 것은 개별적 삶의 방식들을 전체로서 볼 수 있도록 도움을 주고, 나라 특성에 기초해서 개별적 혼을 고찰하는 것은 개인의 내면세계가 지닐 수 있는 복잡성을 평가할 수 있게 해 준다. G. R. F. Ferrari(2003), 77~79쪽 참조.

170) M. Schofield(2006), 258~266쪽 참조.

171) N. Blössner(2007), 372쪽 참조.

172) '왕도 정체'는 최선의 통치자가 한 사람인 '최선자 정체'를 말한다. 제4권 445d 참조할 것.

173) 729 숫자는 피타고라스학파의 필롤라오스(Philolaos)의 계산을 염두에 둔 것으로 보인다. 그는 1년은 364+1/2일=729주야로 이루어졌으며, '위대한 해'가 729달로 구성되어 있다고 보았다. 최선자 정체(왕도 정체)와 과두 정체는 그 사이에 명예지상 정체가 있기에 세 단계의 질적 차이가 있고, 다시 과두 정체와 참주 정체 사이에서도 민주 정체가 있기에 세 단계의 질적 차이가 있다. 그는 이를 염두에 두고 729란 숫자를 말한다. 729란 수치가 어떻게 얻어졌는지는 분명치 않다. 도터는 이것이 $(3 \times 3)^3$에서 얻은 것으로 추정한다. 플라톤은 군왕이 참주보다 생애에 있어 매일 더 행복하다는 것을 제시하기 위해 이런 수치를 도입한 것으로 보인다. 박종현(1997), 599쪽, 주 32 및 J. Adam(1969), II권 361쪽, K. Dorter(2006), 298~300쪽 참조.

174) 이러한 문제 제기에 대해서는 J. Annas(1981), 303~305쪽 참조.

175) M. Schofield(2006), 268쪽 참조

176) R. Parry(2007), 388쪽 참조.

177) R. Parry(2007), 397쪽 참조.

178) 이런 관점에서의 문제 제기에 대해서는 R. G. Cross and A. D. Woozley(1964), 265~266쪽 참조.

179) J. Annas(1981), 309쪽 참조.

180) I. M. Crombie(1962), 142~141쪽 참조.

181) 플라톤의 혼의 삼분설은 우리 마음의 상태를 이드(Id) · 에고(Ego) · 슈퍼에고(Superego)로 삼분해서 분석하는 프로이드 이론과 비교되곤 한다. 두 사상가는 정신적 건강 문제에 대한 관심과 정신적 건강을 욕망의 지배 구조에 의해 분석한다는 점에서 공통점이 있다. 프로이드에서 '계

산적 이성'에 가장 닮은 에고는 자신의 고유한 목표가 없이 이드의 본능을 조절하는 역할만 한다. 반면에 플라톤은 '이성적인 부분'이 고유한 욕구를 지니고 있음을 강조하는데, 이 점에서 프로이드 이론과 중요한 차이가 있다. 페라리는 이 점을 『국가』 4권과 8~9권에서 제시되는 '이성적인 부분'의 차이에 대한 분석을 통해서 잘 보여 준다. 플라톤에서 인간의 이성은 이드의 욕망을 단순히 합리적으로 조정하고 통제하는 역할만 하는 것이 아니라 진리를 추구함으로써 '신적 존재'로 비상할 수 있는 힘을 지닌 것으로 간주된다. G. R. F. Ferrari(2007), 176~200쪽 참조.

182) 신(神)이 침상의 형상을 만들었다는 언급을 글자 그대로 신이 형상을 창조했다는 의미로 받아들일 필요는 없다. 『티마이오스』편에서, 이 우주를 창조한 자인 데미우르고스가 그 자체로 이미 존재하는 형상을 '본'으로 삼고 이 우주를 만들었다는 언급(28c~29a)에서 분명하게 드러나듯이, 플라톤에서 형상은 영원히 그 자체로 존재하는 것으로 상정되고 있다. 그럼에도 불구하고 플라톤이 여기에서 왜 침상의 형상을 '신이 만든 것'으로 표현하고 있는지는 불투명하다. 도터는 이 표현이 플라톤이 모든 발명을 사물의 본성에 내재해 있는 가능성 또는 형태들의 발견으로 보고 있음을 의미한다고 보고 있다. K. Dorter(2006), 309쪽 참조.

183) 396c~d 참조. 그리고 397d4~5에서는 "순수하게 훌륭한 사람을 모방하는 자의 유형"를 허용한다고 언급되어 있다.

184) 이런 해석에 대해서는 G. R. F. Ferrari(1989), 124~125쪽 및 C. Janaway(1995), 107쪽 참조.

185) J. Moss(2007), 417쪽 참조.

186) 같은 책, 416쪽 참조.

187) 우리는 현재 일반적으로 '모방'이란 말을 '묘사'와 같은 의미로 생각하고 그림을 이런 활동의 대표적인 예로 생각하는 경향이 있지만, 원래 고대 그리스인들에게 '모방'은 그림보다 '말'이나 '몸짓'과 관련해서 사용되었다. 이럴 때 '모방'에는 '가짜'라는 의미가 포함되어 있지 않고, 말 그대로 어떤 행동이나 말을 있는 그대로 '본뜬다(acting like)'는 의미로 사용되었다. 이것이 3권에서 제시된 '모방'의 뜻이다. 그러나 점차 모방과 실재 사이의 대비가 강조되었고, 이런 대비는 회화에서 가장 분명히 드러났기 때문에 플라톤이 '회화'를 모방의 예로 든 것으로 보인다. A. Nehamas(1982), 304~305쪽 참조.

188) 우리는 화가가 단순히 사물의 외양만을 모방한다는 플라톤의 견해는 너무 소박한 것이 아니냐는 의문을 당연히 제기할 수 있다. 이 점과 관련해서 『국가』는 서로 다른 해석의 가능성을 제공한다. 10권에서 화가는 '현상의 모방자'로서 부정적으로 평가되고 있지만, 『국가』의 다른 대목들에서 화가는 다른 차원에서 이야기되고 있기 때문이다. 예를 들어 472c~d에서 소크라테스는 '본(paradeigma)'을 위해 '올바름 자체'가 무엇인지를 탐구하는 것이며 이의 실현 가능성 문제는 별개의 문제임을 밝힌 뒤, 이를 다음과 같이 화가의 그림에 비유한다. "가장 아름다운 인간이 어떤 것인지 그 본을 그리고서, 그 그림에 모든 걸 다 충분히 표현해 넣은 화가가 그와 같은 인물이 생길 수 있음을 실증해 보여 줄 수 없다고 해서 자네는 그를 덜 훌륭한 화가로 생각하는가?"(472d) 또 500e에서 그는 철학자를 "신적인 본(paradeigma)을 이용하는 화가들"에 비유한다. 여기에서 언급된 '본'이란 말은 형상에 대해 사용된 것이기 때문에 플라톤이 '회화'를 단순히 현상의 모방으로만 생각했다고 보기는 힘들다는 견해가 있지만, 그가 이 책에서 '화가'가 형상 자체를 모방할 수 있다는 가능성을 열어 두었느냐에 대해서 확정적으로 이야기하기는 곤란할 것 같다. 페라리(1989)는 이 구절의 해석과 관련해서 철인왕의 '본'에 대한 모방은 예술적 모방의 유형이 아니며, 플라톤이 여기에서 형상을 직접적으로 모방할 개혁된 종류의 예술을 위한 여지를 남겨 놓고 있는 것도 아니라고 본다(122쪽 참조). 그렇지만 도터는 다른 견해를 제시한다. 그는 플라톤이 화가가 사물이 아니라 형상을 모방할 수 있는 가능성을 열어 놓는 것으로 볼 수 있다고 주장한다. 그는 예술사가 폴릿(J. J. Pollitt)의 "그리스 예술가들은, 플라톤의 형상들이 감각적 지각의 다양성 밑에 놓여 있는 본질적 실재들을 나타냈던 것과 같은 방식으로, 현상의 부류들의 본질적 본성을 나타내는 전형적이고 본질적인 형상들을 추구하는 경향이 있었다"는 견해를 인용하면서 플라톤이 외적 현상 모방보다 더 이상의 것이 회화에 있음을 알고 있었음에 틀림없었다고 본다. 그렇지만 이러한 예술적 경향은 플라톤 시대에 이르러 감정 또는 감각성을 강조하는 방식으로 대치되었는데, 그가 화가를 단순히 '현상의 모방가'로 본 이유는 그의 시대에 유행하던 예술가들을 염두에 두었기 때문이라고 주장한다. K. Dorter(2006), 310~314쪽 참조.

189) J. Moss(2007), 424쪽 참조.

190) 『국가』 598d~e. 599d, 600e.

191) 이런 이유로 그는 시인에 대해 "각각의 것에 대해서 어떻게 해서 그것이 나쁘거나 좋은지를 알지 못하면서도, 그는 모방할 테지. 하지만 그는 아무것도 모르는 많은 사람한테 아름다워 보이는 그런 것을 모방할 것으로 보이네"(602b)라고 말한다.

192) J. Moss(2007), 434쪽 참조.

193) J. Moss(2007), 430쪽.

194) '자기 연민'의 문제에 대해서는 김상봉(2003), 273~274쪽 참조.

195) P. Murray(1996), 18쪽.

196) W. K. C. Guthrie(1975), 555쪽, J. Annas(1981) 345쪽, K. Dorter(2006), 326쪽 참조.

197) S. Halliwell(1988), 160쪽 참조.

198) 핼러웰이 지적하고 있듯이 혼 기능의 세 측면은 353d~e에서 모두 제시되고 있다. 여기에서 ①은 '사는 것', ②는 '보살피거나 다스리는 것, 심사숙고하는 것 등', ③은 '혼의 어떤 훌륭한 상태 또한 있다'는 표현으로 각각 언급되고 있다. S. Halliwell(1988), 157쪽 참조.

199) 플라톤이 혼 개념의 애매성을 이용하고 있다는 분석은 S. Halliwell(1988), 157쪽 참조.

200) K. Dorter(2006), 329쪽 참조.

201) 519에서 플라톤은 진리를 인식한 철학자들이 "아직 이 세상에 살고 있으면서도 자신들이 '축복 받은 자들의 섬들'에 이주한 것으로 믿고 있다"고 말하고 있는데, 이런 상태는 마음의 영원한 평화를 누리는 상태일 것이다.

202) 아낭케(Anankē)는 '어쩔 수 없다'는 뉘앙스를 지니고 있는 말로서 '필연'을 뜻한다. 아낭케 여신은 '필연'이 인격화된 여신이다.

203) 여기에서 다이몬(daimōn)은 620d~e에서 알 수 있듯이 각자의 혼에 따라 붙어 각자가 선택한 '삶의 수호자' 또는 '이행자'로서의 역할을 하는 수호신을 가리킨다.

204) 방추는 실을 감는 하나의 도구인데, 방추는 저절로 돌아가는 것이 아니라 돌리는 힘을 요구한다. 플라톤이 천체 구조를 설명하면서 방추를 도입한 것은 천체 질서를 인도하는 지성을 상징하기 위한 것으로 볼 수 있다. S. Halliwell(1988), 21쪽 참조.

205) S. Halliwell(1988), 20쪽 참조.

**국가** 훌륭한 삶에 대한 근원적인 성찰

| 펴낸날 | **초판 1쇄 2008년 6월 24일** |
| | **초판 3쇄 2020년 4월 20일** |

| 지은이 | **김영균** |
| 펴낸이 | **심만수** |
| 펴낸곳 | **(주)살림출판사** |
| 출판등록 | **1989년 11월 1일 제9-210호** |

| 주소 | **경기도 파주시 광인사길 30** |
| 전화 | **031-955-1350**　　팩스　**031-624-1356** |
| 홈페이지 | http://www.sallimbooks.com |
| 이메일 | **book@sallimbooks.com** |

| ISBN | 978-89-522-0960-3　　04080 |
| | 978-89-522-0314-4　　04080 (세트) |